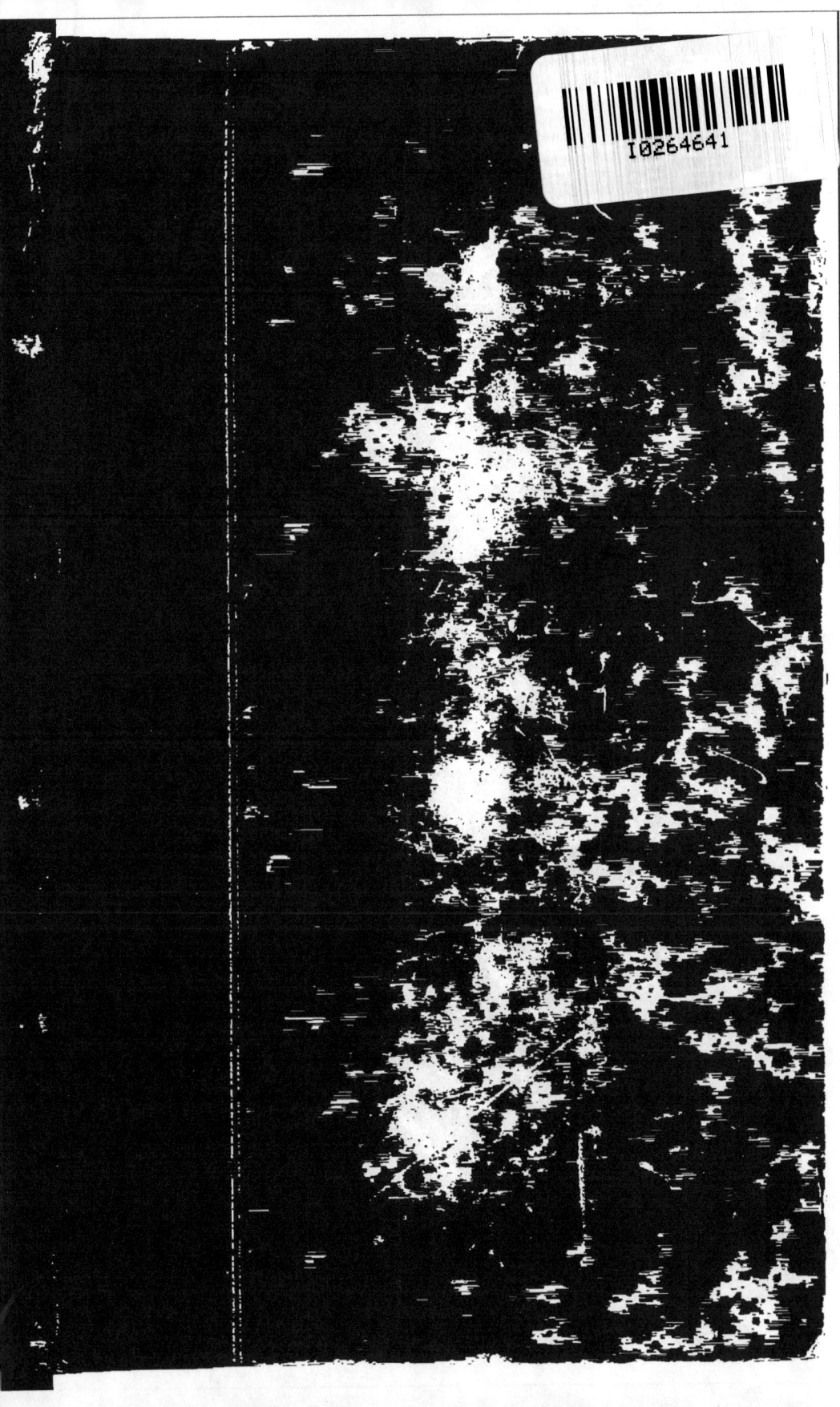

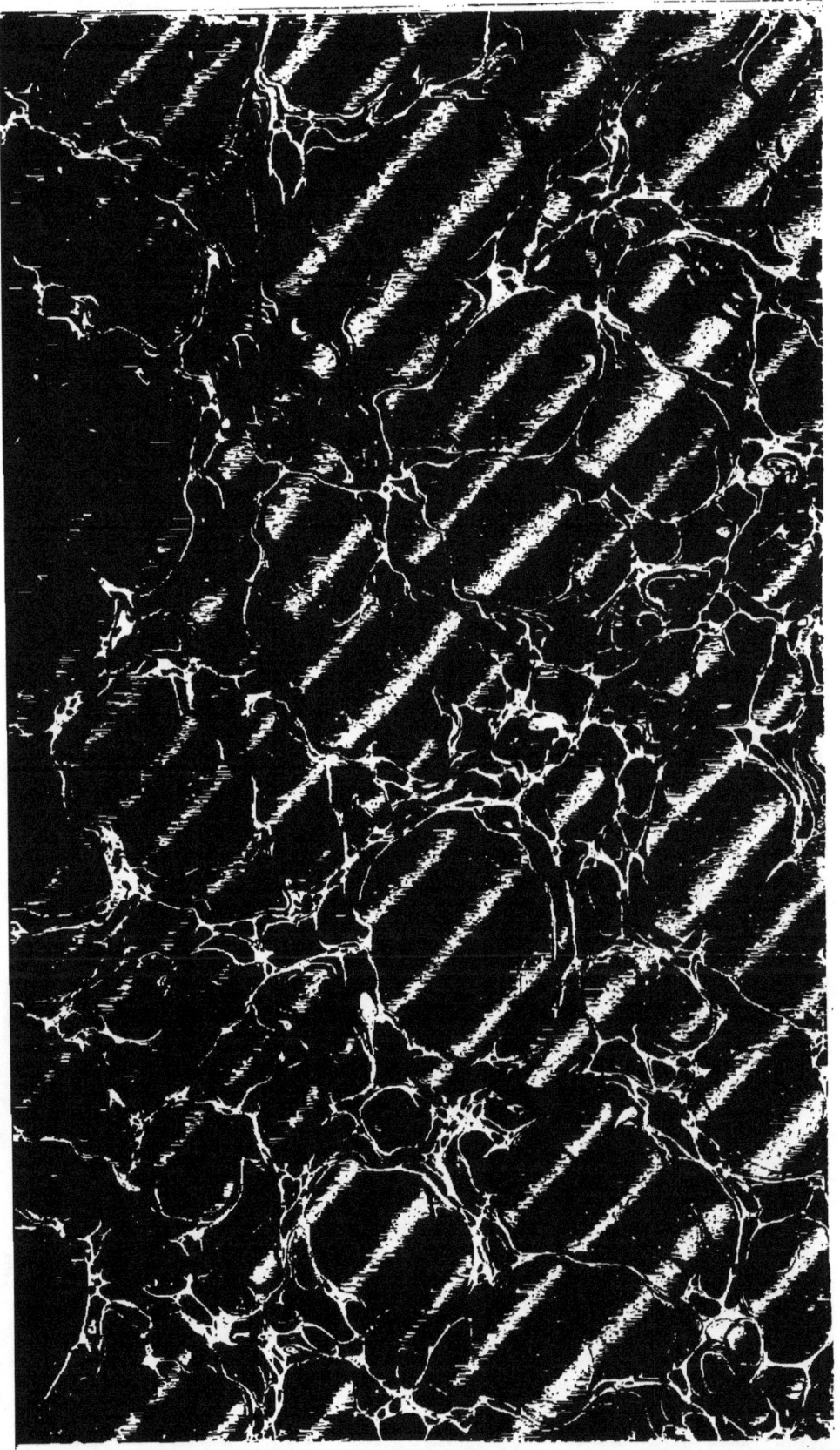

ŒUVRES COMPLÈTES
D'ALEXANDRE DUMAS FILS

ENTR'ACTES

I

CALMANN LÉVY, ÉDITEUR

ŒUVRES COMPLÈTES
D'ALEXANDRE DUMAS FILS
DE L'ACADÉMIE FRANÇAISE
Format grand in-18

ANTONINE...	1 vol.
AVENTURES DE QUATRE FEMMES..................	1 —
LA BOITE D'ARGENT...............................	1 —
CONTES ET NOUVELLES............................	1 —
LA DAME AUX CAMÉLIAS...........................	1 —
LA DAME AUX PERLES..............................	1 —
DIANE DE LYS......................................	1 —
LE DOCTEUR SERVANS.............................	1 —
LE RÉGENT MUSTEL................................	1 —
LE ROMAN D'UNE FEMME..........................	1 —
SOPHIE PRINTEMS..................................	1 —
TRISTAN LE ROUX..................................	1 —
TROIS HOMMES FORTS.............................	1 —
LA VIE A VINGT ANS...............................	1 —
AFFAIRE CLÉMENCEAU. — Mémoire de l'Accusé......	1 —
THÉATRE COMPLET avec préfaces inédites	5 —
THÉRÈSE..	1 —

THÉATRE

L'AMI DES FEMMES, comédie en cinq actes.
LE BIJOU DE LA REINE, comédie en un acte, en vers.
LA DAME AUX CAMÉLIAS, drame en cinq actes.
LE DEMI-MONDE, comédie en cinq actes.
DIANE DE LYS, comédie en cinq actes.
L'ÉTRANGÈRE, comédie en cinq actes.
LA FEMME DE CLAUDE, pièce en trois actes et une préface.
LE FILLEUL DE POMPIGNAC, comédie en quatre actes.
LE FILS NATUREL, comédie en cinq actes.
LES IDÉES DE MADAME AUBRAY, comédie en quatre actes.
MONSIEUR ALPHONSE, pièce en trois actes.
LE PÈRE PRODIGUE, comédie en cinq actes.
LA PRINCESSE GEORGES, pièce en trois actes.
LA QUESTION D'ARGENT, comédie en cinq actes.
UNE VISITE DE NOCES, comédie en un acte.

UNE LETTRE SUR LES CHOSES DU JOUR................	1 vol.
NOUVELLE LETTRE DE JUNIUS A SON AMI A—D— Révélations curieuses et positives sur les principaux personnages de la guerre actuelle, augmentée d'un avant-propos de George Sand...	1 —
UNE NOUVELLE LETTRE SUR LES CHOSES DU JOUR...........	1 —
L'HOMME-FEMME (42ᵉ édition)........................	1 —

4154-78. — Corbeil. Imprimerie de CRÉTÉ

ENTR'ACTES

PAR

ALEXANDRE DUMAS FILS
DE L'ACADÉMIE FRANÇAISE

—

PREMIÈRE SÉRIE

PARIS

CALMANN LÉVY, ÉDITEUR

ANCIENNE MAISON MICHEL LÉVY FRÈRES

RUE AUBER, 3, ET BOULEVARD DES ITALIENS, 15

A LA LIBRAIRIE NOUVELLE

—

1878

Droits de reproduction et de traduction réservés

Nous réunissons aujourd'hui en volumes sous ce titre : *Entr'actes,* tout ce que M. Alexandre Dumas fils a écrit ou publié en dehors du roman et du théâtre.

Nous avons plutôt tenu compte des analogies que des dates, et nous avons groupé ensemble, le plus possible, tous les articles qui nous ont paru être dans le même ordre et dans le même dévelop ement d'idées.

Note de l'Éditeur.

ENTR'ACTES

LES FAUX POLONAIS

Il y a trois mots de la langue française auxquels je voudrais bien voir donner une signification définitive, car, comme toutes sortes d'autres choses, ils n'ont, depuis le 24 février, qu'une signification provisoire ; ces trois mots sont : *République*, *frère* et *liberté*.

Quelqu'un me disait dernièrement :

— Il fallait que le gouvernement tombé fût bien fort pour résister à tous les républicains qu'il y a !

Ce quelqu'un avait raison. Malheureusement, les républicains qu'il y avait ne sont pas tous ceux qu'il y a. On a endossé la République comme on endosserait demain la culotte et les bottes à cœur, si vieux et si ridicule que paraisse ce costume ; et cependant, si cela arrivait, personne ne s'en serait douté aujourd'hui.

Il en était de même de la République. Personne ne songeait à ce mode de gouvernement, quand il nous est tombé, on ne sait d'où, du ciel peut-être.

On a d'abord rêvé guillotine, pillage, tribunal révolutionnaire ; puis on s'est aperçu que toutes ces fantasmagories sanguinaires étaient éteintes. On a hasardé un œil, puis deux ; les esprits tranquillisés ont repris confiance, et l'on a fini par se dire :

— Tiens ! je ne me serais jamais cru si républicain !

Et l'on a respiré sans défiance, et l'on a remis ses armes sur ses voitures, malgré les décrets qui croyaient les abolir, et, avec une joyeuse sérénité, on a ajouté, en regardant notre grand poëte, devenu le pilote de notre révolution :

— Il est là !

Mais chacun s'était fait sa petite république, à soi ; si bien qu'il y a eu des mécomptes et des mécontents.

J'ai un dictionnaire de Bescherelle en deux énormes volumes, capables de faire, à eux seuls, une barricade un jour de révolution ; j'ouvre ce dictionnaire, et voici l'explication qu'il me donne du mot *république :*

« État dont la constitution est démocratique, où le peuple se gouverne lui-même, soit immédiatement, soit par ses délégués. On distingue trois espèces de républiques : les aristocraties, dans lesquelles le gouvernement est entre les mains de la haute classe ; les oligarchies, dans lesquelles il se trouve entre les mains du petit nombre ; et les démocraties, dans lesquelles la majorité de la nation prend part au gouvernement. »

Excepté les aristocraties, nous avons eu tous les modes de constitution depuis le 24 février. Jusqu'à l'établissement du gouvernement provisoire, le peuple s'est gouverné lui-même. Le gouvernement provisoire a représenté l'oligarchie, puis sont venus les délégués et le suffrage universel pour lequel on venait de se battre, c'est-à-dire la démocratie.

Mais il paraît que le mot république a une signification autre et connue seulement d'une fraction de la population.

Il y a surtout à Paris, — quand je dis à Paris, je devrais dire à Vincennes, — un homme que je voudrais bien entendre donner l'explication de ce mot.

Cet homme est M. Barbès.

M. Barbès avait un gouvernement monarchique sous lequel il pouvait être heureux, s'il avait voulu, comme Tityre, se contenter des loisirs qu'un dieu lui faisait, manger les rentes que son père lui avait laissées, aller à la campagne l'été, au bal l'hiver, et rester dans le commun des martyrs qui ne rendent peut-être pas de grands services à la société, mais qui, au moins, ne lui nuisent pas.

M. Barbès se crut destiné à de plus grandes choses. Il voulait la république ; seulement, il la voulait trop tôt, et elle avorta. La France n'était enceinte que de huit ans, et un pays met plus de temps à enfanter qu'une femme. M. Barbès essaya de faire accoucher la France par la force, quand il fallait, comme nous l'avons vu, attendre qu'elle accouchât toute seule, et quand le moment serait arrivé.

M. Barbès s'était trompé ; on l'arrêta, et il fut condamné à mort pour avoir trop aimé la république.

Victor Hugo fit quatre vers qu'il ne ferait plus aujourd'hui, j'en suis certain, et le roi fit grâce au prisonnier.

Le 24 février arrive : je n'ai pas besoin de vous raconter ce qui se passe ; on proclame la République, et tout naturellement, puisqu'on songeait bien à rendre hommage à ceux qui étaient morts pour elle, on songea à délivrer les prisonniers républicains, ces morts vivants de la royauté déchue.

On ouvrit les portes du Mont-Saint-Michel ; on porta en triomphe M. Barbès, dont les idées triomphaient et qui avait été un des premiers semeurs de cette récolte nouvelle ; on donna son nom à une rue, on le fit nommer gouverneur du Luxembourg, colonel d'une légion ; on l'élut membre de l'Assemblée nationale. Cela fit crier quelques individus qu'on appela des aristocrates, et tout fut dit.

Voilà donc M. Barbès au but qu'il avait rêvé. Il avait voulu une république : il l'avait. Il arrivait sous l'égide de son passé dont nul ne lui contestait la bonne foi ; il avait une double influence, comme colonel et comme représentant du peuple ; il avait à sa disposition sa parole et son épée, et voilà que M. Barbès, qui s'est fait arrêter comme républicain sous la monarchie, trouve encore moyen de se faire arrêter comme républicain sous la république.

C'est jouer de malheur.

Voilà pourquoi je voudrais avoir l'explication du mot république de la bouche même de M. Barbès, et voilà pourquoi, le 15 mai, je m'étais rendu à l'Assemblée nationale, désireux de voir ce qui s'y passerait, car j'étais convaincu qu'il s'y passerait quelque chose.

Comment la police ne savait-elle pas ce que moi et tous les habitants de Paris nous savions, c'est-à-dire qu'une manifestation devait avoir lieu au nom de la Pologne, et n'être, comme l'a dit Grassot, que le faux nez d'une conspiration? Est-ce donc que la police est comme les maris trompés, qui ne savent jamais que leurs femmes les trompent, quand tout le monde le voit, le sait et le dit autour d'eux?

Quoi qu'il en soit, je m'étais rendu à la place du Palais-Bourbon, me demandant comment j'entrerais à la Chambre, quand je vis arriver les étendards des clubs et ces amis de la Pologne que vous savez. En un instant, la place fut inondée, les cinquante gardes mobiles qu'on avait rangés à la porte de l'Assemblée étaient refoulés, avaient remis leurs baïonnettes dans le fourreau, et l'on commençait à ébranler vigoureusement la porte, qui allait évidemment céder sous les vrais efforts de tous ces faux Polonais.

Pendant ce temps, les plus pressés escaladaient les grilles.

Un ordre arriva d'ouvrir la porte; on se poussa, on se bouscula, on entra.

J'avais suivi le flot, je dois même dire que, si j'avais voulu ne pas le suivre, cela m'eût été impossible. En passant sous la porte, roulé que j'étais par ces vagues humaines, au milieu desquelles toute espèce de natation était inutile, j'entendis un capitaine de la garde nationale qui voulait l'ordre me crier :

— Monsieur, monsieur, arrêtez-vous !

— Arrêtez-moi si vous le voulez ou si vous le pouvez, lui dis-je ; mais je sais que, moi, je ne m'arrêterai jamais tout seul.

Deux secondes après, j'étais transporté dans la cour, et je respirais. Un imprudent laissa partir son fusil ; on crut à un massacre ; l'envahissement devint plus grand encore ; les femmes se sauvaient, les corridors étaient encombrés. Des gens de toute sorte haranguaient le peuple, on criait : « Vive la Pologne ! » et l'on demandait Louis Blanc et Barbès. Ce n'était pas le moment de s'en aller. J'allais donc voir M. Barbès !

En attendant, je me mêlais aux groupes, ni plus ni moins qu'un limier de M. Caussidière, et j'écoutais ce qui se disait.

Il y avait un monsieur en chapeau gris et avec des moustaches rousses qui parlait de l'ex-détenu. C'était mon affaire. Je m'approchai de lui.

— Monsieur, disait-il à son interlocuteur, quand on voit Barbès, on est foudroyé, foudroyé, foudroyé !

— Diable ! disais-je.

Et je désirai de plus en plus voir cet homme merveilleux ; seulement, j'aurais voulu avoir des lunettes noires et un paratonnerre.

Je m'approchai d'un autre groupe.

— On ne connaît pas Barbès, disait à quelques individus un homme porteur de grandes moustaches noires, c'est le garçon le plus charmant qu'on puisse rencontrer, bon, poli, affable, généreux, doux.

« Voilà évidemment deux hommes qui aiment M. Barbès, me dis-je. Seulement, le premier n'est que son partisan et l'autre est son ami. »

Attendons.

Je dois dire en passant qu'il faut toujours se méfier des idéologues réputés doux. Robespierre était, dit-on, l'homme le plus doux qu'on pût imaginer. Une heure s'écoula, M. Barbès et M. Louis Blanc se montrèrent à la multitude enthousiaste. Ils firent leur apparition à l'une des fenêtres donnant sur la cour qui se trouve à gauche de la Chambre des députés, en entrant par la place du Palais-Bourbon.

M. Barbès parla le premier. Il approuvait la manifestation du peuple et il était enroué. Voilà tout. M. Louis Blanc parla ensuite.

Le discours de M. Louis Blanc ressemblait pour moi à ces bijoux avec lesquels certains hommes séduisent certaines femmes. Quand celles-ci veulent s'en servir et les vendre, elles s'aperçoivent que la monture est en cuivre au lieu d'être en or, et les pierres en verre au lieu d'être en diamant. M. Louis Blanc avait enfilé des phrases les unes dans les autres, et il avait fini par en faire un collier de perles fausses.

Un troisième personnage assistait à cette scène, à cette comédie, à ce drame, à cette farce, comme vous voudrez l'entendre; celui-là, c'était M. Albert. Oh! lithographes trompeurs, n'était-ce pas assez de donner à M. Ledru-Rollin une tête, un toupet, une insolence qu'il est impossible qu'il ait? pourquoi avoir donné à M. Albert un regard, une physionomie, une distinction qu'il n'a jamais eus?

M. Albert n'a pas dit une parole ; il s'est contenté de sourire, d'un sourire disgracieux et niais. Que faisait-il là? Il donnait sa main droite à M. Barbès qui donnait sa main droite à M. Louis Blanc, si bien qu'ils ressemblaient à peu près tous les trois à la triple effigie que ceux qui ont encore de l'argent peuvent voir sur les pièces de cinq francs de la République.

J'avais vu M. Barbès; je n'affirmerai pas que j'étais content, mais je croyais n'avoir plus rien à voir, et je me retirai, difficilement, mais enfin je me retirai, et, lorsque j'appris le soir ce qui s'était passé après mon départ, je me demandai de nouveau ce que signifiaient les mots : *République, frère* et *liberté*.

En effet, le 24 février, ceux qui faisaient la révolution criaient en voyant la ligne et la garde nationale : « Vive la ligne ! vive la garde nationale ! vivent nos frères ! » Aujourd'hui, la plupart de ceux qui se battaient pour la liberté du dedans, se sont engagés dans la garde mobile, prêts à défendre nos libertés au dehors, et leurs frères ne les reconnaissent plus ; puis, quand la garde mobile veille au repos de l'Assemblée constituée par le peuple lui-même, on veut la désarmer ; et qui veut cela ? les gens qui appelaient frères, il y a trois mois, ceux derrière lesquels ils combattaient ; et, quand la garde nationale fait des patrouilles la nuit, et veille à la sécurité de la ville, on l'assassine lâchement ; et qui fait cela ? des clubistes qui ont spéculé sur les nobles enthousiasmes et qui voudraient maintenant imposer leurs sinistres théories à ceux qu'ils appelaient leurs frères, et qui se sont laissé prendre un instant à leurs fausses protestations, comme des commerçants honnêtes à une fausse signature.

Tous ces gens qui étaient frères les uns des autres ne le sont donc plus ? Que veut donc dire le mot frère ? Serait-ce un synonyme du mot dupe ?

Oh ! monsieur Bescherelle, quel post-scriptum vous allez être forcé d'ajouter à votre énorme dictionnaire ! car, pour peu que cela dure, notre belle République va tant soit peu dénaturer le sens des mots de notre belle langue.

Quant au mot liberté, celui-là demanderait un dictionnaire pour lui tout seul. Comme Protée, il prend tous les visages ; comme le caméléon, il prend toutes les couleurs ; comme la cire, il prend toutes les formes.

Pour les uns, la liberté, c'est le droit illimité du bien ; pour les autres, c'est le pouvoir illimité du mal.

Les uns croient que la liberté, c'est la pensée au soleil, la conscience en plein air ; les autres veulent que ce soit la discussion à main armée, la destruction de quiconque n'est pas de leur avis.

Les uns nous disent qu'une des premières libertés, c'est de vivre, de quelque opinion que l'on soit et quelque habit que l'on porte ; les autres prétendent qu'une des principales conditions de la liberté, c'est de tuer ceux qui gênent ; en effet, plus on en tuera, plus on circulera librement.

— J'ai la liberté d'avoir une opinion, dira l'un.

— Oui, mais j'ai la liberté de vous tuer, dira l'autre.

Aussi M. Barbès, le foudroyant M. Barbès, le

doux M. Barbès, qui avait admirablement compris cette dernière raison, commençait-il par demander tout bonnement la guillotine ; oh! mon Dieu, oui, un peu de guillotine, comme on demande un petit verre ou une carafe d'orgeat pour exciter ou rafraîchir la bile de monsieur, (voir *le Malade imaginaire* de M. Molière, socialiste aussi avancé que M. Barbès, mais moins guillotinant).

Et n'allez pas croire que M. Barbès eût perdu du temps, dans le cas où ses opinions eussent triomphé. La chose était toute prête ; M. Barbès avait déjà commandé, nous assure-t-on, quarante guillotines pour Paris et soixante pour les départements, afin de faire aller la menuiserie, qui va si mal depuis quelque temps. Il y en avait pour tout le monde, pour les vieillards, pour les femmes et pour les enfants ; il y en avait de toute largeur, de toute couleur, de toute grandeur. Il y en avait qui coupaient lentement la tête ; il y en avait qui la coupaient vite ; c'était charmant.

Pour faire venir un peu de monde dans les théâtres, on aurait guillotiné pendant les entr'actes, entre un vaudeville de Duvert et une chansonnette de Levassor. Les créanciers auraient fait couper le cou à leurs débiteurs, les débiteurs à leurs créanciers, et guillotine *versâ*. Il y en avait qui coupaient trois ou quatre têtes à la fois. Il aurait fini par y avoir des guillotines de cent couverts. C'eût été réjouissant au possible. Quel malheur que cela n'ait pas réussi !

De plus, c'était une affaire superbe, qui allait remplacer les chemins de fer; ça aurait rapporté autant d'argent et ça aurait été plus vite. On allait mettre les guillotines en actions, on aurait eu des coupons de guillotine, comme on avait des coupons du Nord; les mères de famille auraient eu de petites guillotines pour les enfants méchants. On aurait guillotiné partout, aux Champs-Élysées, sur les quais, sur les ponts, sur les places, sur les toits, dans les chambres. Quel gaillard que M. Barbès, et quelle reconnaissance il a pour le bel instrument qu'il a vu de bien près, mais peut-être pas d'assez près cependant : sans quoi, il eût pu en apprécier tous les désagréments, et il ne le proposerait certainement pas aujourd'hui !

Avouez qu'il eût été agréable de revoir la guillotine, revue, corrigée, perfectionnée par M. Barbès. Mais qui aurait-on guillotiné? Des aristocrates? Il n'y en a plus. Des riches? Il n'y en a plus. Ah bah ! on aurait guillotiné à droite et à gauche et l'on aurait envoyé des échantillons à l'étranger.

Mais ce beau rêve a fini à Vincennes, et cependant M. Barbès ne peut pas croire qu'on ne se bat pas à Paris ; il a demandé à venir s'en assurer par lui-même. On n'a pas voulu. Quelle tyrannie ! un homme si doux !

Patience, monsieur Barbès ! vous sortirez peut-être de Vincennes comme M. de Beaufort, ce qui vaut mieux que d'en sortir comme le duc d'Enghien.

Mais le plus grand malheur n'est pas que M. Barbès soit à Vincennes, car voici maintenant ce qui arrive. Le charpentier, — vous savez, l'homme aux guillotines, celui à qui M. Barbès avait commandé les instruments en question, — le voilà ruiné. Il avait mis ses derniers fonds dans cette belle affaire, et le voilà avec cent guillotines sur les bras. Aussi, les créanciers les ont-ils fait saisir, ce qui doit rassurer un peu nos concitoyens, puisqu'on ne peut pas se servir des objets saisis.

D'ici à quelque temps, nous allons avoir à la salle des commissaires-priseurs une vente de guillotines au rabais. Profitez de la vente ; on ne sait pas ce qui peut arriver. Dans un moment de réaction, cela pourrait se vendre très-cher.

Pourtant, il y a une chose dont il faut savoir gré aux guillotinistes : c'est des articles humanitaires d'une de leurs mille proclamations ; ainsi, sur des billets répandus dans l'Assemblée nationale, on lisait ceci :

« L'argent n'a plus cours en France. Toute propriété privée est déclarée propriété nationale.

» Un impôt de cinq cents millions est mis à la charge de l'infâme ville de Paris.

» La famille est abolie. »

Voyez quelle touchante progression dans ces trois articles! Réinstituer la guillotine, ce n'était rien. Nos mœurs actuelles se refusent, il est vrai, à ces boucheries quotidiennes du bon vieux temps; aussi ces messieurs, qui sont tous d'un naturel très-doux, comme M. Barbès, avaient-ils voulu que les condamnés eussent le moins de regrets possible à l'heure de la mort.

Ainsi on leur prenait d'abord leurs propriétés, ce qui les jetait dans une misère complète.

Ensuite on les imposait de cinq cents millions, ce qui, joint à la dépossession précédente, les dégoûtait tant soit peu de la vie.

Enfin on abolissait la famille, si bien qu'en mourant ils n'avaient plus personne à pleurer, et que, une fois morts, personne ne les pleurait plus.

Avec quelle touchante humanité tout avait été prévu, non-seulement pour rendre la mort moins terrible, mais encore pour la rendre agréable, utile, indispensable même!

Quel beau peuple que le peuple parisien!

quelle magnifique insouciance! quel admirable caractère!

On veut le décimer, répandre le plus pur de son sang, le saigner aux artères, il envoie deux cent mille de ses enfants voir ce qui se passe, et, pendant ce temps, il va au spectacle, se promène sur les boulevards, et trouve encore le temps et le moyen d'avoir de l'esprit et de s'occuper de ses affaires.

Ainsi j'ai vu, près de l'Hôtel de ville, au moment où un gouvernement provisoire — provisoire est bien le mot — venait d'être constitué par M. Barbès, quand tout le monde croyait à une révolution ou tout au moins à un bouleversement; quand deux cent mille hommes enfin, inquiets de l'avenir, se pressaient sur les quais, j'ai vu, dis-je, un garde national se précipiter sur un individu vêtu d'une veste de soie écrue et l'appréhender au collet sans que celui-ci comprît pourquoi!

A peine le garde national eut-il saisi ce passant, qui s'apprêtait déjà à résister, que, approchant de ses yeux le collet qu'il tenait, il le regarda avec une grande attention et s'écria :

— C'est bien de la soie écrue. Combien payez-vous cette soie-là, monsieur?

Et le garde national, en faisant cette question, regardait celui à qui il la faisait.

— Six francs le mètre, monsieur, répondit

l'autre ; mais c'est du vrai foulard des Indes qui m'est venu par l'Angleterre.

— Ah ! c'est cela ! le mien est de Lyon, mais il est moins beau que celui-ci. Je croyais pourtant bien avoir ce qu'on fait de mieux.

Et du doigt il tâtait le grain de l'étoffe.

— Vous êtes marchand de nouveautés ?

— Oui, monsieur, en gros, et, si je me suis permis de vous questionner ainsi, c'est que je vous voyais une veste de soie d'une qualité supérieure à tout ce que nous avons en magasin. Pardonnez-moi, monsieur, de vous avoir arrêté.

Le monsieur à la veste s'inclina, et le garde national alla rejoindre sa compagnie, non sans s'être retourné bien des fois en jetant des regards d'envie sur la veste en soie écrue.

Mais, hélas ! les commerçants ont beau ne pas oublier le commerce, le commerce va à peu près aussi mal que la littérature, la littérature aussi mal que la peinture, la peinture aussi mal que les théâtres, les théâtres aussi mal que le reste. Aussi les citoyens émeutiers avaient-ils eu l'idée, pour faire circuler un peu d'argent, de promettre un pillage de deux heures, pendant la fête nationale, mais de deux heures seulement. Ceux qui auraient pillé un quart d'heure de plus auraient été à l'amende. Il faut bien un peu d'ordre, que diable !

Et tout cela sous le pseudonyme de la Pologne.

Allons, décidément, Grassot avait raison ; et, grâce à ses faux amis, notre pauvre sœur polonaise restera ce qu'elle était. On parlera de la Pologne, mais on n'ira jamais. Ce sera l'Odéon de l'Europe.

Le journal *La Liberté*, 24 mai 1848.

PHYSIONOMIE DE PARIS

APRÈS LES JOURNÉES DE JUIN

Quand le présent sera devenu le passé ; quand les douloureuses émotions et les sombres événements qui agitent Paris depuis huit jours, ne seront plus qu'un fait et une date ; quand les hommes qui y ont pris part seront morts, les uns maudits des autres, ceux qui viendront après, et qui nous liront, consentiront-ils à nous croire, lorsqu'ils apprendront que, le 25 février 1848, un régime de fraternité ayant été proclamé en France, et ayant allumé des révolutions d'enthousiasme sur divers points de l'Europe, le 22 juin, c'est-à-dire quatre mois après, les choses que nous avons vues s'accomplir ont surgi tout à coup, et ne demanderont-ils pas avec stupeur, comme nous avec effroi : Que voulaient donc ces hommes ?

Et cependant, quoi qu'ils voulussent, les avertissements ne leur avaient pas manqué ; le ciel lui-même comme dans les temps antiques, semblait ajouter ses présages aux avertissements des hommes. Le 22, trois ou quatre heures après les premiers coups de fusil, qui eût pu sortir de Paris et errer dans la campagne, eût vu la nature entière frissonnante et troublée comme si les événements humains eussent pour une fois retenti sur elle ; il aurait entendu dans les cieux irrités les roulements profonds et répétés du tonnerre, qui semblait un écho de ce qui s'accomplissait ici : il aurait vu passer sur sa tête ces grands et lourds nuages enchaînés les uns aux autres, poussés par un vent d'ouest, éclairés d'un soleil blafard et que l'on eût dit faits par les colères des hommes et les menaces du Seigneur ; il eût vu les champs de blés se coucher tout à coup sous des rafales inconnues ; tandis qu'au soleil couchant, sur les hauteurs qui dominent la ville, les grands moulins restaient immobiles et stupéfaits malgré le vent, car le vent qui soufflait ce jour-là portait la mort et non la vie, l'inaction et non le travail : il eût rencontré sur les routes désertes et battues de la pluie un paysan furtif qui l'eût interrogé du regard, et il se fût dit : Décidément Dieu ne veut pas ce qu'on veut là-bas.

Mais non, isolés par leurs haines, respirant une atmosphère de poudre et de feu, les hommes n'entendaient pas ce que le ciel leur disait au milieu de ses craquements, de ses éclairs et de ses orages, et ils ont continué, aveugles et sourds.

Quel était donc le but de ces hommes qui, pendant quatre jours, n'ont pas eu un cri d'enthousiasme, pas un chant, et qui, lorsqu'on leur demandait ce qu'ils voulaient, répondaient par cet étrange ultimatum : Trente millions, cinq cents têtes à notre choix, deux heures de pillage, plus de gouvernement, et qui agitaient un drapeau rouge sur lequel étaient écrits ces mots : République démocratique et sociale.

Voilà donc l'explication du mot : République démocratique et sociale ; voilà donc l'extension qu'une partie du peuple donnait à la devise : Fraternité. Très-bien ! maintenant nous saurons que le drapeau rouge est un linceul teint dans le sang, et que la république démocratique et sociale, c'est un échafaud pour cinq cents têtes !

— Mais ce que voulaient ces hommes, ils ne l'ont pas voulu le 22 juin seulement, ils le voulaient depuis longtemps : ce sont ces hommes qui ont fait les barricades de février. Quand la monarchie a été détruite, ou plutôt chassée, et qu'ils ont entendu proclamer la République, ils ont cru que c'était leur république démocratique et sociale que l'on proclamait, et ils ont attendu. On pardonne à un étranger qui vous frappe, on ne pardonne pas à un frère qui vous trompe ; voilà pourquoi les barricades de juin étaient plus fortes que celles de février ; voilà pourquoi les balles étaient empoisonnées ; voilà pourquoi on coupait les poings aux prisonniers ; voilà pourquoi les femmes elles-mêmes sciaient la tête des soldats morts ; voilà pourquoi, quand l'archevêque venait, revêtu de ses habits sacerdotaux, apporter des paroles de paix et de conciliation, il se trouvait un homme pour le tuer, voilà pourquoi enfin il y a eu 250 morts en février et 15,000 en juin. C'est que cette fois, c'était bien la lutte des frères contre des frères. Aussi la lutte a t-elle été longue, terrible, acharnée. Les hommes qui étaient derrière les barricades et ceux qui les attaquaient étaient tous républicains : voilà le point de fraternité ; mais les premiers voulaient le socialisme de la hache, et les autres le socialisme de la loi, voilà le point de discorde. Les deux partis faisaient, sans le savoir, cause commune, le 24 février, contre un même ennemi, et aujourd'hui trente mille douleurs nous prouvent que cette fraternité n'était qu'un sanglant calembour.

Maintenant que tout semble fini et qu'on se demande d'où venait cette haine implacable, on va chercher bien loin des raisons impossibles, quand on a sous les yeux des preuves évidentes. On se dit : quel intérêt menait ces hommes? A qui obéissaient-ils? Quel prince les soudoyait? Quel roi étranger les payait?

Voilà les questions qui passent de bouche en bouche, et les folles suppositions que l'on fait.

Ces hommes voulaient ce qu'ils ont dit qu'ils voulaient : vainqueurs, le pillage, vaincus, l'incendie. La République démocratique et sociale, c'est-à-dire une liberté vêtue de rouge, tenant un glaive d'une main, une tête de l'autre, et foulant sous ses pieds le code et l'évangile.

A quel prince étranger obéissaient-ils, et qui les soudoyait?

Ils obéissaient à des Français. Il suffit d'être né en France pour être Français ; mais ces Français étaient bien réellement étrangers à leur pays, car c'est être étranger à une nation que de semer l'anarchie et la guerre civile dans son sein. On cesse d'être le fils de sa mère quand on l'assassine ou quand on la viole. Ces hommes étaient soudoyés, les uns par de l'argent, les autres par des promesses, ceux-ci par de faux principes, ceux-là par des convictions.

Argent, promesses, principes, convictions, tout

venait des mêmes individus, et ces individus, ce n'est ni en Angleterre ni en Russie ni parmi les rois et les princes en exil qu'il faut les aller chercher.

En février les barricades se dressaient pour la liberté ; il y a huit jours elles se dressaient pour l'anarchie.

Aussi en février l'attaque était-elle loyale, tandis qu'en juin elle était lâche. En février, les balles étaient rondes et franches. En juin, elles étaient empoisonnées. Le plomb ne suffisait pas à ces hommes, il leur fallait le cuivre, le fer et l'arsenic. Ils jouaient avec des armes pipées, et il a fallu que Dieu se mît de notre côté pour que la partie nous restât.

Qu'eussent donc fait ces hommes s'ils eussent eu la chance pour eux ? C'est ce qu'on se demande avec épouvante, et c'est ce qui fait que, si une nouvelle insurrection avait lieu, elle serait étouffée plus vite encore que la première, car chacun comprend que c'est sa vie, sa fortune, son foyer qu'il défend.

Mais les chefs de ce complot, où sont-ils ?

Approchez-vous de tous les murs sur lesquels on affiche, et au-dessous de la devise : Liberté, égalité, fraternité, lisez les placards rouges du club des *Droits de l'Homme*, et les proclamations des communistes. Voyez les menaces des uns et les promesses des autres; puis, si cela ne vous suffit pas, prenez un journal dont le titre se vantait de représenter le peuple, et lisez les articles qui commencent par ces mots : *La propriété, c'est le vol*, et dans lesquels le rédacteur dont nous ne voulons pas nous rappeler le nom, dit que Dieu est un être inutile et la famille une chose dangereuse; approchez ces articles des balles empoisonnées qu'on a extraites des blessures et que l'on a saisies, et dites-moi si vous ne trouvez pas le même poison dans les deux, et si les dernières ne sont pas la conséquence naturelle des premiers; puis, comme on n'a jamais trop de certitudes, prenez les listes d'élections, et vous verrez que les hommes qui émettaient ces principes, avaient les uns 75,000, les autres 50,000 voix; condamnez les prisonniers à mort, puis accordez-leur la vie s'ils vous disent pour qui ils ont voté, et vous saurez bien vite alors pour qui ils se sont battus.

En attendant, Paris offre un aspect étrange : chacun a sa nouvelle, son anecdote, sa supposition, son détail dont il fait part à son voisin. Des bruits sinistres se répandent. On craint, on doute, on se méfie. « Il n'y aura plus rien, disent les croyants ! » — « Tout n'est pas fini, disent les alarmistes. » — « Les insurgés sont à Courbevoie et se battent dans les campagnes, dit celui-ci. » — « Mille ou quinze cents prisonniers sont murés dans les catacombes, dit celui-là, » et malgré soi l'on pense avec terreur à cette mort souterraine.

Pendant ce temps le sang s'efface, les blessures se pansent, le soleil reparaît... et les enterrements passent. Des voitures sans nombre, pleines de curieux, vont incessamment de la Madeleine à la Bastille, et visitent les faubourgs et le théâtre de la lutte. Tous ceux qui n'ont pu assister au drame viennent voir au moins les décors. Il y a une telle affluence dans les rues qu'on oublierait peut-être que trente mille hommes manquent à l'appel, si l'on n'entendait à chaque instant ce funèbre roulement de tambours qui accompagne les morts à leur dernière demeure. La circulation s'interrompt quelques minutes pour laisser passer les victimes, puis les curieux, et surtout les curieuses, continuent leur chemin. Pour les femmes, qui pendant quatre jours n'ont pu s'habiller ni sortir de chez elles, le faubourg Saint-Antoine et la place de la Bastille ont remplacé les Champs-Élysées et les Tuileries. On ne voit que des chapeaux roses, des ombrelles blanches, des mains gantées qui montrent les traces des balles et les brèches des boulets. Les mamans emmènent leurs enfants voir ces charmantes choses, quand ils ont été bien sages, et l'on rentre chez soi dîner et se raconter les uns aux autres ce que l'on a vu.

Cela fait tant de bien de prendre un peu l'air !

Étrange ville! on croirait que, lorsqu'un de ces terribles événements passe sur sa tête, elle va se couvrir de deuil comme une mère qui pleure ses enfants; pas du tout! A peine le bruit des balles a-t-il cessé, que le bruit des voitures recommence, et que les maris disent à leurs femmes et les femmes à leurs enfants, en montrant la place d'une barricade : « Il y a eu au moins deux cents hommes tués là! » Deux cents hommes! dont il ne reste rien, pas même le sang, que la pluie a lavé; pas même le souvenir, car on ne demande pas leurs noms, quand, en jetant les yeux autour de soi, on revoit toutes les têtes que l'on aime. Ainsi, ce qui pendant quatre jours ébranle tout un pays, pendant une semaine l'amuse. La distraction du malheur est-elle donc dans le malheur lui-même ?

Nous avons fait comme tout le monde, nous sommes allés voir le faubourg Saint-Antoine; nous avons traversé les boulevards transformés en camp. Nous avons vu dormir, insoucieux et enfouis dans la paille, tous ces mobiles qui se sont si vaillamment conduits, eux dont on doutait, et qui nous ont sauvés! De temps en temps il en passe un couronné de fleurs, porté par ses camarades, couvert du drapeau qu'il a pris, la poitrine étoilée de la croix qu'il a conquise. Il semble avoir treize ou quatorze ans au plus. Les vieilles moustaches l'embrassent avec émotion, et l'on est forcé de se dire : La douleur des familles qui ont perdu leurs enfants est-elle plus grande que la joie de celles qui voient revenir le leur escorté d'un pareil triomphe ?

On tend la main à l'enfant, on lui sourit, et l'on passe. Le soir on vous apprend qu'il a été empoisonné, et le lendemain la nouvelle arrive qu'il se porte bien, qu'il a tout bonnement été indisposé par un cigare, attendu qu'il est habitué aux balles mais non au tabac.

On regarde, on écoute, on attend, on arrive, et alors se présente aux yeux un spectacle qui explique la curiosité générale : La maison qui a pour enseigne : *Au bélier mérinos* et qui regarde la place de la Bastille, n'est plus qu'un mur rouge avec trois énormes trous faits par le canon et qui ressemblent à trois soupiraux béants. A côté du café *du Bosquet,* sur la place même, une maison tout entière a disparu sous le canon et sous l'incendie. Il n'en reste plus qu'un étage de décombres, et la muraille du fond, contre laquelle sont plaquées trois cheminées qui semblent, les parquets et les toits ayant disparu, trois étagères attachées au-dessus l'une de l'autre. Sur la cheminée du haut, il y a une bouteille ; sur celle du milieu il y a une glace qui n'a pas été brisée, et à son côté gauche, un petit balai et une corne. Que sont devenus ceux qui se regardaient dans cette glace et qui se servaient de cette corne ?

Entrez dans la rue Saint-Antoine et regardez. Ici c'est le magasin de nouveautés appelé le *Paradis des Dames*, et qui, jusques dans son enseigne prétentieuse, est troué de balles et de boulets ; plus loin, c'est un marchand de vins intitulé : *Au petit caveau de Momus*, et dont la maison, comme si elle était ivre, paraît près de tomber. Là, c'est le numéro 29 qui fait le coin d'une rue, et que les boulets ont éventré dans l'angle ; les vitres sont brisées, les chambres désertes, et sur une fenêtre il reste deux pots de fleurs dont pas une n'a été atteinte.

Allez voir cela ; il vaut mieux voir que de penser. Mais il y a un autre pèlerinage à faire, c'est celui de l'archevêché. Là, sur un lit de parade, vêtu de satin blanc, dort du sommeil éternel l'archevêque de Paris, mort pour ce principe de fraternité auquel il croyait encore, mort en priant Dieu pour les autres, mort avec la sérénité du juste, du chrétien et de l'apôtre.

Samedi, deux officiers se trouvaient au milieu de la foule qui encombrait la salle dans laquelle est exposé Monseigneur Affre. Ils se sont approchés du lit où repose l'archevêque, et tirant leurs épées du fourreau, ils les ont posées quelques

2.

instants sur les pieds du pontife en disant : « Bénissez encore celle-ci, Monseigneur », et ils ont disparu, des larmes dans les yeux, au milieu de l'émotion générale.

Nous ne souhaitons pas à notre plus mortel ennemi les remords qu'aura un jour l'homme qui a tué l'archevêque de Paris, s'il l'a tué volontairement.

Le journal *La Liberté*, 2 juillet 1848.

COURRIER DE PARIS

I

Il y a encore des gens qui disent qu'il n'y a plus d'argent en France. Pourquoi ces gens-là ne lisent-ils pas, quand ils se promènent, les affiches qui promettent des récompenses? ils reviendraient bien vite de leur erreur.

Ils verraient d'abord que les Parisiens continuent à donner vingt-cinq et cinquante francs de récompense à qui leur rapportera leurs chiens perdus, ce qui prouve que, bien que nous soyons en république, la fidélité est toujours estimée à sa juste valeur, du moins en ce qui regarde les chiens, et qu'il y a des heureux qui ont encore vingt-cinq et cinquante francs à donner à toute heure du jour. Heureux, en effet, ces gens-là qui, peut-être, comme les laboureurs de Virgile, ne connaissent pas leur bonheur ! Mais ces récompenses ne sont rien et les pertes qu'elles réparent se comprennent. On se promène avec son chien, le chien va rôder autour de ses camarades ; il se perd ou on le vole, cela s'explique et cela s'excuse. Mais j'avoue qu'il y a des pertes que je ne pardonne pas et, si j'étais représentant du peuple, je proposerais qu'on les punît aussi sévèrement que l'abus de confiance. Les murs de Paris sont littéralement couverts à cette heure d'affiches comme celles-ci :

« Il a été perdu six billets de mille francs en passant par les rues, etc., etc. Mille francs de récompense à qui les rapportera à M***, garçon de caisse. »

« Il a été perdu neuf cents francs par un malheureux portier qui n'a pour toute fortune que la confiance dont on l'honore. Deux cents francs de récompense, etc. »

« Il a été perdu des traites datées de Bruxelles et tirées sur Paris. Cent francs de récompense. »

« Il a été perdu huit billets de banque, l'un de mille francs, deux de deux cents francs, les autres de cent francs; les rapporter à M***, père de famille, qui remettra la récompense promise : deux cents francs. »

Et bien d'autres que j'ai vues et que je ne me rappelle pas.

Si vous ne me croyez pas, lisez les affiches de la rue Grange-Batelière, de la rue Montmartre, de la rue Saint-Denis, et vous serez convaincus.

Ainsi, à une époque où l'argent est devenu une chose si rare, que c'est une gloire d'avoir dîné, voilà des gaillards, garçons de caisse, qui n'ont rien à faire dans le monde que de porter de l'argent d'une maison dans une autre, et qui perdent six billets de mille francs! En quoi faisant? Peut-être en parlant politique, les malheureux! Voilà des portiers qui n'ont pour *toute fortune que la confiance dont on les honore*, à qui l'on dit : « Portez ces neuf cents francs à tel endroit », et qui trouvent moyen dans le trajet de les perdre.

A quoi peut penser un portier qui porte neuf cents francs, si ce n'est à les bien tenir pour qu'ils ne tombent pas? A quoi peut penser un homme dont l'unique fortune est la confiance dont on l'honore, si ce n'est à conserver cette confiance en faisant exactement les commissions qu'on lui donne?

Qu'un homme de lettres, un artiste, un amoureux, un pauvre diable enfin, qui reçoit par hasard un billet de mille francs, qu'il a gagné et qui lui appartient, le perde, c'est une chose très-malheureuse, mais c'est une chose que l'on comprend. L'habitude de ne pas avoir d'argent peut lui faire oublier qu'il en a, et l'art, l'amour ou la joie peuvent lui donner des distractions ; mais qu'un garçon de caisse qui est habitué à porter des sommes énormes et qui sait de quelle importance est pour lui l'exactitude de ses comptes, perde l'argent dont il est porteur, voilà ce que je ne crois pas.

Mais, me direz-vous, il est certain que l'argent a été perdu. Je ne le nie pas, bien que faire afficher qu'on a perdu six ou huit mille francs, soit un assez bon moyen de faire patienter ses créanciers, moyen que je recommande à ceux qui sont à bout d'expédients ; mais ce que je crois avant tout, c'est que le caissier, le père de famille et le portier qui n'a pour toute fortune que la confiance dont on l'honore, *sont des moyens* de faire rentrer plus vite l'argent perdu. En effet, celui qui trouve des billets de banque, c'est-à-dire des valeurs que nul ne saurait reconnaître, peut avoir un mouvement secret qui lui conseille de les garder ; mais, s'il voit sur une affiche que ces billets ont été perdus par un garçon de caisse, par un père de famille, ou par un portier *qui n'a pour toute fortune que la confiance dont on l'honore*, s'il voit le nom et l'adresse de ces individus, s'il entrevoit une honnête récompense, il se sent ému, il comprend qu'il y a le nom d'un pauvre honnête homme qu'il n'osera plus entendre prononcer, qu'il y a une maison devant laquelle sa conscience n'osera plus passer; tous les malheurs qui pourraient résulter de cette perte se présentent à son esprit; il est pris d'un noble sentiment et il reporte la somme qu'il a trouvée. Le plus souvent on le reçoit comme un voleur et l'on accompagne la récompense qu'on lui donne de questions, de commentaires et même d'insultes qui font qu'il se promet bien, si jamais il retrouve un portefeuille plein de billets de banque ou même des billets de banque sans portefeuille, de ne plus lire une affiche pour n'avoir rien à rendre.

Mais, si l'affiche porte que c'est M. de Rotshchild, ou M. Hope, ou M. Ganneron, ou le gouvernement provisoire qui a perdu la somme, croyez-vous que celui qui l'a trouvée ait autant de remords? Non. Il se dit: « Trois ou quatre mille francs de moins ne ruineront pas ces messieurs, et ils me feront grand bien, à moi qui ne les ai pas! » car, il faut vous dire que les billets perdus sont toujours trouvés par de pauvres diables, les pauvres diables n'allant jamais en voiture et les papiers ne pouvant être trouvés que par les gens qui vont à pied.

Cette facile morale à l'endroit des banquiers, dont, au contraire du portier mentionné ci-dessus, toute la fortune réside dans la confiance dont ils honorent les autres, cette facile morale, disons-nous, est encore légitimée par certaine histoire que l'on raconte sur l'un des banquiers dont les noms se trouvent plus haut.

Un jour, un de ces messieurs perdit cinquante mille francs en bons et braves billets. Il les fit afficher, mais avec la conviction intérieure qu'il faisait une dépense d'affiches inutile, d'autant plus que ces affiches portaient franchement son nom sans promettre de récompense.

Le lendemain, un homme en blouse se présentait chez lui :

— Monsieur, dit-il au banquier, vous avez perdu cinquante mille francs?

— Oui.

— Les voici.

Et, en disant cela, l'homme déposait sur le bureau le portefeuille et la somme intacte.

Le banquier sonna, son secrétaire parut.

— Faites remettre ces cinquante mille francs à la caisse, lui dit-il.

L'homme attendait toujours.

— Eh bien, qu'est-ce que vous faites-là? lui dit le Crésus quand son secrétaire fut sorti.

— Monsieur, répondit l'homme, je suis un pauvre père de famille ; je vous ai rapporté l'argent que vous aviez perdu. Ne me donnerez-vous rien pour ma peine?

— Absolument rien.

— Mais, monsieur, j'aurais pu garder ces cinquante mille francs ?

— Tenez, fit le banquier en ouvrant un registre, ils étaient déjà portés aux pertes de l'année. Il fallait les garder, imbécile !

Le pauvre garçon n'obtint pas autre chose. Avec quel sentiment croyez-vous qu'il sortit de chez le banquier ? Avec le regret bien flagrant d'y être venu, n'est-ce pas ? Du reste, je crois que ce regret arrive tôt ou tard et qu'il vient un moment où l'égoïsme se repent plus d'avoir reporté l'argent trouvé que la conscience ne se réjouit d'avoir fait une bonne action. Ce n'est pas un conseil que je donne, c'est une simple réflexion psychologique que je fais.

Donc, vous aurez beau dire le contraire, il y a toujours de l'argent en France, puisqu'on en perd dans les rues. D'ailleurs, il n'y a pas que moi qui suis convaincu de cette vérité. Chacun cherche par un commerce quelconque à faire passer dans ses mains ou dans sa maison cet argent anonyme qui s'obstine à se cacher encore. Les théâtres s'emplissent de pièces nouvelles, on crie ou plutôt on recrie une foule de journaux ; les éditeurs eux-mêmes, ces rois du désespoir, reprennent confiance et font provision de romans. On n'aura jamais vu un hiver aussi littéraire que celui qui va commencer. Et remarquez bien une chose, c'est que la littérature n'a pas voulu se servir d'actualités pour se soutenir, ni d'allusions pour intéresser. Elle laisse passer les événements sans s'accrocher à eux. Elle ressemble à ces fleurs qui parfument les bords des torrents ; elle mêle son parfum au bruit.

Après tout, qu'aurait-elle à faire dans tout ce qui se passe? Ces sortes d'événements appartiennent aux historiens et aux philosophes, car ils sont pleins de contrastes et de leçons. Dans cinquante ans d'ici, il y aura peut-être parti à tirer des anecdotes auxquelles les commencements de notre République donnent lieu ; mais nous, nous ne sommes pas encore arrivés sur ce sommet d'où l'on distingue avec indifférence et avec calme toutes les choses accomplies. Cependant il faut avouer qu'en des temps comme les nôtres on vieillit vite et que les passions elles-mêmes s'éteignent avec une rapidité incroyable. Ainsi dans les premiers jours qui ont succédé à l'insurrection, il y avait une telle haine contre ces hommes qui venaient de bouleverser Paris et dont on racontait tant d'atrocités, que le plus paisible boutiquier du Marais les eût condamnés à être fusillés et eût consenti à commander le feu lui-même. Maintenant que Paris est tranquille, maintenant que les maçons ont rebouché les trous des balles, que la pluie a lavé le sang répandu ou que le soleil l'a séché, que les tombes entr'ouvertes se sont refermées, que les voitures circulent là où roulaient les canons, on sent la haine qui diminue peu à peu. On est pris de pitié pour ces insurgés qui, s'ils ont fait souffrir, ont bien souffert depuis ; on pense à leurs femmes et à leurs enfants, et, si l'on en appelait au jugement de la nation, peut-être la nation répondrait-elle par un immense verdict d'acquittement. Aurait-elle raison ? Il n'y a pas longtemps que Lamartine a dit : « Défions-nous des surprises du cœur. »

Parmi les gardes nationaux qui ont marché à la défense de l'ordre et de la liberté, bien peu savaient ce que c'est que de tuer un homme. Ils avaient un fusil sur l'épaule, des cartouches dans une giberne ; ils arrivaient à une barricade, ils entendaient siffler les balles autour d'eux, ils voyaient tomber leurs camarades, leurs amis, leurs enfants même à leurs côtés ; ils prenaient leur part de la lutte et tiraient leurs coups de fusil au hasard, dans l'épais nuage de poudre qui voilait les acteurs de ce drame sanglant, et au milieu de la mitraille qui éteignait sous sa formidable voix les cris des victimes et le râle des mourants. Ils ne se rendaient pas compte de ce qu'ils faisaient. Ils ne se rappelaient pas que, chaque fois qu'ils appuyaient le doigt sur la gachette de leur fusil, il y avait chance que, après ce mouvement, un cœur cessât de battre. Aussi, quand ils étaient vainqueurs, étaient-ils pris d'une soudaine commisération pour ceux qui tombaient en leur pouvoir.

Parmi tous les faits qui prouvent ce que nous avançons, nous en citerons un qui est arrivé à l'un de nos amis, M. D...

C'était un jeune homme habitué non-seulement à la vie douce, mais même à la vie oisive, un de ces garçons qui mangent gaiement leur fortune, et contre lesquels on excite si injustement la haine du peuple. Il était parti avec son bataillon, qui s'était emparé d'une barricade dans le quartier du Panthéon. La barricade prise, les gardes nationaux et la mobile entrèrent dans les maisons pour faire des prisonniers. Mon ami, qui heureusement n'avait pas été blessé, escalada le premier les cinq étages en haut desquels s'étaient réfugiés les insurgés. Au moment où il allait franchir la dernière marche, un homme en blouse se précipita sur lui la baïonnette en avant. Celui qui se trouvait ainsi attaqué se jeta de côté, ne fut pas atteint, et riposta par un coup de baïonnette qui atteignit son adversaire dans le ventre. Le malheureux blessé laissa tomber son fusil, chancela et ferma les yeux sous la douleur. Mon ami le reçut dans ses bras, lui fit descendre les cinq étages de la maison, le soutint jusqu'à ce qu'il fût arrivé au poste, et là, oubliant qu'il avait été attaqué et ne se souvenant plus que d'une chose, c'est qu'il avait blessé un homme, il dit avec une émotion profonde aux soldats qui gardaient le poste, en leur montrant le blessé :

— Voici un homme à qui j'ai donné un coup de baïonnette. Il souffre beaucoup ; je vous le recommande, prenez bien soin de lui !

Et en même temps il racontait comment la chose s'était passée.

Quelques instants après, au moment où il allait franchir la porte de la caserne, il entendit une décharge, il se retourna, et vit qu'on venait de fusiller son prisonnier.

Il jeta son fusil dans un coin, et rentra chez lui pleurant comme un enfant.

Six semaines ont passé sur ces événements, et ils font déjà partie de l'histoire, et ils sont vieux pour nous comme si un demi-siècle s'était écoulé depuis qu'ils ont eu lieu. Il n'en reste plus que l'état de siége qui continue, ce qui, par parenthèse, nous a convaincus de cette vérité, que le peuple parisien, toujours prêt à se battre pour la liberté, est de tous les peuples connus celui qui accepte le plus volontiers l'esclavage. Si le général Cavaignac en eût eu la fantaisie, à l'heure qu'il est, nous ne sortirions plus sans dire à chaque coin de rue où nous allons, d'où nous venons, et pourquoi nous sortons. Cette facilité à répondre aux questions que faisaient les gardes nationaux à ceux qui se promenaient dans les deux ou trois premiers jours de l'état de siége, au moment où la surveillance était si scrupuleuse, a même donné naissance à des aventures assez bizarres, à celle-ci, entre autres :

Le lendemain du jour où l'on s'était définitivement rendu maître des insurgés, un monsieur, que nous ne voulons pas nommer, sort de chez lui. Il arrive au bout de sa rue; un garde national l'aborde d'une façon légèrement cavalière et avec ces allures quelque peu impertinentes que donnaient à certains individus les épaulettes qu'ils avaient sur le dos et qui leur faisaient croire qu'ils étaient devenus soldats, quoiqu'ils n'eussent pas brûlé une cartouche, et se fussent contentés de garder leur quartier.

Le garde national commença par fouiller le passant; après quoi, il lui dit :

— D'où venez-vous ?

— De chez moi; et du doigt celui qui était interrogé montrait sa maison.

— Où allez-vous ?

— A cette maison qui est là-bas.

Et, ramenant son bras en avant, il montrait la maison où il allait.

— Qu'allez-vous faire dans cette maison? continua le garde national en regardant plus attentivement celui qu'il questionnait.

— Je ne peux pas le dire.

— Alors vous allez me suivre au poste.

— Il faut donc absolument que je dise ce que je vais faire.

— Certes.

— Eh bien, après tout, vous êtes un homme, vous comprendrez bien cela. Je vais voir une femme.

— Dans cette maison? fit le garde national en pâlissant.

— Dans cette maison, affirma de nouveau le passant.

— Mais il n'y en a qu'une.

— C'est bien possible.

— Alors, c'est madame***.

— Justement, comment le savez-vous?

— Monsieur, c'est ma femme, s'écria le garde national, et vous ne passerez pas.

— Et de quel droit m'empêcherez-vous de passer?

— Du droit qu'a un mari de sauvegarder son honneur et de corriger un insolent. Pour commencer, je vais vous faire arrêter.

— Libre à vous; seulement, je montrerai la

lettre que je viens de recevoir de votre femme et le commandant du poste me laissera passer.

— Vous oserez faire cela, monsieur ?

— Parfaitement.

Le garde national pâlit. La position était terrible, même pour un garde national.

— C'est bien, monsieur, je suis en faction pour deux heures et ne puis abandonner mon poste ; allez chez ma femme ; mais vous comprenez que les choses ne peuvent pas se terminer ainsi. Vous allez donc me faire le plaisir de me donner votre adresse.

— La voici.

— Maintenant, monsieur, passez.

Le monsieur passa. Le soir, le mari ne rentra pas chez lui, mais sa femme reçut une lettre qui lui apprenait qu'il savait tout.

Demande en séparation de corps et de biens a été portée devant les tribunaux, et c'est, dit-on, un des premiers procès que l'on jugera.

On assure que cette aventure n'a pas peu contribué à faire cesser cette surveillance continue qui, si elle protégeait le repos des citoyens, pouvait, comme vous le voyez, troubler le repos des maris.

On nous a dit, mais nous ne l'affirmons pas, que le mari trompé avait été nommé caporal... Douce compensation !

Le journal *La Liberté*, 14 août 1848.

II

Paris est un grand enfant, qui, comme tous les enfants, s'amuse et s'épouvante de la moindre chose. Or, en ce moment, Paris est plein d'hésitations. Il ne sait pas s'il doit avoir confiance ou avoir peur, rire ou trembler. On lui annonce des plaisirs nouveaux, fêtes, spectacles, concerts, il y va. On lui apprend qu'il a été fait, il y a deux ou trois nuits, une tentative de barricade, il se cache. Le soir, il prend la retraite pour le rappel, car il commence à oublier qu'il est en état de siége. Qu'il s'en souvienne donc au contraire, et que par conséquent il se rassure. Ne se rappelle-t-il déjà plus que M. Cavaignac a dit que pas un pavé de la capitale ne serait remué sans qu'il le sût ; donc, s'il y a eu des barricades, elles n'auront été faites que du consentement de M. Cavaignac, et, comme le chef du pouvoir exécutif ne veut que le bien de son pays, ce sera pour notre bonheur que les barricades s'élèveront. M. Cavaignac ne doit compte de ses actions à personne. S'il lui plaît qu'il y ait des barricades dans Paris, Paris n'a rien à voir à cela ; mais tout nous porte à croire que cette fantaisie n'est pas venue et ne reviendra pas à notre illustre général. Que Paris se tranquillise donc. Ce ne serait pas la peine d'avoir réuni tous les pouvoirs entre les mains d'un seul homme pour qu'il arrivât ce qui arrive lorsqu'il est entre les mains de plusieurs. M. Cavaignac remplace M. Ledru-Rollin, M. Garnier-Pagès, M. de Lamartine, M. Marie et M. Arago ; par conséquent, M. Cavaignac doit avoir tout le républicanisme du premier, sans avoir son air arrogant ; toute la science financière du second, sans avoir M. Duclerc pour gendre ; toute l'éloquence et toute la poésie du troisième, sans avoir eu la peine de faire les *Méditations ;* toute l'aimable douceur de l'avocat au nom de vierge, sans avoir, comme lui, proclamé la République ; toutes les connaissances astronomiques du dernier, sans avoir MM. Jacques et Étienne Arago pour parents et, de plus, il a une science stratégique acquise à l'école du génie et dans nos guerres d'Afrique. Que diable, il ferait beau voir que, avec toutes ces facultés réunies dans le même cerveau, la République ne marchât pas comme sur des roulettes. Eh bien, ce que je vous dis est entre nous, il paraît que, malgré tout cela, il y a une certaine agitation à Paris, et savez-vous ce que l'on assure? Qu'il doit y avoir prochainement une manifestation de cent mille hommes qui doivent venir demander au général Cavaignac, devinez quoi ? un roi ou du pain ! Avouez que, après cinq mois de République, ce serait assez curieux. Pour moi, si j'étais à la place de M. Cavaignac, je sais ce que je répondrais aux cent mille hommes :

— Vous voulez un roi? leur dirais-je ; mais il faut que vous soyez fous, pour faire une pareille demande. D'abord, une République au berceau n'a pas tout de suite des rois tout prêts ; il y a cinq mois que nous n'en tenons plus. Puis réfléchissez, et vous verrez que ce que vous demandez est du superflu. En février, vous avez voulu la République. Eh bien, vous l'avez eue. Regardez plutôt sur la Porte-Saint-Denis, sur les malles-postes et sur les proclamations, vous verrez écrit en grosses lettres : « République française ».

Maintenant, vous voulez un roi? Pour quoi faire? Pour en faire ce que vous avez fait des deux derniers? Ce n'est vraiment pas la peine de déranger un homme pour cela. D'ailleurs, quelle espèce de roi voulez-vous? Est-ce un roi constitutionnel, orné de ses deux Chambres? Qu'est-ce que je suis donc, moi, si je ne suis cela? L'Assemblée nationale a neuf cents membres, c'est-à-dire autant de représentants que les deux Chambres en avaient à elles deux ; elle ne fait rien sans me consulter ; donc, je suis un roi constitutionnel.

» Est-ce un roi absolu qu'il vous faut? Vous l'avez encore en moi. Je ne dois compte de mes actions à personne ; grâce à l'état de siége je fais ce que je veux, et, si demain il me plaisait de casser la Chambre, comme il a plu à Cromwell de dissoudre le Parlement, et à Napoléon de chasser le Directoire, comme il m'a plu déjà de supprimer les journaux, je le ferais, sans que personne eût rien à me dire. Donc, vous avez aussi un roi absolu.

» Ainsi, vous avez la République, le gouvernement constitutionnel, le roi absolu, c'est-à-dire les trois seules formes de gouvernement possibles, et vous n'êtes pas contents? Avouez que vous n'êtes pas raisonnables. Maintenant, vous me demandez du pain, sous le prétexte que la République a promis de nourrir ses enfants : cela me paraît assez juste, d'autant plus qu'on ne peut guère se nourrir plus modestement, mais ce n'est pas moi qui vous ai promis cela. La République a promis ce qu'elle a voulu, cela ne me regarde en rien. Dans le commencement, la République ne savait pas trop ce qu'elle faisait, à ce point qu'aujourd'hui on demande la mise en accusation de ceux que l'on portait aux nues il y a cinq mois. Je suis au pouvoir pour maintenir la tranquillité et faire renaître la confiance, je ne connais que cela. Faites-moi donc le plaisir de vous en aller. Si vous murmurez et si vous vous rassemblez, on dissipera vos rassemblements ; si vous faites des barricades, on les mitraillera ; si l'on vous prend, on vous déportera. Allez, mes enfants, et vive la République ! »

Voilà ce que je répondrais, et je serais parfaitement dans mon droit.

Qu'en pensez-vous ?

Espérons cependant que nous n'en viendrons pas à ces douloureuses extrémités, et que Paris conservera les bonnes dispositions de confiance et de gaieté où il est. Maintenant, dire qu'il n'y a pas dans l'air une apparence sensible de réaction, ce serait mentir, et nous devons la vérité à nos lecteurs. Celui qui écrit ces lignes n'écrit pas selon ses désirs, il n'est que l'écho des mille bruits de la ville. Il fait des articles intitulés : *Courrier de Paris* ; il est bien forcé de répéter ce qu'il a entendu dire. Il ne juge, ni ne prévoit, ni ne critique, il raconte. Or, pour être un conteur véridique, il doit avouer que, depuis quelque temps, il est frappé par certaines lithographies qui se montrent à la fois ouvertement et mystérieusement aux vitrines de certains marchands. Ainsi, en mars, en avril, en mai encore, on eût cassé les carreaux du marchand d'estampes qui eût exposé aux regards des curieux enthousiastes d'autres têtes que celles de M. Ledru-Rollin, de M. Louis Blanc et de M. de Lamartine. Aujourd'hui, la caricature s'est déjà emparée de ces types vénérés. Louis-Napoléon, qui, s'il faut en croire les portraits que nous voyons, ressemble quelque peu à M. Cavaignac, a été pendant un temps le favori des marchands de portraits. Hier, une caricature qui le tournait en ridicule, lui et le prince de Joinville, a été saisie et a donné lieu à des réclamations de la part de celui qui l'avait éditée, cas tout nouveau depuis notre nouvelle République, qui s'est donné le plaisir des caricatures en tout genre. Enfin, on s'arrête maintenant sans étonnement devant le portrait d'un jeune homme au regard à la fois fier et doux, au-dessous duquel on lit le seul nom de Henri, et qui se vend avec une lettre du comte de Chambord que plusieurs journaux ont répétée, en disant qu'elle avait plutôt l'air d'un manifeste que d'une lettre. Que croyez-vous que l'on eût fait à l'audacieux marchand qui se fût permis de livrer, huit jours après la révolution, le portrait d'un prétendant aux regards du public? Moi, je crois tout simplement qu'aucun marchand ne l'eût osé. D'où vient qu'on l'ose aujourd'hui? Cela vient sans doute de ce que la République est fermement assise et n'a plus rien à craindre des prétendants. En effet, cela peut venir de là, — à moins que cela ne vienne d'autre chose.

Que ceux qui ont encore des pièces de cinq francs lisent l'exergue qui les entoure, ils y verront : « Dieu protége la France. » Qu'ils espèrent donc, puisque Dieu est pour nous.

Quoi qu'il en soit, la confiance reparaît, l'argent se montre, quoique soixante représentants aient eu l'ingénieuse idée de demander l'amnistie pour les insurgés de mai et de juin. En vérité, quand nous disions, dans notre dernier feuilleton, que l'on sent peu à peu la haine s'en aller du cœur, nous ne croyions pas qu'il viendrait à des hommes honnêtes et justes l'idée de demander l'amnistie complète pour les inculpés de juin. Les soixante philanthropes, — à la tête desquels se trouve, dit-on, M. Victor Hugo, ce qui ne nous étonne pas, — rendront-ils la vie à ceux qui ont été tués par ces hommes dont ils demandent la grâce aujourd'hui; rendront-ils à notre pays le général Duvivier, le général Bourgon, le général de Bréa, le général Damesme, l'archevêque de Paris et tant d'autres ? rendront-ils les fils et les pères qui se sont fait tuer pour l'ordre et la liberté, et qui manquent à l'appel de leurs familles ; rendront-ils la raison à madame de Bréa, la santé à madame Damesme, ces victimes survivantes et bien autrement à plaindre que les victimes mortes ? La générosité est un beau sentiment avec lequel on peut faire de beaux poëmes ; mais à côté de la générosité il y a la justice, à côté de l'Évangile qui dit : « Pardonne ! » il y a le Code qui dit : « Punis ! » à côté de la clémence, il y a la politique sévère, indispensable, éternelle. Si vous faites grâce aujourd'hui et que demain il y ait des troubles, croyez-vous que la garde nationale et la troupe marcheront avec la même confiance et le même enthousiasme qu'hier à la rencontre de ces nouveaux insurgés qui seront peut-être les mêmes que les anciens ? A quoi bon risquer sa vie, le repos, le bonheur, l'avenir de sa famille contre des hommes qui, vaincus, seront amnistiés, et qui, comme des joueurs de mauvaise foi, sont sûrs de ne rien perdre ? Une portion de la population a joué une sanglante partie contre l'autre ; elle a perdu, qu'elle paye, c'est justice. Maintenant, introduisez l'indulgence dans votre jugement, nous ne demandons pas mieux ; tâchez d'utiliser pour le bien vos prisonniers, c'est ce que nous souhaitons; punissez d'une main et montrez le droit chemin de l'autre, nous vous applaudirons, nous et la population tout entière; mais souvenez-vous d'une chose, c'est qu'en politique la confiance est un danger et le pardon une duperie.

Faites grâce, rendez à la circulation sept ou huit mille individus contre lesquels tout Paris et toute la France ont proféré des cris de haine et de vengeance, et l'espérance que nous commençons à avoir et le crédit qui paraît vouloir reparaître disparaîtront subitement. Notre pays était malade, à votre point de vue du moins, vous avez jugé l'amputation nécessaire; faites-la hardiment, avec cette arme terrible qu'on nomme la nécessité. Si vous reculez devant le grand remède, vous risquez la gangrène.

Voilà ce que nous avons entendu dire autour de nous et ce que nous avons cru de notre devoir de répéter.

Nous disions donc, avant cette digression où nous a entraîné la dangereuse clémence de soixante représentants, que la confiance renaît de ses cendres et que l'argent reparaît. C'est vrai. Le peuple redevient public et commence à reprendre le chemin des théâtres. Or, du moment qu'il retrouve de l'argent pour les plaisirs, il n'est pas loin d'en retrouver pour les affaires. Depuis quelque temps, voilà la littérature qui se remet à préoccuper les esprits fatigués de la politique. Tant mieux. N'est-ce pas douloureux de s'occuper perpétuellement des misères au milieu desquelles nous vivons et que font éclore les grandes transformations gouvernementales, comme un soleil nouveau fait sortir de terre, en même temps que des fleurs, des reptiles repoussants et des champignons vénéneux !

Depuis quinze jours, Paris se sent plein d'aise. Il se souvient qu'il y a des théâtres. Il rit d'autre chose que de l'Assemblée nationale, il pleure à d'autres émotions que les émotions publiques. L'Ambigu fait de l'argent avec *le Morne au Diable* et Montdidier ; *Tragaldabas* a soulevé son insurrection littéraire, *le Chandelier* de Musset s'est montré au milieu de toutes les grandes préoccupations, et, jeudi dernier, on a refusé du monde au Théâtre-Historique. Il est vrai qu'on jouait *Marie Tudor*, et que c'était mademoiselle Georges qui reprenait le rôle. Cette reprise a été un véritable triomphe pour le poëte et pour l'actrice. Quand, au second acte, la toile s'est levée, la scène a été littéralement couverte de bouquets. La grande actrice avait bien l'air d'une reine, et, avec cette habitude qu'elle a de ces sortes d'ovations, elle a su cacher la profonde émotion que lui causait l'admiration générale. Elle a joué au milieu de toutes ces couronnes et de toutes ces fleurs, comme si elles n'eussent été que les broderies en relief du tapis qu'elle foulait, et elle a joué comme elle joue toujours, avec tout son talent et tout son cœur, admirablement secondée du reste par madame Rey, Lacressonnière, Bignon, Boileau et Dupuy.

Nous le demandons à M. Hugo, ce triomphe qu'il a eu tant de fois dans sa vie, ne vaut-il pas pour lui toutes les vanités de la tribune et toutes les émotions de la politique? Quand, dans le fond de sa loge, il entendait toutes les mains battre devant son œuvre, l'enfant de son génie, ne se sentait-il pas plus fort et plus content de lui que s'il eût prononcé un long discours, dont il eût à la fois été l'auteur et l'acteur, mais qui n'eût été que l'enfant des circonstances, et qui peut-être un jour paraîtrait banal, parce qu'il n'aurait vécu que par l'actualité, tandis qu'à mesure que la génération avancera, ses conceptions iront grandissant, surtout si, comme un horticulteur habile, M. Hugo a le soin de les débarrasser de quelques feuilles mortes aujourd'hui?

La salle était comble.

— Je voudrais bien qu'on mît le théâtre en état de siége, disait le plus jeune fils de notre grand poëte, en voyant ces spectateurs attentifs et cette recette inaccoutumée.

— Pourquoi? lui dit-on.

— Pour que tous ces gens-là ne pussent plus sortir d'ici, répondit-il.

On retourne donc au théâtre, et l'on revoit un peu d'argent et d'or même. Mais toute chose a son mauvais côté, et les huissiers, par exemple, alléchés par ce tressaillement de bien-être que Paris a eu l'imprudence de montrer, montrent aussi leurs ongles et leurs dents que la République avait quelque peu rognés. Quand donc aurons-nous au pouvoir, roi, consul, président ou empereur, un homme qui ait eu des dettes et à qui ses créanciers aient fait faire des frais? Jusque-là, la législation qui régit MM. les huissiers sera insuffisante. Il y a trois ou quatre jours, une femme qui venait d'accoucher est morte, rue Furstemberg, de l'émotion que lui a causée le congé que son propriétaire ou plutôt sa propriétaire lui a fait donner par huissier. Comment un ou une propriétaire, ce qui est la même chose, les propriétaires étant tous du même sexe, ou n'en ayant pas, n'a-t-il pas la générosité d'attendre qu'un locataire en ait fini avec une douleur pour lui en infliger une autre? En vérité, il y a des jours où M. Proudhon a raison. Donc on revoit des signatures d'huissiers. Quand M. Ledru-

Rollin est arrivé au pouvoir, on avait dit que c'était un débauché, qu'il était criblé de dettes ; purs mensonges qu'il a démentis depuis à la tribune. Ce qui alarmait les autres me ravissait, moi. Je me disais : « Enfin ! voilà donc un homme qui sait ce que c'est qu'un huissier, et qui va mettre ordre aux papiers timbrés. » Ah bien, oui ! On ne lui a pas seulement laissé le temps d'appliquer à ce corps d'officiers publics les circulaires qu'il a appliquées aux autres. Il n'a eu, dit-on, que le temps de payer ses dettes : l'ingrat !

Les huissiers sont sans contredit une vilaine race. Pourquoi la persécution qui s'est acharnée tant de fois contre des innocents, ne s'acharnerait-elle pas un peu contre ces coupables patentés ? Et quand on pense que tous leurs papiers timbrés commencent par ces quatre mots : « Au nom du roi ; » dont ils ont gratté le dernier, et auquel ils ont substitué ceux-ci : « peuple français, » ce qui fait que c'est au nom du peuple français qu'on ruine le peuple français ! Quand il avait un tyran qui permettait ces choses-là, le peuple avait le droit de murmurer ; maintenant qu'il n'a plus de tyran, il n'a plus le droit de rien dire. Voilà l'agrément qu'il y avait, sous les tyrans : on pouvait s'en prendre à quelqu'un des mauvaises institutions ; sous la République, le peuple ne peut s'en prendre qu'à lui-même.

Cependant il faut avouer que, lors de la révolution de février, le peuple a pensé aux huissiers, et que, ne pouvant détruire la loi, il a essayé de détruire les abus. Il a donné congé aux prisonniers pour dettes, et il a fait mettre sur la porte de la prison : « Liberté, égalité, fraternité, » trois mots qui sur les portes d'une prison font le plus gracieux effet, surtout le premier. Mais voilà qu'aujourd'hui le comité des finances ou du commerce, je ne sais plus lequel, propose de rétablir la contrainte par corps ; c'est donc maintenant qu'il faudrait au pouvoir un ex-endetté ou un ex-viveur, comme on disait qu'était M. Ledru-Rollin. Cet homme-là dirait tout de suite à la Chambre : « La contrainte par corps n'a jamais été qu'une spéculation de l'usure sur la nécessité ou l'ignorance ; faire payer à un homme sa dette par sa liberté, est un des moyens les plus tyranniques, les plus bêtes et les plus immoraux. Si c'est pour les commerçants seuls que vous rétablissez la contrainte par corps, je m'empresse de vous dire, continuerait le dictateur débauché, que jamais un commerçant ne va en prison pour dettes, attendu que, lorsqu'il en arrive là, il dépose son bilan, se met en faillite, et ne peut être incarcéré que si sa faillite est frauduleuse. Alors ce n'est plus un débiteur, c'est un voleur, ce qui n'est pas la même chose.

Les huissiers savent si bien que la contrainte par

corps est un mauvais moyen, qu'ils ne s'en servent, le plus souvent, que comme d'une menace, car, une fois le débiteur arrêté, il n'y a plus de frais à lui faire, et, partant, plus d'argent à gagner avec lui. En un mot, il n'est jamais dans l'intérêt d'un huissier de voir s'accomplir soit la saisie, soit l'incarcération. Un homme saisi ou incarcéré est pour l'huissier ce que le cadavre est pour le médecin.

Nous allons vous citer un exemple de ce que nous avançons.

Un de nos amis, riche, jeune, prodigue, sans ordre, était continuellement poursuivi, au temps du tyran. Il avait eu l'imprudence de faire des lettres de change, et possédait un fort beau mobilier; mais il tenait plus à sa liberté qu'à ses meubles. Les huissiers n'opéraient jamais de saisie, et obtenaient immédiatement la contrainte par corps. On arrêtait notre jeune homme, qui courait chez son notaire ou chez ses amis, et payait. Cela allait à merveille; c'était presque toujours le même huissier qui poursuivait, de sorte qu'il gagnait, rien qu'avec ce débiteur, plus de sept à huit mille francs par an. L'huissier eut l'esprit ou plutôt la chance de vendre son étude avant la révolution, et, ayant prouvé que c'était toujours lui qui poursuivait M***, il la vendit trente mille francs plus cher qu'elle ne valait.

La république fut proclamée, la prise de corps

abolie, et une immense douleur s'empara de tous les huissiers. Celui dont il est question ici ne pouvait donc plus faire arrêter notre ami, qui riait beaucoup de ce bienfait républicain. Mais il avait toujours ses meubles; l'huissier procéda donc par la saisie, le seul moyen qui lui restât. Le débiteur, pour éviter un scandale, paya par à-compte; si bien que, tous les samedis, il y avait une nouvelle vente affichée à sa porte pour le dimanche, et que, le samedi soir, il faisait payer les frais, ce qui lui donnait du répit jusqu'au samedi suivant. Cela dura ainsi trois mois, et l'huissier commençait à reprendre espoir, quand, un samedi qu'il avait fait apposer une belle affiche rouge, il ne vit pas arriver l'argent hebdomadaire.

La vente devait avoir lieu le dimanche à midi; le dimanche à onze heures, l'argent n'était pas encore arrivé. Cela devenait alarmant. L'huissier pensa qu'il y avait oubli de la part du débiteur, et il courut chez lui.

Il trouva celui-ci son chapeau sur la tête, fumant et prêt à sortir.

— Eh bien, monsieur, lui dit l'huissier, on doit vendre chez vous aujourd'hui ?

— Je le sais pardieu bien ! répondit l'autre d'un ton indifférent.

— Et vous ne payez pas ?

— Ma foi non.

— Vous allez laisser emporter vos meubles ?

— Parfaitement.

— Vous n'y songez pas ?

— Si fait.

— Quel scandale !

— Peu m'importe.

— Que dira le monde ?

— Je m'en inquiète peu.

— Mettez au moins opposition.

— Nullement.

— Signez-moi un acquiescement ?

— Jamais. Vous avez encore des lettres de change à moi ?

— Pour vingt mille francs.

Le débiteur ne put s'empêcher de rire. L'huissier était consterné.

— Je suis ruiné, murmurait-il.

— Vous ne vous attendiez pas à cela, hein ? reprit le jeune homme.

— Mais d'où vous vient cette résolution ? ajouta l'huissier. Vous n'avez donc pas d'argent ? Voulez-vous que je vous en prête ?

— Voilà un mot dont je me souviendrai toute ma vie. Un huissier prêtant de l'argent à un débiteur pour pouvoir continuer à lui faire des frais ! C'est exquis ; mais, voyez-vous, j'ai de l'argent.

Et, en disant cela, le jeune homme faisait passer

sous les yeux de l'officier public un véritable album de billets de banque.

— Je ne consentirai jamais à vendre, cela me ferait trop de peine, fit l'huissier usant de ce dernier moyen.

— Si vous ne vendez pas, je fais dresser procès-verbal de votre refus. Votre bonne action n'en sera que plus méritoire, puisqu'elle vous fera condamner à payer mes créanciers. Adieu, mon cher monsieur.

— Vous partez?
— Dans une heure.
— Pour longtemps?
— Pour le plus longtemps possible. Mais, comme la République m'a fait perdre beaucoup d'argent, je n'ai plus les moyens de faire des folies et je laisse à Paris un homme d'affaires qui s'est chargé de payer directement mes créanciers. Cela vous apprendra à acheter des études trente mille francs de plus à cause de ma clientèle. Adieu.

L'huissier resta anéanti. En apprenant cette nouvelle, sa femme s'est trouvée mal, et lui, il a fait une longue maladie.

Nous avons la douleur d'annoncer à nos lecteurs qu'il est hors de danger.

Le journal *La Liberté*, 21 août 1848.

III

Pauvre Paris! pauvre France! pauvre République! pauvre tout le monde! comme nous voilà loin de l'époque des jeux et des ris; comme les dryades et les hamadryades de M. Quinault s'enfuiraient effarouchées, si elles se mettaient à traverser la France de M. Caussidière et de M. Louis Blanc; comme ce bon Louis XIV serait étonné, lui qui disait si tranquillement : « L'État, c'est moi! » s'il revenait demain au monde, costumé en soleil dans un ballet de M. de Benserade, en souriant à Lavallière sous les ombrages de Versailles! Où allons-nous, bon Dieu! De quoi nous ont servi les grandes erreurs et les grandes actions des rois que nous avons chassés et que nous méprisions il y a cinq mois? En vérité, je suis républicain, — comme tout le monde, — mais j'avoue que j'aime mieux Charlemagne que M. Ledru-Rollin, saint Louis que M. Caussidière, François Ier que M. Louis Blanc, dussiez-vous m'accuser de réaction. Certes, les rois sont bien usés, s'il faut en croire les républicains. Le besoin d'autre chose se faisait sentir. Toutes ces perruques couronnées étaient bien vieilles et bien démodées.

Que faisaient-ils, d'ailleurs, ces gens-là?

Que faisait Henri IV, par exemple? S'occupait-il seulement de l'organisation du travail? Il est vrai que, prétendant, il nourrissait les habitants de Paris qu'il assiégeait, et que, roi, il voulait que le dernier de ses paysans eût, le dimanche, la poule au pot. Que faisait Louis XI, le plus grand républicain que nous ayons eu? il décapitait la féodalité, comme Louis XIV décapita depuis la noblesse; comme Robespierre voulut décapiter l'aristocratie; comme nos républicains d'aujourd'hui veulent décapiter la bourgeoisie : mais il créa les postes, ce dont M. Étienne Arago doit lui être reconnaissant, tout républicain qu'il est. Qu'a fait Louis XIII? il a fait Louis XIV, dit-on. Eh! d'ailleurs, il avait Richelieu. Qu'a fait Louis XIV? il a fait respecter la France au dehors, il l'a étoilée au dedans des plus grands génies qui se fécondaient à ce soleil royal, et cela sans avoir besoin d'un ministère du progrès ; car il avait, tout roi qu'il était, Colbert et Louvois, qui valaient bien M. Recurt et M. Garnier-Pagès; Turenne et Corneille, Racine et Vauban, Duguay-Trouin et Molière, Condé et Bossuet, Duquesne et Fénelon. Que faisait Louis IX? il remportait les victoires de Taillebourg et de Saintes à la fois sur l'Angleterre et les vassaux révoltés, et il diminuait les impôts au lieu de les augmenter de quarante-cinq centimes. Il combattait les infidèles, et, mort, il était mis au rang des saints. Pleutres, coquins et drôles que tout cela!

Chassez-moi donc une bonne fois toute cette canaille couronnée, et ouvrez la porte à nos grands socialistes. Laissez passer M. Ledru-Rollin, aimé des femmes, sans doute parce que, comme saint Louis, il a vaincu les infidèles ; laissez passer M. Louis Blanc, œuf de pigeon qui croyait contenir un aigle; laissez passer M. Caussidière, M. Barbès, M. Blanqui, M. Raspail ; laissez venir à vous tous ces petits hommes; donnez-leur des ministères, des préfectures, des clubs, des armes, des centaines de mille hommes, des centaines de mille francs, mettez-les à l'œuvre enfin, et regardez. Trois mois après, vous aurez jeté la moitié de ces hommes en prison ; cinq mois après, vous poursuivrez les autres

4.

et Paris sera en état de siége. Vous aurez sur la tête le sabre de Damoclès et ce sera bien fait. Vous souffletterez l'un de son passé, l'autre de ses théories, celui-ci de ses débauches, celui-là de son ambition; vous traînerez dans la boue ceux que vous couronniez de myrte et de laurier; vous aurez usé vos hommes et vos idées, celles-ci par ceux-là, et vous aurez été forcés d'appeler à votre secours ceux que vous appeliez des réactionnaires, et de lancer M. Thiers contre M. Proudhon. De M. de Lamartine, l'homme dont Louis XIV eût fait le rival de Racine et de Bossuet, vous aurez fait un aigle aveugle et une harpe sans cordes; vous aurez, en trois mois de popularité, usé vingt années d'études, de travaux, de poésie, de politique et d'éloquence; vous aurez fait au barde sublime une voix rauque et inutile, si bien que ceux qui l'aiment encore ne savent plus de lui que son passé. Vous qui accusez les autres d'être réactionnaires, vous aurez, en un court espace de temps, poussé la réaction jusqu'à douter de l'intégrité de celui qui refusait le drapeau rouge, qui abolissait la peine de mort, et qui pacifiait l'Europe. Pourquoi Dieu ne permet-il pas que la France s'enivre comme un seul homme, et voie gaiement dans l'ivresse ce qui la rend si triste quand elle est à jeun?

Vous voilà donc sous le coup d'une enquête, idoles d'hier, républicains de la veille. Maladroits! Comment, vous qui arriviez au pouvoir avec de si belles théories, n'étiez-vous pas bien pénétrés de ce principe, qu'en politique, toute ambition qui ne réussit pas est un crime! Il fallait réussir, et les moyens que vous avez employés et qu'on vous reproche aujourd'hui, on les eût trouvés excellents. La chose était d'autant plus facile, que vous aviez un exemple sous les yeux.

N'aviez-vous pas comme modèle ce petit homme, républicain comme vous, irrité comme vous sous la monarchie, criant comme vous à l'abus et à la corruption? Voyez-le! s'est-il dépopularisé, lui? Non. Il a usé du proverbe italien : « Qui va doucement va longtemps. » Il ne s'est pas compromis. Il a éloigné ses ennemis, placé ses amis. Soleil de convention, il s'est fait des satellites qui gravitent incessamment autour de lui, qui s'éclairent de son foyer et qui le gardent. A-t-il émis une idée? pas si fou. A-t-il présenté une doctrine? pas si niais. Avant février, il vociférait contre la monarchie, parce qu'il est dans sa nature de vociférer contre quelque chose, tant que son égoïsme n'est pas satisfait, comme miaule un chat qui a soif, jusqu'à ce qu'on lui donne à boire. Il a aidé à renverser; a-t-il aidé à reconstruire? pas du tout. C'est un homme qui se sert des débris des autres, mais qui ne se risque pas. Il a peut-être des goûts, mais il n'a pas d'opinion. Il a trop de raison pour avoir de l'enthousiasme, trop d'esprit pour ne pas savoir attendre. C'est un sybarite qui ne chasse qu'au rabat, et qui tue le gibier qui passe devant lui, au nez des autres chasseurs qui se fatiguent à le poursuivre. Tandis que tous ses collègues, au commencement de la République, couraient après les places, les positions, la popularité, apportant leurs œuvres, leurs pensées, leurs principes, comme preuves, que faisait-il? Il s'asseyait dans un coin, et il ramassait les morceaux de ceux qui se cassaient, pas pour les raccommoder, mais pour les vendre. C'était un républicain austère sous la monarchie, c'est un aristocrate prodigue sous la République. Autrefois il vivait avec douze cents francs par an ; maintenant il a loge à l'Opéra comme une fille entretenue, et donne des bals comme un grand seigneur. Vous croyez peut-être que c'est pour protéger les théâtres et faire renaître le commerce? Vous vous trompez. C'est que cela est dans ses goûts; c'est qu'il aime la République, mais la République italienne, avec son luxe, ses plaisirs, ses fêtes, comme nous l'aimerions tous, si, comme lui, nous avions un traitement égal aux rentes d'un millionnaire et tous les nôtres bien et dûment placés.

Que le peuple soit heureux ou malheureux, peu lui importe. M. Proudhon, M. Blanqui M. Ledru-Rollin, M. Louis Blanc, Louis Napoléon, le prince de Joinville, le comte de Paris, Henri V, que lui font tous ces gens-là? Il est bien sûr d'être un homme choyé sous tous les régimes à venir, et peut-être l'eût-il été sous les régimes passés, si ceux qui y avaient intérêt avaient su y mettre le prix. Quoi qu'il arrive, il est sûr de l'avenir. Il n'est ni d'un parti ni de l'autre. Il est républicain sans autre épithète. Il est comme notre drapeau, il a trois couleurs, non parce que c'est harmonieux, mais parce que c'est utile. Aujourd'hui, il est tricolore; demain, il sera rouge avec M. Proudhon, si M. Proudhon triomphe; bleu avec la bourgeoisie, si la bourgeoisie a le dessus; blanc avec Henri V, si Henri V revient; son opinion se fera avec des ciseaux. Il en coupera ce qu'il y aura de trop et mettra ses variations sur le compte des événements. La République était le dîner après lequel il soupirait depuis vingt ans; il a dîné, maintenant il digère, assis dans un revenu de quelques mille francs par mois. Si la République succombe, si un roi nous revient, ne croyez pas qu'il recommence son opposition. Il a fait son devoir, il se renfermera dans sa conscience et dira : « Dieu le veut. » Il se fera exiler, — comme ambassadeur, — avec soixante mille francs par an, et il pourra enrichir son nom du titre qu'on lui donne déjà, car voilà qu'on commence à l'appeler le marquis de la République.

N'allez pas croire que ce soit un méchant homme. Bien au contraire, il est doux, affable, il a toute la gaieté d'un bon estomac, comme il a toutes les ressources d'un esprit distingué. Il est ironique, mais en dedans de lui, pour ainsi dire, et un sourire d'une grande finesse est la seule expression de cette ironie. Quand il avait un journal et qu'il attaquait trop violemment quelqu'un dans ses articles, ce n'était jamais lui qui en rendait raison. Il n'a jamais songé à faire son épée solidaire de sa plume, et, s'il est moins fort, il est plus avisé que son prédécesseur, qui a eu à la fin le courage et la bêtise de se battre et de se faire tuer. Le nôtre attaquait, un grand gaillard se battait pour lui s'il y avait lieu, c'était chose convenue. L'un apportait son esprit, l'autre apportait son adresse ; car chez lui le parti n'est pas affaire de conviction, mais de commerce. Il était le chef et le représentant de l'opinion républicaine, comme on est le chef d'une grande entreprise. L'entreprise a réussi, et maintenant il partage le dividende avec ceux qui ont partagé les frais. C'est du républicanisme en actions, voilà tout. Le prendre un instant au sérieux en matière politique serait la preuve d'une grande bizarrerie ou d'une extrême ignorance.

Du reste, c'est un mortel comme les autres, ni plus fier, ni plus impénétrable. Approchez-le, il vous plaira; causez avec lui, vous l'aimerez. Sa tête est bienveillante, son regard spirituel, sa lèvre gourmande. Il traite comme Amphitryon et l'on assure que, s'il a tous les bénéfices de l'hôte de Jupiter, il en a toutes les charges. Quel que soit le gouvernement de la France, il faut qu'avant six mois cet homme soit ministre, et, le jour où il se laissera mettre en accusation comme M. Caussidière et M. Louis Blanc, regardez bien en l'air, le ciel tombera.

Pourquoi tous nos hommes du jour n'ont-ils pas fait comme lui? Nous serions bien plus heureux, et nous n'aurions pas à déplorer cette terrible nécessité d'accuser ceux en qui nous avions mis toute notre confiance.

Je faisais toutes ces réflexions hier, en passant sur le boulevard, quand je vis un rassemblement. Ce rassemblement s'était formé devant la boutique de Vibert et Goupil, et ceux qui le composaient regardaient une grande et belle figure de la Liberté, peinte par Muller, dont vous avez tant de fois admiré les compositions toujours originales, soit qu'il ait représenté l'Italie et ses danses, soit qu'il nous ait montré le triomphe d'Héliogabale, soit qu'il nous ait fait voir, comme cette année, la folie d'Haydée. La vue de ce tableau, devant lequel tout le monde s'arrêtait, complétait si bien les réflexions que j'étais en train de faire, que je m'arrêtai comme les autres ; ce que j'eusse fait de même, rien qu'à cause de l'admiration que j'ai pour le peintre et de la beauté du tableau.

En effet, la Liberté que nous offre Muller est bien celle que nous avions tous rêvée. Elle est fière sans arrogance, forte sans provocation. Elle a l'œil ouvert non par le soupçon, mais par la confiance. Sa mamelle puissante, qui a la fermeté du marbre, recèle la fécondité. D'une main elle brise les chaînes, de l'autre elle tient la serpe qui lui sert à faire la moisson. Elle est inspirée comme Jeanne d'Arc, elle est chaste comme Lucrèce, elle qui, comme Lucrèce, a été violée par nos Tarquins modernes, et qui se débat entre sa virginité perdue et sa mort prochaine. Derrière elle, le ciel est bleu et les blés dorés se prolongent à l'infini. La vigueur de son sang transparaît dans ses veines. Elle a cette beauté qui inspire tous les amours. Elle est en même temps vierge et mère, épouse et sœur, ardeur et calme. C'est là plus qu'un tableau, c'est une grande idée, et cette rayonnante figure semble dire à ceux qui passent : « Voilà ce que j'aurais dû être, voilà ce que je pourrais être encore. » Elle porte fièrement le bonnet rouge sur ses cheveux noirs qui retombent en boucles opulentes. Mais ce n'est pas une menace, c'est simplement de la coquetterie, et parce que le rouge va bien à la couleur de ses cheveux. L'homme qui a fait cette figure est plus qu'un peintre, c'est un poëte. Elle est comprise et exécutée avec le cœur. Il y a de l'enthousiasme et de la raison dans ce tableau. On voit et d'où vient et où va cette Liberté. A l'heure où nous pataugeons dans la boue des enquêtes, c'est une consolante image à contempler. Se trouvera-t-il, parmi tous les gens qui sont au pouvoir, un homme qui fasse acheter ce tableau par le gouvernement? Oui, à moins qu'il ne craigne que cette figure de la Liberté ne soit un remords pour quelques-uns de ses collègues.

Cette grande composition m'avait remis en goût d'œuvres d'art, et j'ai voulu en profiter pour rompre un peu avec la politique. C'est si ennuyeux, la politique! Demandez plutôt aux femmes. Alors je suis allé voir un de mes amis qui est chef de bureau au Louvre et je lui ai demandé de me faire visiter le vieux Musée, qui, comme vous le savez ou comme vous ne le savez pas, vient d'être réorganisé. Je suis entré, j'étais tout seul avec ce que le passé a laissé de plus rayonnant, depuis Pérugin jusqu'à Boucher. On ne peut pas se douter de l'effet que produit sur l'imagination l'aspect de toutes ces choses, quand on est seul à les voir, et qu'un grand silence leur prête une nouvelle majesté.

Une grande œuvre littéraire étonne toujours, comme un grand morceau de musique d'un maître mort fait rêver; mais rien n'attire et n'absorbe plus l'esprit que la vue d'un beau tableau. En effet, entre ce tableau et son auteur, il n'y a pas d'intermédiaire. Il y a eu communication directe de la pensée avec la forme, du rêve avec la réalité; il ne s'est trouvé ni un imprimeur, ni un copiste, ni un interprète quelconque enfin entre celui qui a exécuté et celui qui voit. On cherche la trace du pinceau que la main du peintre conduisait. On contemple la toile avec recueillement. On se dit : « Cette toile que j'ai là sous les yeux est bien la même que Raphaël, Rembrant, Van Dyck ou Rubens a touchée. L'homme disparu est encore dans l'œuvre. » Puis l'esprit évoque peu à peu le peintre; il lui semble le voir venir s'asseoir devant son chevalet et il arrive un moment où l'on s'isole tellement dans son évocation que l'on cause presque avec lui. Magnifique triomphe de l'art, qui permet qu'avec un panneau, des pinceaux, des couleurs et une idée, un homme en fasse rêver des milliers d'autres trois ou quatre siècles après qu'il est mort. Et, nous le répétons, ce qui fait, dans la manifestation, la supériorité de la peinture sur les autres arts, c'est que l'auteur et son juge sont en communication immédiate, l'un avec ses qualités et ses défauts, l'autre avec l'entière liberté de son jugement. Le peintre parle de lui-même, tandis que le musicien et le poëte dramatique sont à la merci de tel exécutant ou de tel acteur qui les comprennent à leur façon et les rendent à leur manière.

Il est vrai que les peintres ont contre eux le temps, cet éternel destructeur, l'ignorance, cette éternelle ennemie de l'art, et les restaurateurs de tableaux payés par les gouvernements. Il est vrai qu'il suffit d'une goutte d'essence ou d'un coup de coude pour détruire leur œuvre; mais, quand l'œuvre a été conservée, le triomphe n'est que plus grand.

Le nouveau directeur a eu une heureuse idée, celle de réunir et de faire accrocher à côté les uns des autres tous les tableaux du même maître. De cette façon l'on a sous les yeux tout l'ensemble et toute la vie de l'homme. Il se complète d'un seul coup dans l'opinion de celui qui regarde et qui juge. Par ce moyen, on admire au Musée des trésors qu'on ignorait lorsqu'il fallait fouiller les quatre coins de la salle pour les trouver. Dans le salon carré se trouvent les chefs-d'œuvre de tous les maîtres, de Titien, de Véronèse, de Rembrandt, de Poussin, de Van Dyck, de Lebrun, de Claude Lorrain, de Rubens, de Ruysdaël, d'André del Sarte, de Van der Velde, de Pérugin, du Corrége, de Bartholoméo, du Dominiquin, d'Holbein, de Raphaël, de Michel-Ange, du Primatice, de Salvator Rosa, de Teniers, de Murillo, de Mantegna, de Léonard de Vinci, de Guide, de Van Ostade, de Giorgione ; puis la galerie longue est occupée par les autres tableaux de ces mêmes maîtres et par les œuvres des autres peintres qui n'ont pas été admis à l'honneur de la première salle.

L'ensemble est splendide, le détail est merveilleux.

En étudiant ces différentes écoles, on voit aisément quels sont, parmi les anciens maîtres, ceux qui ont le plus frappé nos peintres modernes. Ainsi je suis convaincu que Delacroix s'arrêtera de préférence devant les Véronèse et les Rubens, Diaz devant les Corrége, Decamps devant Rembrandt, M. Ingres devant les Raphaël et les Primatice, Rousseau et Dupré devant les Ruysdaël, Meissonier devant les Terburg et les Van Eyk, Scheffer devant les Van Dyck et les

Holbein, Jacque devant les Ostade, Vernet devant les Van der Meulen et les Salvator Rosa, Muller, dont nous parlions tout à l'heure, devant Rubens, Boulanger devant les Poussin, Delaroche devant les Léonard, Amaury Duval devant les Pérugin, Isabey, dont le talent est si multiple, à la fois devant les Claude Lorrain et le Watteau, je dis le Watteau, car malheureusement nous n'en avons qu'un. Tous ceux que je viens de nommer et qui à leur tour formeront l'école française, se sont inspirés des maîtres morts, comme ceux-ci s'étaient inspirés de la nature, dont ils ont surpris la poésie, la grâce et la vérité.

Je suis resté quatre grandes heures là, m'abîmant dans la contemplation de toutes ces splendeurs de l'art, des vingt-quatre toiles de Rubens qui représentent toute la vie de Marie de Médicis et d'Henri IV, Iliade peinte, que le peintre-poëte a faite en vingt mois et dont une seule page éterniserait le nom d'un homme ; du Philosophe, du Menuisier et du Tobie de Rembrandt, du changeur de Metsys, le forgeron devenu peintre par miracle et redevenu forgeron par amour, des deux toiles du Giorgione, mort de la trahison de sa maîtresse, des Portraits et des Christ de Van Dyck, le rêveur alchimiste mort en cherchant à faire de l'or, des saints Tableaux du frère Bartholoméo, le disciple de Savonarole, le moine pieux, mort d'une indigestion de figues, de la Sainte Famille de Van Eyk, l'inventeur de la peinture à l'huile, et dont aucun daguerréotype n'égalera jamais la finesse et la minutie de détails, des Portraits d'Holbein, l'ami d'Érasme, le mari malheureux, qui s'exila en Angleterre et mourut de la peste, des batailles de Salvator Rosa, le peintre brigand, du Sommeil de Vénus du Corrége, le peintre avare, qui mourut, dit-on, et ce que je ne crois pas, pour avoir voulu porter seul le prix de son tableau, qu'on lui avait payé en monnaie de cuivre.

Le passé de tous ces hommes se déroulait devant mes yeux. Je les revoyais avec leurs costumes et leurs caractères, escortés des papes et des rois qui les protégeaient alors, et qu'ils protégent aujourd'hui. Michel-Ange, rouge et solitaire comme le bourreau ; Raphaël, entouré comme un prince ; Rubens, le magnifique ambassadeur, faisant l'aumône aux envoyés du duc de Bragance, qui, le voyant escorté d'une si grande foule d'amis et de serviteurs, refusait de nourrir et de loger la suite du peintre ; le vieux Titien, dont Charles-Quint ramassait le pinceau, du temps que les rois et les républiques étaient fiers des artistes. Tout cela emportait mon esprit sur mes souvenirs, et m'éloignait joyeusement du monde, dont j'étais séparé par quelques marches et un mur.

Il faisait presque nuit quand je quittai le Louvre. Je regardai autour de moi comme un homme qui retombe brusquement du rêve dans la réalité.

Le Carrousel était plein de troupes de ligne et de garde mobile. Je me rappelai qu'on craignait un mouvement à cause de M. Caussidière et de M. Louis Blanc.

Quand on pense que, sur dix mille individus, il y en aura neuf mille neuf cent quatre-vingt-quinze qui parleront de l'enquête, et cinq qui viendront visiter le vieux Musée.

Je fis comme tout le monde, j'achetai *la Patrie* et je rentrai dîner — encore une fois.

Le journal *La Liberté*, 28 août 1848.

IV

Eh bien, où sont donc les semeurs de nouvelles sinistres ? où sont ceux qui, il y a huit jours, vous abordaient d'un air mystérieux et vous disaient :
— Savez-vous la nouvelle ?
—Quelle nouvelle ?
— Il y aura du bruit le 10, ou le 11, ou le 15. On varie beaucoup sur les dates, mais on ne variait pas sur le fait. Ces dates fatales sont passées et rien n'a eu lieu, et Paris est tranquille dans sa force, libre dans son bon droit, souriant dans son triomphe. Au diable les prophètes politiques qui ne peuvent vous laisser vivre un jour sans vous faire craindre le lendemain ! Soyons donc

logiques, une fois dans notre vie, nous qui passons pour le peuple le plus intelligent du monde, à nos yeux du moins (car il est impossible que, depuis quelque temps, nous n'ayons pas un peu baissé aux yeux des étrangers) et disons-nous donc ceci : « Puisqu'en trois jours une minorité a établi ce que la majorité ne voulait pas, pourquoi aujourd'hui la majorité n'établirait-elle pas ce qu'elle veut ? Nous avons le suffrage universel, nous l'exerçons, nous sommes dans notre droit, et le droit, c'est le point d'appui que cherchait Archimède pour soulever le monde.

Aujourd'hui, les votes tombent sur Louis-Napoléon comme une pluie d'or sur le souvenir de l'empereur. Il y a une belle et haute réflexion à faire au spectacle de ce grand peuple qui se souvient, de ce pays reconnaissant qui met son espoir où autrefois il avait mis sa force, et qui lance son navire politique sous l'invocation de son demi-dieu. Avouons aussi que le ciel a bien fait les choses ; avouons que jamais soleil plus rayonnant n'a mieux éclairé deux journées d'hiver. Dieu voulait donc ce qui est arrivé, puisqu'il s'en est fait si majestueusement le complice. Dieu, qui, depuis huit mois, a précipité les événements les uns sur les autres, ne l'a fait sans doute que pour nous amener plus vite à ce triomphe du vrai sur le faux, de la lumière sur l'ombre, du juste sur l'injuste.

Ce n'est pas à Paris que l'influence de ce second soleil d'Austerlitz s'est fait sentir. A Paris, quelque temps qu'il fasse, on sort et l'on marche. On sort bien pour aller déjeuner, on peut bien sortir pour aller voter. Quelque part que l'on demeure, on a toujours une mairie sous la main ; mais c'est en province que cette magnifique proclamation du ciel a eu son effet. Les paysans, qui avaient craint d'abord une fatigue dans l'exercice du suffrage universel, n'y ont plus vu qu'une partie de plaisir. Ils quittaient leur village, précédés de leur drapeau, vêtus de leurs habits de fête, chantant, le cœur à l'aise, la pensée libre et l'espérance devant eux ; l'espérance, ce guide que l'on trouve à l'entrée de tous les chemins et de tous les sentiers de la vie ; l'espérance, cette femme toujours jeune, cette maîtresse toujours belle, cette épouse toujours enceinte et toujours vierge.

C'est un beau spectacle, et dont on se sent fier tout à coup, que celui de tout un peuple, dans l'exercice loyal du suffrage universel, de tout un peuple disant, quand il dépose dans l'urne le nom de son élu : « C'est ma conscience que j'apporte ici. »

Ce droit, éternel maintenant, a triomphé. C'est d'un bon augure ; mais, à côté de ces grandes choses, il y a des mesquineries et des lâchetés qui nous font rougir.

Ainsi, il y a huit jours, les vitraux des marchands d'estampes étaient émaillés de sales caricatures contre le prétendant d'hier qui sera le président demain. Depuis que la majorité s'est dessinée, ces caricatures ont disparu et ont fait place à d'autres, qui, comme l'âne de la fable, viennent frapper le vaincu renversé. Quand donc le peuple parisien comprendra-t-il sa dignité et fera-t-il justice, par lui-même et sans le secours de l'autorité, de ces turpitudes soi-disant spirituelles ? Comment des marchands, des commerçants honnêtes qui ne voudraient pas laisser protester leur signature, qui sont bons pères de famille et bons citoyens, qui, s'il y avait demain une émeute, iraient encore bravement exposer leur vie pour le repos et pour l'ordre, comment consentent-ils, pour un gain de quelques sous, à répandre ces ordures qui n'ont même pas le mérite d'être drôles ?

Le peuple français abuse de sa réputation de peuple spirituel et qui rit de tout. Qu'il rie, mon Dieu, on ne l'en empêche pas ; mais qu'il rie d'autre chose que de la défaite de ceux-là mêmes qu'il a encensés ; qu'il rie des gens quand les gens sont au sommet, et que son rire peut leur servir de conseil, de reproche, de menace même ; mais qu'il ne rie plus d'eux quand ils sont à terre et que le rire n'est plus qu'une lâcheté. Le *væ victis*, le *malheur aux vaincus* des anciens, n'est pas fait pour nous, et nous sommes trop forts pour ne pas rester bons.

Il y a une chose que j'aurais voulu faire et pour laquelle malheureusement le temps m'a manqué : c'eût été de prendre les noms de tous les gens qui ont fait des caricatures contre Louis-Napoléon ; j'aurais été sûr, dans un temps fort court, de voir figurer ces noms sur la liste des solliciteurs dont le palais de la présidence va bientôt être encombré ; car j'ai remarqué que, lorsqu'un homme est malheureux, — et il faut qu'un homme soit bien malheureux pour prostituer sa plume ou son crayon, comme le font certaines gens! — j'ai remarqué, dis-je, que c'est toujours à ceux qu'il a attaqués qu'il vient demander de préférence l'aumône dont il a besoin, quitte à recommencer après l'avoir reçue.

Voici, à ce sujet, ce qui est arrivé à Alexandre Dumas, l'homme le plus connu de Paris, et qu'on connaît peut-être le moins; car il y a cette remarque à consigner, que l'homme dont le public s'occupe a toujours deux réputations, celle qu'il mérite et celle qu'on lui fait : deux réputations qui, bien entendu, ne se ressemblent pas, et sont l'envers l'une de l'autre. Un jour, nous publierons peut-être des études de caractères, et l'on sera étonné des détails nouveaux que nous donnerons sur nos hommes du jour. Pour en revenir à Alexandre Dumas, qui mérite en bien tout le mal qu'on dit de lui, voici ce qui lui est arrivé il y a deux ou trois ans.

En ce temps-là vivait un petit journal qui disait du mal de tout le monde. Ce journal vivait, comme vivent les étiques et les lépreux, c'est-à-dire qu'il soufflait une haleine empestée dans l'angle d'un sombre carrefour. Toutes les fois que ce journal paraissait, il offrait à son abonné, car on ne sait pas comment cela se fait, ces journaux-là trouvent toujours au moins un abonné, il offrait donc à son abonné un article injurieux contre Alexandre Dumas. Les amis du romancier lui apportaient cet article. Les amis ne servent qu'à cela. Alexandre Dumas le lisait, et, après l'avoir lu, il disait en parlant de l'auteur : « Voilà un garçon qui ne manque pas de talent ! Il est malheureux qu'il ne sache pas mieux s'en servir. »

Cela dura ainsi un an.

Au bout d'un an les articles cessèrent tout à coup. Les amis n'apportaient plus le journal. Alors une femme se présenta chez notre romancier.

— Monsieur, lui dit-elle, je suis la mère de M***.

— Ah! vraiment, dit Alexandre Dumas, celui qui fait de si jolis articles contre moi.

— Justement, Monsieur. Eh bien! Monsieur, mon fils est mourant, nous n'avons pas un sou, et, si vous ne venez à notre secours, je ne sais pas comment nous ferons.

— Tout le temps que votre fils sera malade, dit Alexandre Dumas, je vous remettrai cinquante francs par mois pour lui.

La mère baisa les mains du poëte qui avait par hasard cinquante francs ce jour-là et qui les lui remit.

Pourquoi ne voulez-vous pas qu'on fasse pour le président de la République ce qu'on a fait pour Alexandre Dumas?

Est-ce de l'ingratitude! non. C'est de la critique indépendante. Vive la liberté de la presse!

Espérons que Louis-Napoléon donnera des places à tous ces pauvres diables afin qu'ils puissent renoncer le plus tôt possible au vilain métier qu'ils font.

A propos de vilain métier, les recors vont donc enfin recommencer le leur. Ces pauvres gens! En vérité on dirait en France que dès que nous avons fait quelque chose de bien, nous avons hâte de faire quelque chose de mal. Le 10 nous votons pour Louis-Napoléon, le 13 nous rétablissons la contrainte par corps, et s'il faut en croire les journaux, cette coutume, qu'un décret du gouvernement provisoire qualifiait de barbare, aurait été maintenue par une chambre préoccupée de tout autre chose.

Ah çà! si la Chambre se met à renverser un à un tous les décrets du gouvernement provisoire, comment fera-t-elle quand de tous les décrets du gouvernement provisoire il ne restera plus que la République? Elle renversera la République. Oh!

Eh bien! n'en déplaise à la Chambre, le gouvernement provisoire avait raison d'abolir la contrainte par corps.

Je ferai cette simple question à la République :

Un homme a une fille de seize ans, et il a fait une lettre de change. Il ne peut pas payer cette lettre de change, on le met en prison. Que devient la fille?

La question de morale n'est-elle donc rien aux yeux de nos représentants, et la société doit-elle sacrifier l'avenir de toute une famille aux intérêts d'un créancier.

D'abord, la Chambre sait-elle ce que c'est que la contrainte par corps et à quoi elle sert?

La contrainte par corps est la seule loi qui autorise l'usure, la débauche et le jeu.

Pourquoi un jeune homme fait-il plus de dépenses qu'il ne devrait en faire? Parce qu'il sait qu'en faisant une lettre de change, c'est-à-dire en escomptant sa liberté, le plus sacré des dons que Dieu nous a faits, il pourra se procurer de l'argent à un taux illégal.

Pourquoi l'usurier prête-il de l'argent?

Parce qu'il se dit : la famille du jeune homme aimera mieux payer que de le laisser mettre en prison.

Que dites-vous d'une loi protégeant ces honteux calculs ? Elle ne repose cependant que sur cette base immorale.

Admettons alors que la famille ne paie pas. Il faut donc qu'un homme dans toute la force de sa jeunesse, à l'âge où il peut embrasser une carrière et asseoir sa vie, passe cinq ans entre vingt pieds carrés, dans la paresse d'une fausse prison, qui a sur l'avenir du prisonnier tous les inconvénients de la véritable prison sans en avoir les avantages.

Mais, me direz-vous, ce n'est que pour le commerce que la contrainte par corps a été établie !

Vous me prenez donc pour un niais ? Que la Chambre le sache bien, il n'y a jamais eu un commerçant en prison pour dettes ; et par une raison bien simple, c'est que du jour où un commerçant fait d'assez mauvaises affaires pour être mis à Clichy, ce jour-là il se déclare en faillite et redevient libre; car il y a dans notre législation des choses inouïes, et qui mériteraient vraiment qu'on y prît garde. Ainsi, un monsieur ne sait que faire; il a dix mille francs; au lieu de les dépenser, il achète un fonds de cravates, par exemple, et prend une patente à la préfecture de police. A partir de ce jour, sa signature a une valeur, sous prétexte qu'elle est la signature d'un commerçant. Ce monsieur qui a dix mille francs fait cinq mille francs de billets; il les paie à échéance; son crédit s'établit. A compter de ce jour, il passe pour un homme qui fait honneur à ses affaires, et il a le droit de faire vingt-cinq mille francs d'achats par an, et de se lancer dans un commerce hasardeux. S'il ne réussit pas, c'est-à-dire, si, après avoir acheté une cravate quatre francs, il n'a pas pu la revendre dix, si son crédit s'épuise, si ses créanciers le poursuivent, si on le condamne même par corps, comme disent les papiers timbrés, il dépose son bilan, met ses mains dans ses poches et va se promener, escorté des condoléances de ses amis, qui disent : Ce pauvre garçon ! il a fait de mauvaises affaires; c'est dommage, car il était honnête.

Au lieu de cela prenez un jeune homme de vingt et un ans, sans expérience, sans habitude de travail, parce qu'il sait qu'un jour il aura de la fortune. Lancez-le dans le monde où vivent les jeunes gens qui n'ont rien à faire, c'est-à-dire au milieu de tous les mauvais conseils de la jeunesse, du luxe, du plaisir, d'usuriers et de fournisseurs qui, sachant que tôt ou tard ils seront payés, lui font souscrire des lettres de change sous le spécieux prétexte que ces sortes de traites passent plus facilement dans le commerce que des billets à ordre.

Qu'arrive-t-il ? A l'échéance le jeune homme n'a pas l'argent qu'il doit, car il est à l'âge où l'on est sans prévoyance. Alors, ou il contracte de nouvelles dettes pour payer les anciennes, ou il se cache pour échapper à ses créanciers. Dans les deux cas il se fait la réputation d'un mauvais sujet. Les fournisseurs le traitent entre eux de canaille, et il a la satisfaction s'il paye de payer les choses qu'il a achetées trois fois leur valeur, plus des frais scandaleux de poursuites et d'arrestation, et, s'il ne paie pas, d'être emprisonné et de mourir de la poitrine si son moral s'affecte, ou de devenir tout à fait mauvais sujet s'il prend la chose en riant.

Et tout cela se passe dans un pays qui s'intitule le plus civilisé du monde et dans un monde qui a six mille ans d'existence, qui a eu des philosophes comme Socrate et Platon, des législateurs comme Solon et Lycurgue, des représentants comme M. Ledru-Rollin et M. Germain

Sarrut, et qui a accompli, il y a huit mois, une nouvelle révolution qui a la prétention d'être une révolution sociale.

Allons ! nous sommes décidément les écrevisses de la civilisation.

M. Tassel est le seul de nos représentants qui ait élevé la voix contre cette incroyable proposition de réincarcérer les débiteurs qui étaient prisonniers en février et que la volonté du peuple avait faits libres. Honneur à M. Tassel pour les justes et honorables paroles qu'il a prononcées : « La liberté, a-t-il dit, est un bien ; quand vous l'avez donnée, vous ne devez plus la reprendre. »

La Chambre n'en a pas moins décidé que lesdits prisonniers pourraient être arrêtés de nouveau. Mais cette bonne Chambre, en rétablissant la contrainte par corps, a-t-elle rétabli le commerce; a-t-elle donné du travail aux artistes et aux ouvriers pour payer les dettes qui vont les faire condamner, et même par corps ; a-t-elle forcé les gens riches à acheter des tableaux, et les éditeurs à publier des livres, les capitalistes à faire bâtir des maisons? Et c'est dans un moment où l'on sait à peine encore si l'on vivra le lendemain, que la Chambre, cette Chambre qui avait promis d'être l'organe de la volonté du peuple, décrète une pareille loi et autorise

MM. les huissiers à poursuivre jusqu'à l'emprisonnement, c'est-à-dire à doubler la dette des débiteurs qui ne peuvent déjà pas payer le principal. Allons! on voit bien que la Chambre, qui voulait nommer elle-même le président de la République, était préoccupée de ce que le peuple le nommait lui-même.

Après tout, le soleil a bien des taches, la Chambre peut bien en avoir, elle qui n'a pas, je pense, la prétention d'être un soleil.

Le journal *La Liberté*, 18 décembre 1848.

LETTRES D'UN PROVINCIAL

I

Mon cher ami, je me suis engagé, en te quittant, à t'écrire tout ce qui se passerait à Paris, ou du moins ce qui me frapperait le plus.

Je commence, et si tu veux absolument donner un nom à cette correspondance, tu l'appelleras : *Études de mœurs et de caractères*. Mais que ce titre ne t'effraie pas. Ce que je t'écrirai ne sera ni aussi beau ni aussi grave que les *Essais* de Montaigne, ou que les *Caractères* de la Bruyère. Je veux simplement me convaincre et te faire part des changements que notre éminemment juste et éminemment glorieuse révolution de février a apportés dans les mœurs et dans les caractères de notre pays.

C'est une idée reçue que de croire qu'une révolution change subitement les mœurs et les caractères du pays dans lequel elle s'accomplit ; mais c'est une idée qui n'est évidemment acceptée que par ceux qui n'ont point étudié la question. Les hommes qui succèdent brusquement aux autres veulent, comme pour prouver tout de suite leur force, apporter dans le gouvernement, et même dans les habitudes, des modifications instantanées. Il y a bouleversement pendant quelque temps. Ce qui était à la tête se trouve aux pieds, puis, comme le monde moral tourne ainsi que le monde physique, tout finit par reprendre sa position première, à quelques oscillations près.

C'est ce que les gouvernements appellent la réaction ; mais, quoi qu'ils fassent et qu'ils disent, il en sera longtemps encore ainsi, si ce n'est toujours. Tu sais aussi bien que moi que les mœurs viennent des passions, des habitudes, des besoins et des caractères des hommes, et les mœurs se modifient lentement par cette simple raison que les hommes meurent, mais que ce qu'on appelle le cœur humain ne meurt pas et que les générations héritent à peu près directement des passions les unes des autres. Pour que la transformation fût complète, il faudrait qu'une race entière disparût et laissât le champ libre aux autres, mais il faudrait aussi trop de révolutions pour cela.

D'abord, qu'est-ce qu'une révolution? Une révolution est, en astronomie, le laps de temps qu'un corps céleste met à tourner autour d'un autre ou sur son axe propre.

Il n'y a pas besoin, pour les révolutions politiques, d'autre démonstration que pour l'astronomie. En politique, une révolution est le laps de temps qu'une idée met à tourner autour des autres ou sur elle-même.

Ordinairement cette révolution s'accomplit en quinze ou vingt ans. L'idée se met en route, éclaire, éblouit, aveugle, et s'éteint en laissant dans l'air un sillage lumineux qui guidera les autres. Vois, depuis la création, que d'idées se sont mises en mouvement, idées morales, idées religieuses, idées sociales qui ont bouleversé le monde pendant un temps, car, comme les comètes, elles traînaient une queue de feu, et qui ont disparu, pour la plupart, après avoir beaucoup détruit dans les hommes et peu dans les choses. C'est que, vois-tu, les hommes ne laissent pas tranquillement et pacifiquement s'accomplir les révolutions morales de ce monde comme Dieu laisse s'accomplir les révolutions physiques de son royaume céleste. Cela vient de ce que les hommes réunis n'ont pas à eux tous la millionième partie de l'éternité que Dieu a à lui tout seul. Il en résulte que Dieu a le temps d'être patient, tandis que les hommes n'ont que le temps d'être ambitieux ; mais il faut dire, à leur louange, qu'ils mettent admirablement le temps à profit.

Ne crois pas, je ne suis ni assez ignorant ni assez ingrat pour cela, ne crois pas que je veuille nier les pieuses et sincères intentions de certains hommes qui n'avaient en vue que le bien de l'humanité, et qui, sans égoïsme et sans passion, ont passé leur vie à semer ce que devait récolter l'avenir. Malheureusement à côté de ces hommes il y en a d'autres pour lesquels l'idée transformatrice n'est qu'un cheval tout sellé et tout bridé, quelque peu difficile, mais à l'aide duquel ils peuvent parcourir la carrière qu'ils rêvent, à moins qu'ils ne se cassent le cou à moitié chemin et quelquefois même au départ.

Pour ces gens-là, la question de l'humanité n'est rien. Leur enthousiasme n'est que de la convoitise. Ils ne veulent qu'une chose, arriver. Tant pis pour ceux qu'ils écrasent en route. Ces gens-là, réunis, forment ce qu'on appelle un parti, c'est-à-dire ce qu'il y a de plus vil et de plus bas, car ils représentent, non pas un principe, mais un homme, non pas un droit, mais une ambition, non pas le bien général, mais leur propre égoïsme. Ces gens-là, non-seulement ne font pas progresser la nation à laquelle ils appartiennent, mais encore font retomber l'avenir dans le passé et attellent par derrière les chevaux du char qu'ils sont censés conduire en avant.

Cependant, comme ils jouent un rôle, ils comprennent qu'ils doivent le jouer avec le plus riche et le plus beau costume possible, à cette fin de charmer tout de suite par les yeux la foule qui les contemple et qui les écoute.

Alors ils revêtent l'hermine des nobles principes, la pourpre des grandes idées, l'or des saintes doctrines. Ils s'enveloppent de ces splendides vêtements trop larges pour eux et qui les font trébucher à chaque pas. Quitte la salle pour les coulisses, approche-toi de tous ces histrions, et tu seras épouvanté. Leur langage dément à chaque instant leur rôle.

Le décor qui représente un sanctuaire cache un ignoble cabaret dans lequel, une fois la pièce finie, ils s'enivrent comme des portefaix et, semblables à des larrons, se partagent, en se volant encore les uns les autres, la recette de la soirée. Entr'ouvre un instant leurs riches manteaux, et tu trouveras dessous les traces de la paresse et de la débauche, les habits sales et infects qu'ils n'ont pas eu le temps d'ôter quand il leur a fallu entrer en scène.

6

Veux-tu les voir défiler devant toi, tous ces grands acteurs qui t'émerveillent de loin? regarde-les sortir du théâtre et juge.

Voici Mirabeau, Talma révolutionnaire qui prenait tous les masques et tous les langages; débauché qui attaqua la royauté par rancune et qui revint à elle par besoin, orateur pustuleux à qui son éloquence venait de sa poche, qui prépara une révolution pour ne pas payer ses dettes et qui mourut insolvable, sans avoir eu l'esprit ni de faire le bien, ni de réparer le mal.

Voici Marat, Néron de la rue, qui prêche l'assassinat et qui sera puni par où il aura prêché. Il fera les massacres de septembre au nom de la liberté, votera la mort du roi au nom de la justice, et se laissera assassiner dans un bain, le seul qu'il ait pris peut-être. Celui-là se fera appeler l'Ami du peuple, de ce peuple, il est vrai, qui porta son cadavre infect au Panthéon.

Cet autre, c'est Robespierre, ambitieux plus poltron que cruel, et qui tue par peur; mélange de Lycurgue et de Caligula. Il s'entoure d'un ruisseau de sang qu'il élargit tous les jours, et dont il voudrait faire un Océan pour qu'on ne pût pas arriver jusqu'à lui, si bien qu'en voyant ses ennemis franchir ce rempart, il pâlit encore sous son teint blême, demande secours à l'étranger, et se raccroche à Dieu, qu'il a aboli. Lui qui a laissé tuer Lauzun, la personnification pure de ce qu'il devait être, et Camille Desmoulins, son camarade et son ami, quand vient son tour de mourir, il n'a devant la mort dont il avait fait sa vassale ni l'indifférence princière du premier, ni le courage simple du second.

Voici Saint-Just et Danton, Fouquier-Thinville, Carrier et autres, traîtres et confidents. seconds rôles et comparses du grand drame révolutionnaire.

Tous ces gens-là voulaient, disaient-ils, la liberté; ils la voulaient, en effet, mais comme Tarquin voulait Lucrèce, pour la violer.

Ils détruisaient, disaient-ils encore, une société corrompue ; oui, mais ils remplaçaient la corruption par le meurtre, la débauche par l'assassinat. Or, dût-on m'accuser d'être un mauvais républicain et un homme sans mœurs, j'aime mieux la société à la façon de Louis XV qu'à la façon de Marat ; j'aime mieux voir madame de Parabère la maîtresse du régent, que le cadavre de madame de Lamballe violé par les septembriseurs ; j'aime mieux le luxe, la débauche et l'amour, que la misère, les noyades et l'échafaud ; j'aime mieux le vice dans les classes élevées que la vengeance ignorante dans les classes infimes ; j'aime mieux un roi trompé qui se distrait en faisant des serrures, qu'une république une et indivisible qui décapite André Chénier ; j'aime mieux, enfin, courir la chance d'être aimé d'une princesse royale que la chance d'être dénoncé par mon portier et décapité séance tenante.

Tous ces gaillards-là ont maintenant six pieds de terre sur le nez, et je ne m'en plains pas, ni toi non plus, je pense. Ont-ils atteint leur but? Non. Ont-ils détruit la corruption? Non. Ont-ils inspiré l'amour du peuple? Non. Ils ont refoulé dans une autre classe les vices qu'ils croyaient inhérents à l'aristocratie ; ils ont tué les hommes, mais non détruit les passions qui se sont réfugiées là où on ne demandait pas mieux que de les recevoir. Ne te font-ils pas l'effet de médecins qui, voyant une grande épidémie ravager une ville, feraient d'abord tuer tous ceux qui seraient atteints de cette épidémie, si bien que le fléau sévirait contre les gens bien portants, et qu'il y aurait ainsi deux fois plus de victimes?

Quelles transformations tous ces bouleversements ont-ils apportées dans les mœurs? Peu ou pas. Seulement ces transformations subies sont regrettables. La *Carmagnole* et le tutoiement n'ont pas subsisté ; mais de ce choc violent du peuple et de l'aristocratie, choc qui devait amener une fusion et qui n'a amené qu'une lutte, un mal, un grand mal même est sorti. Ce mal, c'est une classe mixte, une société bâtarde, c'est-à-dire la substitution de la vanité à l'orgueil, des titres faux aux titres acquis, de l'économie au luxe, du palissandre au bois doré, du mesquin au grand, du groom au laquais, du coupé à l'heure au carrosse.

Cette société ambitieuse, qui est partie du peuple qu'elle méprise et qui n'a pu arriver jusqu'à l'aristocratie qu'elle envie, société poitrinaire qui a été forcée de s'arrêter à moitié chemin, a tous les défauts d'en bas et tous les vices d'en haut; seulement il lui manque de pouvoir invoquer son passé quand on lui reproche son présent.

Les hommes d'aujourd'hui sont-ils plus moraux que ne l'étaient les grands seigneurs? Ils le sont moins, d'abord parce qu'ils sont moins prodigues. Or, la prodigalité est une vertu, comme la pluie est un bienfait. L'argent jeté au hasard féconde toujours quelque chose, comme la pluie qui salit les villes fertilise les campagnes. Au lieu de vendre leur vaisselle d'or et leurs diamants pour soutenir l'État appauvri, comme la noblesse l'a fait sous Louis XIV, ils se sauvent emportant leurs pièces de cent sous, comme ils l'ont fait en février, et ils remplacent leur argenterie par du Ruolz. Ils ont substitué l'habit de drap à l'habit de velours, la canne à l'épée, l'insolence à l'esprit. Ils ne se laissent pas tromper comme Richelieu, ils sont trompés comme Georges Dandin, et s'ils sont jaloux, c'est par avarice.

La corruption existe donc toujours, plus douteuse en ce qu'elle est plus mesquine, plus dangereuse en ce qu'elle est plus cachée, et à la corruption privée s'est venue joindre la corruption dans les affaires publiques.

Aussi, me diras-tu, est-ce pour détruire ces abus qu'une seconde révolution a été faite.

C'est vrai ; mais, comme toujours, les abus ont survécu à la révolution, et se sont même augmentés. On a changé l'enseigne, mais on n'a pas changé la boutique. Le pouvoir est toujours une espèce d'hôtellerie où quelques individus plus adroits que les autres s'enferment, boivent, mangent et dorment. La France croyait renverser des idées, elle n'a renversé que des hommes : elle croyait abolir des abus, elle n'a aboli que des mots. C'est une révolution de bureau et de dictionnaire, et pas autre chose.

Si, comme moi, tu étais ici, tu verrais ce que c'est.

Trompés par les promesses de nos hommes nouveaux, nous avions cru pouvoir faire du mot République un symbole de rédemption et d'amour, de justice et de fraternité, et voilà que nous avons vu reparaître les hommes d'autrefois, fondus dans les hommes d'aujourd'hui ; un horrible mélange, comme eût dit Racine, de lunettes et de bonnets rouges, d'ambitions étroites et de fureurs sanguinaires, de cerveaux creux et de ventres pleins.

Approche de ces hommes comme tu viens d'approcher des anciens, tu verras que c'est la même chose, mêmes oripeaux, même fard, même masque, mêmes grands mots sur la scène, même impudeur dans les coulisses, mais tout cela affaibli comme l'est toujours le plagiat. Partis avec la même haine, ils sont arrivés, il faut le dire, avec la même volonté : détruire, mais détruire non pas pour reconstruire sur un terrain neuf, mais pour ramasser et mettre dans leur poche les morceaux de ce qu'ils détruiraient.

Quand ils sont arrivés au but, ils se sont enfermés tous ensemble et n'ont rien dit. Alors on s'est approché doucement et l'on a regardé par le trou de la serrure ce qu'ils faisaient.

— Ils mangent, a répondu celui qui avait regardé.

— C'est trop juste, s'est écrié le pays, ils doivent avoir faim, il y a assez longtemps qu'ils jeûnent. Laissons-les manger un peu.

Quelque temps après, on a regardé de nouveau.
— Que font-ils ? a-t-on demandé.
— Ils digèrent.

— C'est tout naturel, a dit encore le pays, on digère toujours après avoir mangé. Laissons-les digérer.

Le temps nécessaire à une digestion honnête une fois écoulé, on est revenu à la charge, et l'on a dit : Eh bien ?

— Eh bien ! maintenant ils dorment, fut-il répondu.

— Pauvres gens ! a dit la France, c'est bien le moins qu'on puisse leur accorder. Après la marche, le repas; après le repas, la digestion ; après la digestion, le sommeil. Laissons-les dormir, nous reviendrons plus tard.

On est revenu, en effet, mais cette fois le trou de la serrure était bouché, et l'on ne pouvait plus rien voir.

Cependant ils ont compris qu'il leur fallait faire quelque chose, alors ils ont promis.

Veux-tu que je t'apprenne le moyen de faire une révolution en France? Promets.

— Que faut-il promettre ? vas-tu me dire.

— Le contraire de ce qui est.

— Et après ?

— Après, tu feras comme les autres, tu rétabliras ce qui était.

— Ce n'est pas plus difficile que cela ?

— Oh ! mon Dieu, non.

Et à ce propos, je vais, pendant que nous y

sommes, te faire, si tu le veux bien, un cours de politique, et tu vas voir comme c'est simple.

Un peuple prend un homme et le met sur un fauteuil en bois blanc, recouvert de velours rouge, qu'on appelle un trône.

Toutes les fois que cet homme passe en voiture, on crie : Vive le roi ! et quand sa femme accouche, on tire le canon.

Pour cela, on lui donne douze millions par an.

Toi qui as aidé, ou qui as cru aider, ou qui aurais pu aider, à mettre ce malheureux sur le trône, tu demandes une place de préfet ou de conseiller d'État.

Cela ne fait pas un pli, on te la refuse. — Très-bien...

Si tu as de l'argent, tu déposes un cautionnement et tu fondes un journal ; mais comme tu n'as pas d'argent, tu appelles des actionnaires qui réunissent la somme, et tu fais de l'opposition, toujours au nom de la liberté, n'oublie pas cela.

Je n'ai pas besoin de t'expliquer comment l'opposition se fait. C'est naïf comme bonjour. Le gouvernement dit : Je voudrais cela. L'opposition dit : Tu ne l'auras pas. Et chacun à son tour répète la même chose, comme deux écoliers qui se disputent une tartine de beurre. L'un des deux l'emporte, et le lendemain on recommence sous un autre prétexte.

Pendant ce temps, comme tu insultes le gouvernement, on te met en prison ; te voilà martyr. Mais au bout de douze ou quinze ans, le peuple ennuyé de voir toujours les mêmes visages, fait la révolution que tu as prédite, car j'ai oublié de te dire que tu dois toujours prédire une révolution, sans crainte de te tromper; te voilà apôtre. Alors tu te lèves et tu te dis : « C'est moi qui ai fait cela ! » on proclame la République ou n'importe quoi ; on te porte en triomphe, te voilà ministre.

Mais c'est ici que l'embarras commence. Si, comme Lamartine, tu prends le peuple et le pays au sérieux, tu es un homme perdu. Tu en as pour trois mois de popularité ; après quoi on te traîne dans la boue, et tu as le plaisir de rencontrer ta caricature sur toutes les vitres des marchands d'estampes. Si, au contraire, comme MM..... je te mettrais bien les noms, mais nous sommes en état de siége, ma lettre n'aurait qu'à être décachetée, nous serions compromis tous les deux ; d'ailleurs tu sais bien qui je veux dire, n'est-ce pas ? Si donc, comme ces messieurs, tu te moques du peuple et ne te soucies que de toi, c'est autre chose, et tu en as pour un bon temps à emplir les poches, à te promener dans les voitures de l'ex-tyran, à donner des robes de brocart à ta femme, si tu en as une, à lui faire faire des coiffures d'oiseaux de paradis, à faire danser tes partisans sur le même air que les deniers de l'État et à te bourrer de places et de priviléges.

Tu ne cours qu'un danger, celui de mourir d'indigestion. Tout le monde est mortel, hélas !

Au bout d'un certain temps de cette sérénité d'azur et d'or, on te met à la porte à ton tour et l'on passe à d'autres, et ainsi de suite de siècle en siècle.

Veux-tu que je te donne une preuve de ce que j'avance ?

Tu te souviens sans doute encore, quoique bien des événements aient eu lieu depuis, d'un roi que nous avons eu et qui se nommait Louis-Philippe, Tu t'en souviens ?

— Parfaitement.

— Tu te souviens aussi d'une révolution qui a été faite contre lui au mois de février ?

— Certes.

— Sais-tu pourquoi cette révolution était faite ?

— Non.

— Pour la liberté. Tu te le rappelles ?

— Ah ! oui.

— Eh bien ! puisque la mémoire te revient, tu dois te souvenir aussi des promesses qu'on nous avait faites : liberté de la presse, droit de réunion, abolition de la censure, etc., etc., etc.

A-t-on tenu ces promesses ? Sois franc.

— Non, on ne les a pas tenues.

— Eh bien ! regarde maintenant ce que sont devenus les hommes. Les plus ardents sont à Vincennes, les plus ambitieux et les plus maladroits sont en fuite, les plus sceptiques sont au pouvoir. A présent, tu sais aussi bien que moi comment on fait une révolution et comment on en profite.

En dernier lieu, veux-tu savoir quelle influence cette dernière révolution a eue sur nos mœurs ? Je vais te le dire, car tu n'as pas oublié que c'est une étude de mœurs que nous faisons.

Tu connais mieux que personne ces affreux acteurs de province, gonflés d'exagération mélodramatique, qui arrivent à Paris avec la conviction qu'eux seuls ont du talent et qu'ils vont tout bouleverser dans les habitudes théâtrales. Ils se présentent dix fois, vingt fois dans les théâtres pour y débuter, et on leur répond toujours que la troupe est au grand complet et qu'on ne veut pas d'eux. Enfin, au renouvellement de la saison, au mois d'avril, le directeur, lassé de leurs importunités, leur dit :

— Allons, débutez, puisque vous le voulez absolument.

Ils débutent et se font outrageusement siffler.

Après la représentation, le directeur leur dit :

— Vous avez débuté, vous avez été sifflés vous voilà contents ; maintenant, faites-moi le plaisir de vous en aller et de ne revenir jamais.

Il en est de même de certains hommes du jour. Ils ont si souvent répété au pays que leurs théories étaient les bonnes, qu'on a fini par leur dire : « Voyons, montrez-les, vos théories. » Comme les susdits acteurs, ils ont débuté dans une pièce nouvelle, et il se font ignominieusement siffler, sans compter qu'il y a des chances pour qu'ils fassent tomber la pièce avec eux.

Quant aux changements que leurs innovations ont introduits, ils sont énormes, comme tu vas le voir.

Sous la monarchie, on disait : Messieurs. A présent on dit : Citoyens.

Quel bonheur !

Sous Louis-Philippe, quand il y avait bal à la cour, on ne barrait pas la rue de Rivoli ; quand M. Marrast fait danser à la Présidence, on barre le pont de la Concorde.

Quel triomphe !

Sous le régime de la corruption, la rue qui va de la Madeleine à la place Louis XV, je veux dire à la place de la Révolution, je me trompe encore, à la place de la Concorde, à l'Obélisque enfin, cette rue s'appelait la rue Royale, aujourd'hui elle s'appelle la rue de la Révolution.

Quelle réforme !

Sous le gouvernement déchu on ne fumait pas aux soirées de M. Guizot : sous le nouveau gouvernement, on fume aux soirées de M. Bastide.

Quel progrès !

Sous le tyran, les propriétaires avaient des propriétés et percevaient leurs loyers : sous la République, ils n'ont plus de propriétés, mais ils paient le double d'impôts !

Quelle réorganisation !

Enfin, ceux qui, sous la monarchie, avaient voiture à eux, ne vont plus, depuis février, qu'en voiture de remise ; ceux qui allaient en voiture de remise ne vont plus qu'en fiacre, ceux qui allaient en fiacre, ne vont plus qu'en omnibus, ceux qui allaient en omnibus ne vont plus qu'à pied, ceux qui allaient à pied, ne vont plus du tout.

Voilà, mon cher ami, ce qui m'a le plus frappé depuis mon arrivée à Paris. Dans ma prochaine lettre je te parlerai du reste et de bien d'autres choses encore.

Le journal *La Presse*, 1849.

II

LE COURONNEMENT DU ROI DE HOLLANDE

Amsterdam, 11 mai 1849.

Il y a bien longtemps, cher ami, que tu n'as entendu parler de moi. En revanche, tu as entendu parler de tant d'autres gens et de tant de choses, que tu as dû te consoler un peu de mon silence, silence qui s'explique par les événements auxquels nous assistons. A peine si on a le temps de les voir, tant ils se succèdent avec rapidité ; encore moins a-t-on le temps de les écrire. Puis, comme ils ne sont pas toujours très-gais, mieux vaut ne pas s'attrister deux fois, par la vue et par le souvenir.

Mais voici l'été. De grand rayons de soleil lèchent les pavés secs, la feuille revient aux arbres, riche de ce joyeux ton vert sur lequel le bleu du ciel fait si bien. Les ombrelles roses, ces fleurs mouvantes du mois de mai, abritent de nouveau les têtes des promeneuses vêtues de blanc et souriantes : un immense besoin de s'abstenir de politique s'est emparé de tout le monde en général, et de moi en particulier.

Malheureusement, il en est de la politique, une fois qu'elle est entrée dans un pays, comme du musc, une fois qu'on en a mis dans une chambre. On a beau ouvrir les fenêtres, changer les meubles, laver les murs, la mauvaise odeur est dans l'air, et il en reste toujours quelque chose.

J'ai donc cherché l'occasion d'échapper à ce quelque chose, et je l'ai trouvée. Voilà pourquoi je t'écris d'Amsterdam, au lieu de t'écrire de Paris, et voici maintenant comment il se fait que je suis en Hollande.

J'ai lu, il y a trois jours, dans mon journal, que le prince d'Orange, fils de Guillaume II, serait couronné le 12 mai à Amsterdam, sous le nom de Guillaume III.

Quitter Paris, visiter la Hollande et voir un roi, par le temps qui court, c'était une triple bonne fortune. Il est vrai que pour voir tout cela, il me fallait quitter mon pays au moment où il allait exercer le plus beau de ses droits et remplir le plus sacré de ses devoirs, au moment où il allait voter. Je me fis bien cette réflexion, et que quitter sa république pour aller voir une monarchie étrangère, c'était le fait d'un républicain tiède et d'un citoyen malsonnant. Mais je me dis d'un autre côté que, par ce moyen, j'échapperais à la lecture des professions de foi, ce qui est bien quelque chose, sans compter que je rendais peut-être un grand service à mon pays en ne votant pas, et en retirant ainsi à ceux que j'eusse nommés une chance d'arriver à la chambre. Enhardi par cette contre-partie de ma réflexion, j'allai chercher un passe-port pour la Hollande, et je partis avant-hier, 9 mai.

Mon itinéraire était bien simple, et je te le recommande si jamais tu as le caprice d'aller où je suis. Le chemin de fer de Paris à Bruxelles, le chemin de fer de Bruxelles à Anvers, le bateau à vapeur d'Anvers à Rotterdam, le chemin de fer de Rotterdam à La Haye et encore le chemin de fer de La Haye à Amsterdam, total cent soixante lieues, cinquante-quatre francs soixante-quinze centimes.

Je partis donc par le convoi de huit heures du soir, et j'arrivai le lendemain à Bruxelles, en ayant fait toute la nuit cette remarque que tantôt j'allais de face et tantôt de dos, c'est-à-dire que tantôt nous avancions et que tantôt nous reculions, et cela pendant des heures entières.

Comment il se fit qu'après une pareille manœuvre nous nous trouvâmes à Bruxelles le lendemain matin, c'est ce que je n'essaierai pas d'expliquer, ayant renoncé à le comprendre.

Forcé de passer par la Belgique pour arriver en Hollande, je m'arrêtai à Bruxelles, afin d'y attendre le convoi d'Anvers ; je passai mon temps à faire visiter mes malles, car je ne connais pas de douane plus insupportable que la douane belge. Les douaniers vous retournent vos effets depuis vos gants jusqu'à vos cravates, depuis le fond jusqu'au dessus, avec la ténacité de gens qui se vengent du métier qu'ils sont forcés de faire. Cette visite de ma malle donna lieu à la conversation suivante entre l'homme de la douane et moi.

— Vous n'avez rien à déclarer, me dit-il ?

— Rien.

Il paraît qu'il avait peu de confiance dans la sincérité de ma réponse, car il commença à fouiller ma malle. Tout à coup il s'arrêta, et me regardant d'un air particulier, contrefaçon d'air railleur, il me montra des bottes neuves.

— Eh bien ! lui dis-je.

— Eh bien ! voilà des bottes neuves, fit-il.

— Ah ! mon dieu, oui.

— Il faut payer.

— Pourquoi ?

— Parce qu'elles n'ont pas encore été mises.

— Attendez, je vais les mettre.

Un sourire d'une dédaigneuse ironie courut sur les lèvres de l'homme vêtu de vert, et, posant sa main sur les bottes comme un avare sur de l'or, il me dit :

— Donnez trois septante-six.

— Hein? lui dis-je, en me posant comme un point d'interrogation.

— Donnez trois septante-six, reprit-il de manière à me faire comprendre que tout cela était sérieux. Je craignis par mon trop de légèreté de compromettre la France et d'engager mon pays dans une guerre inutile. J'allai donc à un bureau, et, supposant avec raison qu'il s'agissait de payer quelque chose, je donnai à tout hasard cent sous sur lesquels on me rendit un franc vingt-quatre centimes, ce qui me convainquit qu'à Bruxelles, en *Brabant*, trois septante-six, cela veut dire trois francs soixante-seize centimes.

Te voilà prévenu.

Une demi-heure après nous partions pour Anvers, où j'arrivai mourant de faim, mais où je ne mangeai point, attendu que le garçon du restaurant où j'étais entré ne comprenant pas ce que je lui demandais, et me servant selon son goût, me servit des harengs crus et du beurre salé.

Il ne me demanda que trois francs pour cela. C'était pour rien.

Je pris à midi le bateau à vapeur de Rotterdam.

Alors commença pour moi un voyage intéressant. L'Escaut est un fleuve large, terne et qui semble plutôt rouler de la cendre que de l'eau ; mais à mesure qu'on approche de Rotterdam il prend un caractère tout particulier ; il s'élargit de plus en plus, et ses horizons se terminent ou plutôt se fondent dans un ciel gris dont l'incroyable finesse fait comprendre le charme que devaient éprouver à le reproduire les peintres qui forment l'école hollandaise. Quand nous ne connaissons pas la Hollande, ces tableaux nous paraissent d'une couleur de parti pris, séduisante par le résultat obtenu, mais que nous croyons fausse. Nous hésitons toujours, nous, peuple du centre habitué aux rives vertes de la Seine, flanquées de maisons aux toits d'ardoises, à croire à une autre nature que celle qui nous est familière. Mais une fois qu'on a parcouru cet étrange pays, on sent dans toute son étendue le merveilleux talent des Van de Velde et des Backuisen.

Cette eau de couleur écrue, ces arbres sépia frisés comme des cheveux, ces teintes blondes, vagues, espèce de brouillard lumineux qui enveloppe leur perspective; ce grand moulin à la tête plate, au ventre large, teinté de noir et de vert, trois fois grand comme nos moulins français, qui domine le paysage et qui l'anime ; ces maisons basses aux toits rouges, aux volets sombres, aux murs lie de vin, maisons qui avancent sur le fleuve et qui n'en sont séparées que par l'espace qu'il faut à une table et à un arbre ; tout cela est bien la vérité et a été bien vu par les premiers peintres hollandais. A chaque instant on retrouve dans cette nature un tableau tout fait, et qu'on se rappelle avoir déjà vu. Le sentiment de la couleur existe tellement chez ce peuple, qu'il est coloriste sans s'en douter. Ainsi les bateaux hollandais qui montent et descendent perpétuellement le fleuve, avec leurs voiles triangulaires qui ont l'air d'être en bois, tant elles sont fermes, leur carcasse goudronnée cerclée de blanc, le bas de leurs mâts peint en vert, leurs marins vêtus de rouge, leur pavillon tricolore, forment un ensemble charmant qui semble copié sur une ébauche de Gudin ou sur une pochade d'Isabey. Les bouées elles-mêmes sont peintes de façon à prendre leur place et à colorer la monotonie apparente du paysage. Je dis apparente, parce qu'à mon avis la monotonie existe dans les tons criards et non dans les tons doux. Les plaines de la Belgique sont monotones, parce qu'elles sont toutes du même vert tendre ; mais les campagnes qui bordent l'Escaut n'ont pas ce reproche à craindre ; leur teinte n'est pas uniforme, mais harmonieuse ; leurs tranquilles horizons sont pleins de nuances pour l'œil, et plus on les sonde, plus on les trouve délicats.

Quant aux rives, il est rare qu'elles changent d'aspect ; mais cet aspect est intéressant. Des plaines bordées de bouleaux taillés et raccornis, ce qui leur donne la tournure d'une file de nains bossus ; d'énormes bœufs noirs et blancs, entre les jambes desquels, comme cela se voit dans les tableaux de Paul Potter, se dessine tout un paysage lointain, arbres, églises, nuages ; j'avoue que je trouvai à tout cet ensemble un caractère assez original pour rester à le considérer pendant deux heures, en dépit du vent qui balayait le pont de notre bateau à vapeur.

Nous arrivâmes à huit heures à Rotterdam, et notre bateau s'arrêta au milieu de bateaux stationnaires, sans les accrocher ; ce qui m'étonna fort, tant ils étaient rapprochés les uns des autres ; et je partis pour La Haye, où j'arrivai à dix heures du soir, et que je trouvai criant, dansant, faisant tapage, comme doit le faire une résidence royale la veille du couronnement de son roi.

Tu comprends bien que je n'ai pas voulu me coucher sans avoir vu cette fête hollandaise. Je déposai donc ma malle à l'hôtel, et je me mêlai à la foule.

Nous n'avons rien à envier à la Hollande pour ces sortes de divertissements :

La femme géante, le serpent apprivoisé, le Cirque et les chiens savants, voilà le programme ordinaire et connu de ces réjouissances publiques. Seulement, deux choses m'ont frappé :

La première, c'est que les femmes et les filles du peuple, qui ne veulent ou ne peuvent pas dépenser leur argent à visiter toutes les baraques, au lieu de se promener silencieusement en respirant une atmosphère de friture et de lampions et en écoutant un charivari de tambours et de trombones, comme cela se fait chez nous, compensent leur misère et l'utilisent en dansant devant les baraques, ce qui doit attrister fort les directeurs qui, de cette façon, se trouvent changés en orchestre et sont forcés de faire danser pour rien.

La seconde chose qui m'a frappé est le genre de régal auquel se livrent les hommes ; ils s'arrêtent à de petites boutiques tenues par des Frisonnes, qui, devant leur porte, le poing sur la hanche, la tête ornée de cuivreries, que recouvrent des dentelles, vous invitent, avec force sourires, à entrer chez elles et à y prendre toutes les choses variées qui composent leur commerce. Les indigènes y avalent, avec une gloutonnerie sans pareille, des œufs durs et des cornichons, et cela semble plutôt une affaire qu'un plaisir pour ces braves gens. Ils plantent leur fourchette dans le cornichon, ils le mangent, ils l'avalent, et ils recommencent ainsi pendant dix minutes sans dire un mot, et comme s'ils subissaient une condamnation.

Je rentrai à mon hôtel après avoir pris en note tte inscription française : « Ici on a l'amusement de la foire », et je m'endormis du sommeil dont dort le juste, surtout quand il est fatigué.

e lendemain matin, sans autres guides que ma fantaisie et le hasard, j'allai visiter la ville, ville charmante tant qu'elle conserve son caractère original, c'est-à-dire ses maisons, les unes blanches, les autres noires, la plupart bâties en briques, mais qui tourne un peu à la décoration du théâtre des Funambules, quand elle a la prétention de faire du moyen âge.

Ainsi, il y a là des grandes maisons qui croient être des palais, qui ont des créneaux, des fenêtres en ogive, et des tourelles, le tout couleur biscuit de Reims : c'est hideux.

Cependant, il faut savoir gré à ce gouvernement d'avoir essayé d'être original : c'est un goût que les gouvernements perdent ; seulement, celui-ci n'a pas compris que l'originalité réussit dans un pays qui n'est pas original, mais qu'elle échoue dans un pays comme la Hollande, qui a son caractère particulier, et qui n'a pas besoin qu'on y ajoute rien.

En revanche, La Haye a une merveilleuse chose, c'est une promenade d'une lieue environ, bordée d'arbres, de maisons de campagne et de jardins pleins de fleurs et de rayons à cette époque de l'année.

Par le plus grand des hasards, l'horizon que l'on trouve à droite de cette promenade, quand on quitte la ville, est formé par des montagnes qui, de l'autre côté, servent de limite à la mer. Cette promenade, dans toute sa longueur, est rayée de trois chemins bien distincts, séparés les uns des autres par des arbres. L'un est livré aux voitures, qui roulent sur un pavé si uni qu'on ne les entend pas, l'autre est abandonné aux cavaliers : il est doux aux pieds des chevaux comme le terrain d'un manége ; le troisième est réservé aux piétons, qui échappent ainsi au double danger des voitures et des chevaux et à l'ennui de se déranger à chaque instant pour faire place aux promeneurs aristocrates ; enfin, un sentier se perd dans la campagne, et c'est celui-là que peuvent suivre ceux qui veulent se perdre.

Cette promenade conduit à un petit village de pêcheurs couché sur le bord de la mer et nommé Scheveningen. Si ce village voulait cacher ce qu'il fait, il aurait tort, car l'odeur du poisson y est si forte que dix minutes avant d'arriver au village on la sent. Je n'affirmerai pas que cela soit positivement agréable, mais enfin cela est.

Si l'on veut varier ses plaisirs, on revient de là par la plaine, et le retour est accompagné de soleil comme l'aller est accompagné d'ombre.

Quand je revins de Scheveningen, il était neuf heures ; je n'eus que le temps de déjeuner et de faire demander, à titre d'étranger, la permission de partir pour Amsterdam dans le convoi de onze heures, convoi réservé spécialement ce jour-là aux personnes de la cour qui devaient accompagner le roi.

J'obtins cette place et je m'acheminai vers le débarcadère.

Je te dois, à propos de cela, la confidence d'une de mes impressions. Tu me connais, tu sais que je crois la République à la fois un droit et une impossibilité : un droit par la raison, une impossibilité par les hommes. Je suis convaincu, et cela je le dis sans intention de faire une plaisanterie, que la République ne sera juste et ferme que lorsqu'il n'y aura plus de républicains. Un Hollandais de beaucoup d'esprit me disait hier une chose qui viendra à l'appui de ce que j'avance ; il me disait : Ce qui consolide la monarchie, en Hollande, c'est que nous sommes tous républicains. Cette unanimité d'opinion fait que nous

nous inquiétons peu de la forme du gouvernement. Le respect des droits de la part du gouvernant, le respect de la loi de la part des gouvernés, voilà le seul gouvernement possible. Le reste est une question de lettres et de consonnances.

Il avait raison.

Supposons un homme bien fait, un Antinoüs s'appelant M. Bossu. Le nom qu'il porterait et qui serait le contraire de ce qu'il serait le changerait-il en quelque chose ? Non. Il en est de même des gouvernements. Qu'importe qu'on les appelle monarchiques, s'ils sont libéraux ; qu'importe qu'on les appelle républicains, s'ils sont despotiques.

Nous autres, Français, nous nous laissons encore prendre aux mots ; c'est un malheur. Tu auras beau écrire le mot *vivant* sur un cadavre, le cadavre n'en vivra pas davantage.

Au lieu de mettre sur les murs : Liberté, Égalité, Fraternité, et de faire des guerres civiles, écrivons : Servitude, Aristocratie, Haine, et donnons-nous tous la main, cela vaudra mieux. Que sont les beaux mots quand ils ne représentent pas une belle chose, c'est chez un commerçant un beau meuble sur lequel on a écrit : Caisse, et dans lequel il n'y a rien ; c'est un mensonge en relations sociales, c'est un vol en affaires, c'est un crime en politique.

Voilà pourquoi je quittais notre république pour venir voir un couronnement. J'étais curieux de comparer la France avec la Hollande, l'une sortant d'un gouvernement monarchique et ayant pris la forme républicaine, l'autre ayant dépouillé à peine la forme républicaine et revenue à la royauté.

J'étais désireux de voir lequel des deux pays me semblerait le plus heureux, et l'instant était bien choisi puisque je quittais Paris au moment où il fêtait la proclamation de la République, et que j'allais voir la Hollande au moment où elle fêterait la monarchie.

Ces deux fêtes si différentes l'une de l'autre étaient-elles sincères ? Voilà ce que je tenais à savoir, et je partais sans parti pris de préférer l'une à l'autre. En effet, je ne désire rien obtenir de la république française, et je n'ai rien à demander au roi de Hollande.

Pour en revenir à l'impression dont je te parlais tout à l'heure, et loin de laquelle je me suis laissé entraîner par des réflexions politiques, j'avais quitté mes affaires et mon travail pour venir voir couronner un roi, ce qui prouvait un certain respect de la royauté, respect que je n'essaierai pas de nier ; j'étais curieux de voir cette cérémonie, dont l'habitude tend tous les jours à s'effacer des mœurs humaines, j'avais entendu parler du prince d'Orange comme d'un esprit sérieux et distingué, bien choisi pour veiller aux destinées d'un grand peuple, et cependant, quand je me trouvai à l'embarcadère de La Haye, avec tous ces gens, maîtres des cérémonies, gardes d'honneur, tout brodés, tout couverts d'or et de décorations, mais s'inclinant par étiquette, respectueux par devoir, esclaves d'un homme enfin, je me dis avec un orgueil tout républicain : Nous ne faisons plus cela, nous, et je fus presque fier d'être citoyen d'une république au lieu d'être sujet d'un roi.

Le sentiment de la nationalité est si profondément inné dans le cœur, qu'à l'étranger nous nous faisons un devoir de défendre ce que nous attaquons chez nous et ce que souvent même nous avons raison d'attaquer.

Nous sommes, en cela, semblables à l'homme qui aime une femme et qui se sait trompé par elle. Il veut bien en souffrir seul ou en faire la confidence à ses amis, mais si un étranger a l'air de la savoir, il se fâche et le dément.

Quoi qu'il en soit, j'acceptai une place dans le convoi royal, et je dois dire que si mon orgueil républicain n'en fut pas flatté outre mesure, comme voyageur et comme curieux, je fus enchanté de cette faveur.

Deux heures après nous arrivions à Amsterdam.

Me voici à Amsterdam, où tout le monde est en fête ; mais que ce mot ne te fasse pas croire à une gaieté générale. Les Hollandais s'amusent comme les autres peuples s'ennuient. C'est un privilége. Il y a, aujourd'hui 11 mai, cent cinquante mille individus dans les rues et sur les canaux de la ville, et l'on n'entend que le bruit des rares voitures qui, de temps en temps, trouent la foule. Chacun est silencieux, soit seul, soit entre sa femme et sa fille, soit à sa fenêtre, soit en bateau. Les Hollandais, la populace hollandaise, veux-je dire, ne cause pas. Pense-t-elle ? Je n'en sais rien. Sous ce silence, sous cette gravité extérieure y a-t-il une méditation philosophique ? Je l'ignore ; mais, à te parler franchement, j'en doute. Il semble que ce peuple se repose et se repose éternellement des immenses travaux qu'il a accomplis pour se faire des villes, là où Dieu lui-même devait croire qu'il n'y en aurait jamais. Songe donc que toutes ces maisons d'Amsterdam sont bâties sur pilotis qui ont quarante ou soixante pieds de longueur.

La ville est au-dessous du niveau de la mer, paradoxe physique réalisé avec un art infini. Aussi ne bâtit-on pas une maison nouvelle. Je te défie de trouver une maison en construction dans Amsterdam. Chacun a la sienne, y vit, y meurt et la transmet à son héritier. Cependant on pourrait croire que les populations des villes augmentant tous les jours, les villes doivent s'agrandir pour loger cet accroissement. Il paraît qu'il n'en est rien, et que la famille s'accroît dans une proportion si étroite que les nouveaux venus trouvent toujours de la place. Quant aux étrangers qui pourraient venir s'y fixer, il n'en est pas question. La ville d'Amsterdam est si triste, qu'après une semaine de séjour on s'en sauve en jurant de n'y plus revenir.

Si tu veux la description de cette ville, retranche deux étages à nos maisons, suppose-les en briques, donne au rez-de-chaussée des fenêtres deux fois plus larges et trois fois plus hautes que les nôtres, au premier étage des fenêtres une demi-fois plus larges et une demi-fois plus basses que les fenêtres de Paris ; à nos carreaux tristes substitue des vitres grandes et polies comme des glaces ; à nos toits, des pignons ou des toits plats ; bâtis une ville qui recommence à chaque détour avec l'aspect du canal Saint-Martin ; mets deux cent cinquante ou deux cent quatre-vingts ponts sur ces canaux perpétuels ; donne à presque toutes les maisons un perron de granit haut de quatre à cinq marches et orné d'une rampe de fer ; efface les numéros, supprime les promeneurs, et tu auras Amsterdam dans son état normal.

Aujourd'hui la ville diffère un peu, beaucoup

même de cet aspect monotone. En effet, les rues et les canaux, comme je viens de te le dire, sont inondés de curieux et de bateaux pavoisés, les uns stationnaires, les autres errants, les maisons sont pavoisées de grands drapeaux qui seraient exactement pareils au drapeau français, si les couleurs, au lieu d'être perpendiculairement posées comme chez nous, n'étaient placées horizontalement, si bien que, si je ne considérais que l'ensemble, je me croirais sur le quai de Bercy, à la fête de la proclamation de la République.

Cependant l'unanimité de la fête est plus grande que chez nous. Nous autres Parisiens, nous laissons le gouvernement faire tous les frais des réjouissances ; chez les Hollandais, il n'en est pas de même : chaque maison a un ou plusieurs drapeaux pendant le jour, et son illumination le soir. La fête est partout, et le soir la ville en cet état est vraiment originale. Derrière toutes ces fenêtres en guillotine, encadrées dans des écharpes de toutes couleurs, apparaissent des têtes de femmes, car la femme domine en Hollande, et ces têtes sont charmantes pour la plupart, toujours prêtes à sourire, cela soit dit sans malice, à ceux qui les regardent. Les ponts principaux ont un arc de triomphe en bois peint, entouré de guirlandes et de feuillages ; et le gouvernement est si sûr qu'il n'arrivera pas d'accident, quoique les canaux n'aient pas de parapets, quoique les rues n'aient pas de trottoirs, quoique les voitures traversent la foule au grand trot, que l'on ne rencontre pas un homme de police. L'ordre est dans les mœurs, comme le tabac.

Le roi devait faire son entrée à trois heures ; on me donna l'hospitalité dans une maison qui se trouvait dans une des rues qu'il devait traverser, et, en attendant le cortége, j'eus le loisir d'admirer l'intérieur de la maison où je me trouvais. Les appartements sont immenses et meublés avec un grand luxe. Les antichambres sont dallées en marbre, les plafonds sont ornés de sculptures, les portes surmontées de panneaux peints. Les gros meubles y sont en petite quantité, mais d'un goût parfait. Ces grandes fenêtres que je te signalais plus haut, et qui se répètent sur le derrière comme sur le devant des maisons, jettent dans les intérieurs un jour éclatant. On sent qu'il y a de grosses fortunes dans ces maisons-là ; les domestiques y sont nombreux, et le confortable y a atteint un point auquel la France n'arrivera jamais.

A quatre heures, c'est-à-dire une heure plus tard que ne le portait le programme, la foule se mit à crier, les pavés résonnèrent sous les pieds des chevaux, la musique se fit entendre, et le cortége apparut, précédé d'une troupe de gamins agitant leurs casquettes en l'air et chantant les airs nationaux. Un escadron de dragons passa, et je m'attendais à en voir défiler bien d'autres encore avant d'apercevoir Sa Majesté, quand un de mes voisins me frappa sur l'épaule, et me dit :

— Le roi.

En même temps il s'inclinait et me montrait un homme de trente-trois à trente-quatre ans, à cheval au milieu de quatre ou cinq grands officiers, et portant le costume d'amiral. Des cris d'enthousiasme accompagnaient le passage de Guillaume III, qui répondait à ces cris par des saluts de tête pleins d'une affabilité royale et reconnaissante à la fois. Je suivis des yeux cet homme qui, pendant que l'Italie, l'Allemagne, la France secouaient le joug de leurs rois, venait recevoir la couronne des mains de son peuple, et je me demandais : Qui a raison des autres ou de ceux-ci ? Puis, toutes sortes de souvenirs me venaient au cœur et à l'esprit à propos de ce roi nouveau.

Je redescendais dans le passé et je me disais : combien de rois ont été reçus comme l'est celui-ci ; combien, en faisant un serment de dévouement, ont reçu un serment de fidélité, et sont tombés cependant sous les menaces et les huées de leur peuple, les uns dans l'exil, comme Charles X ; les autres sur l'échafaud, comme Charles Ier. Où va celui que j'ai sous les yeux et qui verra demain son premier jour de royauté. Que lui garde l'avenir, à ce roi, qui sera peut-être le dernier, non-seulement de son pays, mais de l'Europe ? Sera-t-il la preuve que la royauté est dans son droit ; sera-t-il la preuve que la République a raison ? Dieu en fera-t-il le premier anneau d'une chaîne nouvelle, où le dernier anneau d'une chaîne rompue ? Son exemple servira-t-il à reconstruire les monarchies ou à les détruire définitivement. Et je regardais de loin encore cette tête royale qui dominait la foule et qui se confondit bientôt avec les autres.

Le peuple criait toujours.

Je jetai les yeux sur la suite du cortége.

Une grande voiture dorée ayant à chaque côté de ses portières deux laquais en livrée rouge et or posés sur un marchepied, traînée par huit chevaux blancs tenus chacun par un valet, suivait le roi. Dans cette voiture, il y avait une femme et deux enfants. La femme était vêtue de blanc ; elle était pâle, mais elle souriait à la populace accourue pour la voir, et elle saluait avec une grâce infinie. Des cheveux blonds encadraient son visage doux et sympathique, qu'éclairaient deux grands yeux bleus, pleins de profondeur et de mélancolie. Elle tenait les mains de ses enfants, dont l'un était à côté d'elle, et dont l'autre, le plus jeune, était assis sur le siége de devant.

Cette femme, c'était la reine ; ces deux enfants, c'étaient les fils du roi, le prince d'Orange et le prince Maurice, l'un âgé de neuf ans environ, l'autre de sept.

Pauvre femme ! pauvres enfants !

Je ne puis voir une reine jeune et belle, des princes de cet âge, sans les plaindre et sans être pris à leur sujet d'un réel sentiment de tristesse. Quelle compensation la vie donne-t-elle à ces existences chargées d'un poids si lourd, que leur fatigue se lit sur leurs visages ! Excepté dans le bien qu'elle peut faire, où est le bonheur d'une reine ? Excepté dans l'espérance qu'ils ont, et qui de nos jours se réalise bien peu, où est le bonheur des enfants d'un roi ? Reine et princes sont attachés, rivés même à la destinée de leur souverain, des fautes duquel ils sont responsables, comme s'ils les avaient commises eux-mêmes. Dans une reine, cherchez la femme : vous ne la trouverez pas ; elle est tellement cachée sous la royauté, qu'elle disparaît. Elle est forcée de refouler ses impressions au plus profond de son cœur, au risque qu'elles l'étouffent. Il faut qu'elle sourie toujours comme une comédienne qui joue un rôle gai. Qui reçoit la confidence de ses pensées ? à qui peut-elle ouvrir son âme ? à personne.

Elle a un royaume, mais elle n'a pas de famille ;

elle a des courtisans, mais elle n'a pas d'amis. Sa vie appartient à tout le monde, et elle ne peut rien en cacher à son profit. Si ses affections ne sont pas politiques, il faut qu'elle les détruise. Tout le monde a les yeux sur elle. Sa joie et ses larmes sont commentées. Sa moindre faiblesse est une faute, sa moindre faute est un crime. Ouvrez l'histoire, et montrez-moi une reine heureuse. Sera-ce Anne d'Autriche, prise entre Richelieu et Mazarin ? Sera-ce Marie-Thérèse, la femme de Louis XIV, étouffée entre mademoiselle de Lavallière et madame de Montespan ? Sera-ce Marie Leczinska, la femme de Louis XV, sainte femme, jusqu'à la chambre de laquelle arrivait le bruit des orgies royales ? Sera-ce Marie-Antoinette, la reine martyre ? Sera-ce Joséphine, l'épouse répudiée ?

Pour ces rois, les reines ne sont des femmes que physiquement. Leur principale dot, c'est leur fécondité. Ce sont des moules à héritiers, des mécaniques à dynasties. Leur œuvre de production faite, leur royal époux s'inquiète peu d'elles, et, s'il a besoin de distractions amoureuses, c'est ailleurs qu'il va les chercher.

Il leur reste la religion et les pauvres, la prière et la charité.

Oh ! plaignons les reines.

Cependant je ne veux pas dire que la reine de

Hollande soit à plaindre. Loin de moi cette pensée. Je te fais part des réflexions que sa vue a éveillées en moi, comme je t'ai fait part de celles que le roi avait fait naître, voilà tout.

Le cortége passa et disparut dans les cris et dans l'enthousiasme général.

— Le roi paraît fort aimé, dis-je à l'une des personnes qui se trouvaient là.

— S'il l'est maintenant, il ne l'était pas, me répondit cette personne; mais une circonstance bien indépendante de sa volonté l'a popularisé ici, et c'est justice.

— Quelle circonstance? demandai-je.

— Lorsque Guillaume II, son père, mourut, le prince d'Orange, roi actuel, était en Angleterre. Avant qu'il fût prévenu et qu'il arrivât, il s'écoula trois jours. Pendant ces trois jours, le peuple ne sut où il en était, entre son roi mort et son roi absent. Ajoutez à cela que le bruit courait que le prince d'Orange refusait la couronne, de sorte que lorsqu'il l'eut acceptée et qu'il arriva à La Haye, le peuple, débarrassé d'une grande inquiétude, ne se sentit pas de joie et l'accueillit avec transport. Ces trois jours d'interrègne et de doute avaient plus fait pour le nouveau roi que tous les agents et que toutes les politiques du monde. Le roi, en Hollande, c'est le cordon qui lie les faisceaux; sans lui, tout tombe.

— Et la reine, est-elle aimée ?

— Oui, me répondit-on ; mais il s'est passé pour elle à peu près ce qui s'est passé pour le roi, c'est-à dire que, comme le peuple la savait d'un esprit distingué, d'une science extraordinaire, d'une intelligence très-supérieure, il la redoutait. Notre peuple n'aime pas dans les reines des esprits trop élevés. Heureusement, la princesse joignait à cette supériorité une grande douceur, une grande charité, et un grand amour du peuple, amour qui, entre nous soit dit, est presque du républicanisme. Ses vertus ont donc fait passer sur ses qualités, et, respectée comme une reine, elle est adorée comme une sainte. »

Je n'ai pas beaucoup de temps à passer en Hollande ; j'ai donc voulu voir le plus vite possible toutes les curiosités de cette Chine de l'Europe, comme on l'appelle, et je t'assure que cette dénomination serait très-juste si les monuments de forme chinoise qui bordent l'Escaut se découpaient sur un émail plus bleu. Je laissai donc le cortége royal continuer sa route, et voyant que j'avais quatre bonnes heures de jour encore devant moi, je résolus de partir tout de suite pour Buiksloot et de me rendre de là au village de Brock.

Tu ne sais pas ce que c'est que Brock, et tu te demandes sans doute d'où me venait cette curiosité de voir un pays dont le nom ne rappelle rien. Eh bien ! mon cher ami, qui n'a pas vu Brock n'a rien vu. Du reste, le premier mot que m'avait dit un Français, que j'avais rencontré en route, avait été celui-ci :

— N'oubliez pas d'aller voir Brock.
— Pourquoi ? lui demandai-je.
— Allez, et vous verrez.

J'allai.

Arrivé à Buksloot, je pris une voiture de louage et je dis au cocher qui parlait un peu le français :

— A Brock.

Le cocher partit.

Rien ne présageait que je dusse être émerveillé : le paysage était assez insignifiant, et j'en étais presque à regretter de m'être dérangé sans trop savoir pourquoi, quand la voiture s'arrêta.

— Nous sommes arrivés ? dis-je au cocher.
— Oui, monsieur.
— Bien. Est-ce que vous ne pouvez pas entrer dans la ville avec votre voiture ?
— Non, monsieur.
— Pourquoi cela ?
— Parce que cela salirait les rues.

Je regardai le cocher.

— Êtes-vous fou ? lui dis-je.
— Non, monsieur.
— Est-ce que les rues sont parquetées ?

Il est probable que ce brave homme ne com-

prit pas le mot parquetées, car il me répondit :
— Oui, monsieur.

Du reste, c'est une habitude des Hollandais de répondre toujours : oui, monsieur, même quand ils ne comprennent pas ce qu'on leur demande.

— Vous m'attendrez ici, dis-je au cocher.
— Oui, monsieur.

Je descendis de la voiture, et je m'éloignai.

Mon cocher courut après moi avec une brosse et m'arrêta pour me brosser. Je le remerciai de cette prévenance que je ne m'expliquais pas trop, et je continuai mon chemin.

Cependant je regardais autour de moi, toutes les maisons étaient fermées au volet ; je ne rencontrais pas une âme et je n'entendais pas un bruit. Le pavé sur lequel je marchais était fait de briques de différentes couleurs et luisant comme si on l'eût ciré. Les façades des maisons, presque toutes en bois, étaient peintes avec une régularité désespérante, et la couleur brillait comme si elle venait d'être vernie. Je m'approchai d'une maison pour m'assurer qu'elle était sèche et je posai mon doigt sur la muraille. Un homme qui m'avait vu, je ne sais par où, puisque la ville était déserte, sortit brusquement d'une porte à côté de moi, et, me regardant avec colère, il passa un linge sur l'endroit du mur que j'avais touché, afin d'effacer la trace de mon doigt si elle y était, et, cette opération faite, il rentra chez lui en grommelant.

Je fus abasourdi, mais je continuai mon chemin.

Je trouvai par hasard un arbre dont je cueillis une branche pour m'en faire une canne ; mais, pour arriver à ce résultat, j'arrachai les feuilles qui ornaient cette branche, et je les jetai une à une sur ma route. J'entendis un grand bruit, je me retournai, et je vis des hommes et des femmes qui ramassaient ces feuilles en criant contre moi et en faisant des gestes qui ressemblaient fort à des malédictions. D'autres femmes, sur leurs portes, avant de venir voir ce qui se passait, essuyaient leurs sabots afin de ne pas salir la rue. Je ne savais que devenir au milieu de toutes ces créatures, lorsque j'aperçus mon cocher qui avait remisé sa voiture je ne sais où, et qui me rejoignait pour me servir de cicerone.

Il expliqua à ces braves femmes que j'étais étranger, et que je n'avais pas fait exprès de jeter des feuilles dans la rue. Elles se calmèrent un peu et rentrèrent chez elles.

— Vous êtes bien heureux que ce soient des femmes qui vous aient vu, me dit le cocher ; si c'eût été des hommes, ils vous eussent fait un mauvais parti.

— Ah ! çà, dis-je, voilà qui est curieux ! Qu'est-ce que cela signifie ?

— Cela signifie, monsieur, que tous les jours on frotte les rues comme une chambre, et les habitants trouvent cela si joli, qu'ils ne sortent pas, dans la crainte de les salir.

— Ah ! vraiment ?

— Oui, monsieur, et comme ils ont remarqué que les enfants, quand on les laisse jouer dans les rues, les salissent toujours un peu, ils ont exilé tous les gens qui avaient des enfants. Il n'y a ici que des célibataires, et l'on ne fume pas, parce qu'il y a des personnes qui crachent en fumant. Il y a des chiens, mais ils restent dans les maisons, et d'ailleurs ils sont tous empaillés. S'il y en avait d'autres, on les tuerait. Un jour, on a surpris un Français stationnant trop longtemps près d'un mur, on l'a jeté à l'eau ; la peine du talion. Quand l'empereur Napoléon a visité Brock, on lui a fait mettre des pantoufles à la porte de la ville, pour qu'il n'abîmât pas les pavés avec les talons de ses bottes. »

Tu comprends bien que j'avais hâte de quitter ce joli pays, je regagnai ma voiture sur la pointe des pieds, et je revins à Amsterdam, où je fus bien content de trouver de la poussière et de la boue.

Demain aura lieu le couronnement. A demain donc les détails. Pendant que je t'écris, on tire le canon, et les clochers des églises tintent le carillon du diable.

Amsterdam, 13 mai.

Décidément Dieu n'a pas d'opinion politique : il donne le même temps à toutes les fêtes, qu'elles soient monarchiques ou républicaines. C'est peut-être parce qu'il sait qu'au fond c'est la même chose qu'on fête sous des noms différents. On dirait qu'il n'attend que le signal pour éclairer son ciel. Ainsi, quand je suis arrivé à La Haye, il pleuvait ; le lendemain, jour de l'entrée du roi, et hier, jour du couronnement, il faisait un temps superbe, le même temps qu'à la fête de la proclamation de la République. Si Dieu a toujours été ainsi, je ne m'étonne plus que la première révolution ne l'ait pas trouvé assez patriote, et que M. de Robespierre l'ait destitué. Qu'il prenne garde ! s'il continue, il se trouverait bien de nos jours quelqu'un qui lui en ferait autant. A tout hasard, je le dénonce.

Il faisait donc beau hier à Amsterdam. Tu vas crier à l'invraisemblance ; mais tu auras beau crier, c'était ainsi. Dès le matin, je vis courir dans les rues, ou plutôt sur les quais de la ville, car les rues, coupées de canaux, sont plutôt des quais que des rues ; je vis courir, dis-je, des voitures que jusque-là je n'avais pas soupçonnées, des voitures sans roues, posées tout bonnement sur deux poutres de bois parallèles, réunies par des bâtons transversaux, si bien que, quand la route incline le moins du monde, la boîte, car on ne peut pas appeler cela une voiture, verse infailliblement. Les promeneurs arrivent, on relève le véhicule, les gens qui sont dedans reprennent leur conversation interrompue par cet accident, devenu une habitude, et tout est dit.

Tu vois comme cela est commode ; aussi cet usage promet-il de se continuer. On est traîné à Amsterdam comme les tonneaux de bière sont traînés à Paris. Je t'assure, quoi qu'il en soit, qu'on est très-longtemps, quand on est Parisien, à s'habituer à ces voitures amputées de leurs roues. Bref, hier, dès le matin, Amsterdam en était sillonné, sans compter les vraies voitures qui s'en allaient chercher les gens pour les mener à l'église.

Je tirai de ma malle mon habit de cour ; quand je dis mon habit de cour, je me flatte, attendu que ledit habit n'est pas à moi, mais à un de mes amis, qui ne l'a mis qu'une fois, sous le tyran, et qui, n'ayant pas quitté Paris depuis la révolution de février, n'a pas encore eu l'occasion de le remettre ; et je m'apprêtai à me faire beau et à représenter dignement la France. Tu vas me demander pourquoi je mettais un habit de cour pour assister à cette cérémonie où la plupart des gens devaient être en habit noir. A cela je te répondrai que j'avais une place dans la tribune diplomatique, qu'on n'a l'air diplomate que lorsqu'on est doré sur le collet et sur les manches de son habit, et que tous ceux qui composaient cette tribune étant en habit de cour, mon habit noir eût fait tache. Cette explication te suffit-elle?

La cérémonie devait avoir lieu à midi. Il était onze heures, je m'habillai.

Quand je fus prêt, je m'aperçus que j'avais oublié d'apporter un chapeau de cour. J'en demandai un au garçon de mon hôtel, qui, quelques instants après, m'apporta une espèce de chapeau de débardeur que je mis sous mon bras, et je partis.

En vérité, je ne sais pourquoi M. de Voltaire a dit, en quittant la Hollande : Adieu, canaux, canards, canaille, à moins que ce ne soit pour faire un jeu de mots, assez pauvre du reste. Canaux, c'est incontestable; canards, c'est possible ; mais canaille, c'est faux. Il est impossible de trouver un peuple plus doux, plus complaisant, plus hospitalier que le peuple hollandais. A moins que M. de Voltaire n'ait été reçu comme méritait de l'être l'auteur de la *Pucelle*, je ne vois pas d'où a pu lui venir sa haine contre les Hollandais, qui, du reste, lui ont répondu par cet autre mot qui valait bien le sien : « Adieu coquet, coquin, coc... »

Une circonstance insignifiante en apparence, me prouva la bonhomie du peuple hollandais. Le cheval de la voiture que j'avais prise pour me rendre à l'église, s'abattit dans une montée : quelques personnes qui passaient poussèrent à la roue, car cette voiture avait des roues, et relevèrent le cheval; tout cela sans affectation et sans curiosité, et comme des gens qui ont pour théorie et qui mettent en pratique qu'il faut s'entr'aider mutuellement. A Paris, on eût regardé, on eût ri, les femmes eussent dit : pauvre bête; mais on n'eût pas aidé.

J'arrivai à l'église, église protestante, sans autre ornement que des vitraux, formant la croix, comme les églises catholiques, mais dont le fond, c'est-à-dire la tête de la croix, était caché par un dais immense recouvrant le trône sur lequel le roi allait venir s'asseoir, pour recevoir la couronne et prêter serment à la constitution.

Devant le trône était une table recouverte de velours rouge; sur un coussin on avait posé la couronne, d'un côté le sceptre, de l'autre la main de justice.

Du cintre tombaient des étendards aux armes de Hollande, avec cette devise : *Je maintiendrai*, devise que je voudrais bien que nous eussions, et des ornements de fleurs et d'écharpes courant dans tous les sens, s'accrochant aux murailles, se suspendant aux colonnes et retombant en bouquets.

Des gradins avaient été dressés et ruisselaient de monde. Les femmes, vêtues de blanc pour la plupart, étaient en grande majorité. De grands rayons de soleil filtrant à travers les vitraux éclairaient cette assemblée et lui donnaient l'air de fête qu'elle devait avoir.

A gauche du trône était le corps diplomatique, où je me rendis, grâce à une carte que l'on m'avait donnée, et à laquelle je ne comprenais rien, vu qu'elle était écrite en hollandais. A droite se trouvait la tribune destinée à la reine, à ses enfants et aux princesses.

Les députés faisaient face au trône.

A droite, à gauche et en face du trône, on avait laissé un espace vide pour la circulation.

La reine arriva la première, par la grande porte de l'église, par la même porte que tout le monde. Elle était vêtue de blanc comme la veille, et, comme la veille, accompagnée de ses deux enfants. Deux laquais la suivaient tenant la queue de sa robe, et elle traversa la foule qui s'inclinait, en souriant à tout le monde et en saluant avec une majesté tout à fait royale. Ses cheveux étaient coiffés à l'anglaise, et elle portait sur le haut de la tête une couronne en diamants.

Elle était pâle, plus pâle encore que de coutume, si bien que la mate blancheur de la peau rivalisait avec l'éclatante blancheur de la robe. On eût dit une figure du quinzième siècle, une belle dame de légende, détachée de son cadre et glissant par hasard au milieu des hommes. La reine de Hollande est, à mon avis, l'expression typique de la royauté chez la femme. L'œil doux et fier à la fois, la dignité de la race en même temps que l'aristocratie des lignes, un regard protecteur et reconnaissant, un sourire qui, sans être contraint, semble être inaccoutumé, car la reine pense plutôt, dit-on, comme les hommes sérieux, qu'elle ne rit comme les femmes heureuses : voilà ce qui me frappa tout d'abord, et ce qui caractérise sa royale personne.

Elle alla s'asseoir dans la tribune qui lui était réservée, ayant ses fils et deux princesses dont j'ignore les noms à ses côtés, et, derrière elle, les dames d'honneur, son secrétaire et deux ou trois grands personnages chamarrés d'or et de décorations.

J'étais dans la tribune qui faisait face à la sienne ; je pouvais donc la regarder à mon aise, ce que je faisais d'autant plus volontiers que j'avais encore présentes à l'esprit toutes les réflexions que sa seule vue avait fait naître en moi, la veille.

Or, peu à peu, j'en arrivai à oublier pourquoi

j'étais venu dans cette enceinte. La reine effaçait le roi. Il me semblait la voir sur ce trône vide encore, et, séduit par son sourire et sa dignité sympathiques, je me disais que les peuples ne devraient chasser leurs rois que pour avoir des reines. En effet, quelle différence entre le commandement des femmes et celui des hommes! De la part de ceux-ci, tout est rude; tout ordre est irritant, toute volonté est un joug, même la volonté du bien. De la part de celles-là, au contraire, tout est aimable; l'ordre devient charmant comme le désir; la volonté ressemble à la prière. A l'idée qu'il est gouverné par une femme, c'est-à-dire par un être plus faible que lui, le peuple rougit moins de son obéissance, parce qu'aimant à protéger, comme tout ce qui est grand et fort, il sait que dans son obéissance il y a encore de la protection. Quel homme, d'ailleurs, n'est gouverné par une femme? Ce n'est donc que continuer sa vie privée jusque dans la vie publique.

Il est humiliant de céder à un roi, il est doux et facile de céder à une reine. Qui dit reine dit jeunesse, amour, beauté, c'est-à-dire trois couronnes qui soutiennent l'autre. Si je ne craignais de me servir d'une comparaison bien vieille en elle-même, j'ajouterais que les chaînes qui lient un peuple à sa souveraine sont de fleurs, si fortes qu'elles soient en réalité. Puis il semble que les vertus soient plus familières aux femmes qu'aux hommes. On ne peut croire à la cruauté d'une reine. La clémence et le pardon sont ses conseillers naturels. On n'a pas honte de lui demander sa grâce, si l'on est coupable. La politique disparaît presque sous un pareil gouvernement. Le droit qu'une reine a d'être coquette et parée, de se couvrir de fleurs, de dentelles et de diamants, présente la puissance, aux yeux et à l'esprit du peuple, sous une forme attrayante et sous un aspect séduisant.

Il est vrai qu'un pareil gouvernement, s'il était absolu, pourrait entraîner un peuple dans de grands dangers. Il pourrait arriver, en effet, que dans la reine il restât trop de la femme, c'est-à-dire qu'elle gouvernât avec ses passions et ne fût que l'instrument de l'homme qu'elle aimerait, et qui ferait avancer son ambition sous le voile de son amour : car la nature ne se laisse pas prendre, comme nous, à des images, et elle a mis dans le cœur de toutes les femmes, qu'on les nomme reines ou bergères, comme eût dit Florian, le même besoin d'amour et le même sentiment de faiblesse, deux choses dont un homme habile pourrait abuser. Il y aurait donc à craindre un gouvernement d'alcôve, le pire de tous les gouvernements.

Mais avouons qu'un peuple libre, marchant

sans difficulté dans les institutions libérales, n'ayant ni guerre étrangère à repousser, ni guerre civile à éteindre, une république, en un mot, où tout le monde serait républicain ; avouons que ce serait beau qu'un pareil peuple, sentant le besoin de respecter quelqu'un et d'avoir une image animée de son gouvernement, un palladium vivant, élevât, non pas au pouvoir, mais à la première place, une femme jeune, belle, chaste, et lui dît : « Soyez notre reine par la jeunesse, par la beauté, par la vertu. A vous notre amour, notre admiration et notre respect. Faites qu'il n'y ait plus d'orphelins sans famille, faites qu'il n'y ait plus de coupables sans repentir. A vous le droit de grâce et de consolation, à vous le droit illimité du bien. Nous, peuple, nous ferons la nation grande et forte ; vous, femme, vous la ferez heureuse, aimée, et nous nous inclinerons devant vous, car ce qui est servitude vis-à-vis de l'homme est hommage envers la femme ; vous vous montrerez de temps en temps, et nous battrons des mains, et nous nous agenouillerons quand vous passerez. »

Ne trouves-tu pas qu'une nation qui pourrait faire cela serait une grande nation ? Vois-tu sur le passage de cette femme sans force, sans gardes, sans défense, une population tout entière accourant pour la bénir et la saluant de ses cris ?

Ce serait pour elle une royauté sans contestation, ce serait pour le peuple une obéissance sans esclavage, ce serait beau, enfin ; mais, comme tout ce qui serait beau, c'est probablement impossible.

Je m'étais souvent, dans mon imagination de jeune homme et de poëte, forgé cette utopie, et j'avoue que depuis que j'avais vu la reine de Hollande, cette reine me semblait être la femme qui l'eût le mieux réalisée.

J'en étais là de mes réflexions, quand un de mes voisins, avec qui j'avais échangé quelques mots, me dit, en me montrant un des représentants de l'Assemblée nationale :

— Voyez-vous cet homme?

Et mon voisin me le détaillait avec la voix tout en me le désignant avec les yeux.

— Oui, lui dis-je.

— C'est M. Torbeck.

— Ah! Et qui est-ce M. Torbeck ?

— C'est le représentant des idées démocratiques en Hollande, c'est l'opposition, c'est notre Ledru-Rollin.

Je regardai attentivement M. Torbeck, et je vis un homme grand, mince, pâle, ressemblant un peu à M. de Lamartine, mais ayant moins grand air que notre grand poëte. M. Torbeck est professeur. On ne le saurait pas qu'on le devinerait presque en voyant son attitude doctorale et quelque peu prétentieuse. On reconnaît, dans le démocrate hollandais, l'homme habitué à communiquer la science et à se sentir supérieur à ceux qui l'écoutent. Il lui en est resté une confiance extérieure qui n'est pas loin de la morgue. Du reste, ce n'est pas là un défaut particulier à M. Torbeck. Tous les hommes qui parlent en public et qui sont dès lors forcés de composer leur parole et leur geste, conservent une sorte de raideur et d'emphase dans leur maintien.

On comprend, en outre, qu'un homme qui réunit tous les jours d'autres hommes pour leur apprendre quelque chose, qui a accoutumé ces hommes à avoir foi en lui et à le croire sur parole, soit pris tout à coup du désir de leur faire accepter ses opinions politiques, de les guider au delà de la mission qu'il a reçue et d'ériger sa chaire en tribune. Il sème dans un terrain tout préparé. Ces intelligences qu'il veut rallier à son parti, c'est lui qui les a développées, et sa tâche en devient plus facile. L'habitude qu'on a de l'écouter fait qu'on l'écoutera encore, et que le grain de ses doctrines germera facilement. Le professeur qui veut devenir orateur, s'exerce ainsi jusqu'au jour où il se trouve assez fort pour aborder un auditoire moins complaisant. C'est ce qui a dû arriver à M. Torbeck.

Du reste, comme tous les idéologues, il a compris qu'il devait donner sa vie privée en exemple, et en faire, pour ainsi dire, la preuve des théories qu'il prêche. Il est sobre, travailleur, infatigable, d'une régularité de mœurs devenue proverbiale. C'est un honnête homme dans l'acception la plus nette et la plus étendue de ce mot. Il n'en est donc que plus dangereux pour ce qu'il attaque. L'honnêteté en politique est plus qu'une belle chose, c'est une bonne chose ; c'est plus qu'une vertu, c'est un moyen ; c'est à la fois un rempart et une arme. L'honnêteté de Robespierre lui a survécu, et le protége encore. A toutes les accusations que l'on porte contre lui, quelqu'un répond : Oui, mais c'était un honnête homme.

Je ne veux pas dire par là que M. Torbeck doive être un jour le Robespierre de la Hollande, quoique, à mon avis, tout démocrate convaincu, qui veut la transformation de la société, puisse être amené à devenir le Robespierre de son pays ; mais, en attendant, M. Torbeck est à la royauté, en Hollande, ce qu'en 1788 Mirabeau était à la royauté en France. Seulement, s'il n'a pas toute la fougue et toute l'éloquence de l'orateur français, M. Torbeck a, nous le répétons, une proverbiale intégrité, et si sa parole a moins de charme, elle peut avoir plus de force que celle de ce génie, tantôt démocrate, tantôt royaliste, qu'on appelait Mirabeau.

Ce mot : démocratie, prononcé au milieu d'une fête de couronnement ; cet homme, placé dans cette église, en face du roi, comme son adversaire naturel : tout cela m'avait fait réfléchir profondément, et je me rendais mieux compte de cette vague tristesse empreinte comme un pressentiment de l'avenir sur le visage de la reine, pressentiment d'épouse auprès de son mari, pressentiment de mère entre ses deux enfants.

M. Torbeck était devenu pour moi une étude, et depuis qu'on me l'avait montré, j'étais bien loin des rêves que j'avais faits sur le gouvernement politique de la femme. Je n'avais pas un long temps à rester en Hollande, et ce jour était probablement le seul jour où il me serait permis de voir réunis dans le même lieu le roi, représentant du droit divin, et le député, représentant du droit populaire. J'étais curieux de voir quelle contenance ces deux hommes garderaient vis-à-vis l'un de l'autre, et lequel des deux conserverait le mieux le sentiment de sa valeur et de sa force.

Il me semblait que, par un signe quelconque qui échapperait à la foule, moins soucieuse que moi de cette étude, je reconnaîtrais par avance qui triompherait dans la lutte à laquelle ce couronnement servait de trêve. J'attendais donc avec impatience le moment où le roi arriverait et où chaque député irait à son tour lui prêter serment de fidélité, à lui et à la constitution. J'étais curieux de voir de quel air M. Torbeck prêterait ce serment, de quel air le roi le recevrait.

Je me hâte de te dire que j'ajoute peut-être trop d'importance à la politique de M. Torbeck; mais il n'y a rien d'étonnant qu'un Français, au point où en est la France, se laisse frapper par un de ces contrastes que j'allais avoir sous les yeux.

Le tambour et les fanfares retentirent au dehors; la garde nationale entra, se rangea sur deux haies, et, précédé de ses hérauts, le roi parut, vêtu du costume d'amiral, sans doute pour faire honneur à la nation toute maritime qu'il représente, couvert du manteau de pourpre, et ayant au cou la Toison-d'Or.

Tout le monde se leva.

Derrière le roi venaient les généraux, qui prirent place autour de lui quand il monta sur le trône.

Je te dirai, entre deux parenthèses, que rien n'est plus grotesque à voir à notre époque que ces hérauts portant un petit chapeau noir à la Henri IV, inondé de plumes roses et bleues, la fraise, le petit manteau court, le pourpoint et les bottes molles. Cela ressemble à une mascarade; mais, comme on dit, ce n'est qu'un détail, amusant heureusement. Passons donc.

9.

Au pied du trône, les rois des hérauts, vêtus de velours et d'or, prirent l'un la main, l'autre l'épée de justice, et les tinrent en l'air tant que dura la cérémonie.

Le roi s'assit et commença un discours qu'il lut et qu'il accentua énergiquement. Je n'y comprenais rien, mais mon voisin voulut bien m'en traduire les principaux passages. Ai-je besoin de te dire ce que renfermait ce discours ? La promesse du respect à la constitution, l'engagement que le roi prenait de faire le pays respecté au dehors et heureux au dedans, autant qu'il serait en lui ; la garantie donnée aux institutions libérales, et tout ce qu'un roi, enfin, doit et peut promettre. Seulement l'émotion réelle avec laquelle Guillaume III disait tout cela était une caution de plus pour son peuple.

— J'ai remarqué une chose curieuse dans ce discours, me dit mon voisin.

— Laquelle ?

— C'est que le roi a dit toujours : Mes sujets, tandis que son père ne disait plus que : Mes compatriotes, concession qu'il avait voulu faire aux idées démocratiques. Il y avait un grand pas en avant dans la substitution du mot *compatriotes* au mot *sujets*, et ce n'est pas sans réflexion que le nouveau roi a rétabli l'ancien mot.

Mon voisin paraissait ajouter une importance

énorme à ce détail. Il y en a une grande, en effet, pour qui sait, comme nous autres Français, l'influence des mots.

Le discours du roi fut écouté dans le plus religieux silence. Le président de l'Assemblée y répondit.

Alors les députés vinrent prêter serment au roi, chacun à son tour, la tête découverte et la main droite levée.

L'un d'eux, avant de prêter son serment, se couvrit la tête, sans que le roi parût le remarquer.

— D'où vient que ce député se couvre? demandai-je à mon voisin, devenu mon complaisant cicerone.

— Il est Israélite, me répondit-il, et sa religion casse tout serment qu'il ferait sans se couvrir. Cet acte d'impolitesse, ajouta mon voisin en riant, est donc au contraire une preuve de la plus grande fidélité.

Ce fut bientôt le tour de M. Torbeck. Je fixai les yeux sur lui. Il s'avança jusqu'au pied du trône, inclina la tête en signe de respect, étendit la main et fit le serment obligé d'une voix ferme, sans regarder le roi autrement que ses collègues, et sans que le roi le regardât autrement. Cependant, il dut se passer quelque chose en eux à ce moment.

Le serment fait, M. Torbeck alla saluer la reine, comme tous les députés venaient de le faire ; mais autant son salut au roi avait été froid et correct, autant son salut à la reine fut respectueux et cordial. Il ne saluait évidemment que la femme ; mais il la saluait comme elle le méritait. Quant à la reine, comme si elle eût compris cette nuance délicate, elle répondit à son salut par un de ses plus gracieux sourires. Peut-être M. Torbeck est-il, comme moi, pour le gouvernement de la femme ?

Pendant que les autres députés venaient de déposer leur serment, j'examinai le roi.

C'est un homme jeune encore, plus gros que mince, à la barbe rousse, au regard fin, et qui porte dans les traits toutes les lignes de la fermeté ; si je ne craignais de me servir vis-à-vis du roi d'un terme un peu trivial, je dirais même de l'entêtement. L'œil de Guillaume III ne devient doux qu'avec effort, ou du moins cela m'a semblé ainsi. Peut-être ne faut-il pas le juger tout de suite, car il est probable que, pour cette cérémonie, il avait revêtu un autre air que celui qui lui est familier ; peut-être n'ai-je vu que le roi, et changerais-je d'avis si je connaissais l'homme.

Les serments faits, les hérauts crièrent trois fois : « Vive le roi ! » Et l'assemblée tout entière répondit par un immense hurrah qui ébranla les voûtes à trois reprises.

Le fils de Guillaume II avait désormais le droit de s'appeler Guillaume III.

La couronne resta sur le coussin où on l'avait déposée, le roi n'ayant pas voulu qu'on la lui mît sur la tête, et ayant dit que pour lui la véritable couronne c'étaient l'amour et l'assentiment de son peuple, et non ce joyau d'or sans signification par lui-même.

L'orgue retentit, et le roi sortit de l'église au milieu des acclamations.

Le roi sorti, la reine sortit à son tour, et les voûtes s'ébranlèrent sous les cris qui l'accompagnaient, et qui devenaient harmonieux à force d'ensemble. L'amour que cette reine inspire est une chose touchante ; elle montait dans sa voiture, que l'on criait encore.

Les députés défilèrent, puis le public.

Cependant, quelque chose avait manqué à cette cérémonie pour la faire vraiment grande : c'était la vaste et saisissante poésie de l'office divin.

Dans les plus grandes solennités humaines, si la religion n'a pas un rôle, l'âme manque. Seuls, les hommes sont petits ; il leur faut la divinité pour les grandir. Un nuage d'encens, la voix sans sexe d'un enfant de chœur, la bénédiction d'un prêtre, le chant de l'orgue, eussent donné à ce couronnement une bien plus réelle et bien plus imposante majesté. En recevant ainsi la couronne, Guillaume III avait l'air de ne la recevoir que des hommes. Tandis que le peuple s'inclinait devant le roi, j'eusse voulu voir le roi s'incliner devant Dieu : il m'eût paru plus grand quand il se fût relevé.

Le soir, il y eut illumination de toute la ville, et je pourrais même dire double illumination, car les guirlandes de feu qui couraient le long des maisons se reflétaient dans les canaux. Au milieu d'une foule compacte et curieuse, des voitures passaient au grand trot, se rencontrant sans se heurter, et bousculant les piétons sans exciter un murmure.

— Diable, me dis-je en voyant cela, si M. Torbeck pouvait faire comprendre à ce peuple qu'il peut dételer les voitures qui le bousculent, il ferait faire un rude pas à la démocratie hollandaise et hâterait fièrement la révolution.

N'est-ce pas par des voitures dételées que toutes les révolutions commencent ?

Heureusement, le peuple hollandais n'en est pas encore là, et il admet la liberté pour tout le monde. Au lieu de crier contre les voitures, il se gare en riant, et il se fait une distraction de ce danger. A-t-il tort ? Je ne le crois pas, et je lui conseille même de ne jamais se révolter, s'il veut rester un pays tout à fait original.

A trois heures du matin, la ville était à peu près déserte, et les illuminations étaient presque toutes éteintes. Quelques groupes d'hommes et de femmes parcouraient seuls les rues en chantant.

Il y en eut même quelques-uns qui firent un tel tapage sous les fenêtres du palais du roi, que le roi se réveilla.

Un des gardes du palais, ayant entendu le roi se lever et ouvrir sa fenêtre, lui demanda s'il voulait qu'on chassât ces chanteurs nocturnes.

— Non pas, répondit le roi; laissez-les chanter; c'est d'un trop bon augure pour que je les fasse taire.

Vivent les pays où les rois ne sont réveillés que par des chants !

III

Il paraît, cher ami, que vous en faites de belles en province. Voilà que vous recommencez les banquets ! Vous faut-il donc une seconde révolution ? Il me semble cependant que vous devriez avoir assez de la première. Vous voulez vous fédéraliser ; vous refusez de payer l'impôt ; vous criez, les uns : Vive Marat ! les autres : Vive Henri V ! et vous êtes cause que, quand on fait ici des interpellations au gouvernement sur ce sujet, une moitié de l'Assemblée veut monter sur l'autre, ni plus ni moins que la marée sur les rochers d'Étretat.

A quoi diable pensez-vous ? Ne savez-vous donc plus que vous n'avez rien à dire, qu'il vous est interdit de siffler, et que vous n'avez que le droit d'applaudir à la pièce que nous jouons ? Nous ne sommes qu'un million d'habitants à Paris, et vous êtes trente-deux millions en province ; alors vous vous croyez le droit de nous imposer des lois, ou tout au moins de nous donner des conseils. Cela n'a pas le sens commun. Nous ne sommes pas nombreux, c'est vrai, mais nous sommes la crème de l'intelligence française, nous sommes jeunes, nous sommes beaux, nous sommes forts, nous sommes spirituels, nous savons ce que nous faisons et ce que nous avons à faire, tandis que vous ne le savez pas.

Apprenez donc une fois pour toutes la géographie ; vous y verrez : Paris, capitale de la France, chef-lieu du département de la Seine. C'est le siège du gouvernement et des deux Chambres, de la Cour de cassation, de toutes les administrations centrales, d'un archevêché, de l'Académie et d'un grand nombre d'institutions scientifiques. Cette ville renferme beaucoup de théâtres et de monuments magnifiques ; on y remarque de vastes places, de belles fontaines, les quais, la promenade des Champs-Élysées, celle des boulevards et plusieurs beaux ponts. *Industrie et commerce immenses.*

(Je dois à la vérité de déclarer que la géographie dans laquelle je puise ces détails est de 1846.)

Eh bien! es-tu convaincu maintenant? Une ville qui est le siége du gouvernement, qui a la belle promenade des Champs-Élysées et l'Académie, n'est-elle pas libre de faire ce qu'elle veut?

D'où ta femme fait-elle venir ses chapeaux? De Paris.

Où a été faite la révolution de février? A Paris.

Où paraît le *National*? A Paris.

Est-ce assez concluant, tout cela?

De quoi venez-vous vous mêler alors? Nous voulons vous imposer, nous! Nous voulons qu'il n'y ait plus de commerce, nous! Nous voulons la République, nous! Tout cela ne vous regarde pas; faites ce que nous voulons, et taisez-vous. Vous nous avez envoyé des représentants; nous leur donnons vingt-cinq francs par jour; ils n'ont pas à se plaindre : pour ce qu'ils font, c'est bien payé.

Du reste, de quoi vous plaindriez-vous? Nous nous entendons tous à merveille ici. C'est charmant. Nous demandons le suffrage universel au mois de février, et nous violons l'Assemblée le 15 mai; nous nous battons pour la liberté, toujours au mois de février, et nous sommes en état de siége au mois de juin. Nous ne voulons plus de roi, encore dans cet heureux mois de février, et nous prenons M. de Cavaignac, qui a assez l'air ici de faire son apprentissage pour être un jour empereur de Russie.

A propos de M. de Cavaignac, il faut que je fasse encore des reproches à la province. Elle n'a vraiment pas été gentille pour lui. Au lieu de lui être reconnaissante de la façon dont, pour la flatter sans doute, il maltraitait Paris, elle a été déterrer contre lui je ne sais quelles vilaines anecdotes qu'elle a prises je ne sais où. Quand je dis contre lui, je me trompe : c'est contre son père que je devrais dire.

M. de Cavaignac a dit qu'il était fier de son père. Il a bien fait. Tout bon fils doit en dire autant, et voilà que là-dessus votre *Mémorial bordelais* vient lui chercher une mauvaise querelle. Il prétend, ce méchant *Mémorial bordelais*, que M. de Cavaignac, l'autre, le conventionnel, faisait tomber les têtes à plaisir, et il augmente ses griefs de l'histoire de mademoiselle Labarrère, qui aurait consenti à se livrer au père Cavaignac pour sauver son père, à elle, condamné à mort.

D'abord, je ne crois pas un mot de tout cela. Je parierais, c'est-à-dire non, je jurerais que cela n'est pas. Mais admettons un instant que cela soit, qu'est-ce que cela prouverait ? Cela prouverait que M. de Cavaignac n'a pas pu faire autrement que de laisser mourir tout de même M. Labarrère. Je voudrais bien te voir à sa place, toi.

Tu vas me dire que tu n'aurais pas accepté le marché, et que tu n'aurais pas pris l'honneur de la fille en échange de la vie du père ; oui, mais une fois le marché conclu, comment aurais-tu fait pour en sortir ? Tu aurais fait grâce au condamné ! Alors tu aurais eu toute ta vie un vieillard qui, comme Saint-Vallier dans *Le Roi s'amuse*, t'aurait dit en prose tout ce que celui-ci dit en vers, c'est-à-dire : Vous pouviez faire tomber ma tête, mais vous n'aviez pas le droit de déshonorer ma fille ; j'aimais mieux mourir que d'avoir ma grâce à ce prix ; et toutes les choses qu'un père dont son fils aurait le droit d'être fier un jour pourrait dire à un bourreau compatissant par luxure.

Tu crois donc que ce serait amusant d'avoir sans cesse derrière soi un vieillard qui dirait : Monsieur, j'aimais mieux mourir! Monsieur, plutôt l'échafaud que la honte !

Ce serait à n'y pas tenir.

Puis, outre cela, n'y avait-il pas le conte de Voltaire, je crois, où deux hommes sont condamnés à mort ? La femme de l'un se prostitue pour sauver son mari, et l'autre refuse ce moyen de sauver le sien. Les deux maris maudissent leurs femmes.

— Tu pouvais me sauver, dit à la vertueuse celui qui meurt ; tu ne l'as pas fait, je te maudis.

— Il fallait me laisser mourir, dit l'autre à l'adultère ; tu ne l'as pas fait, je te maudis.

Reconnaissez-vous donc là-dedans!

M. de Cavaignac, s'il avait commis ce crime affreux dont on l'accuse, aurait eu ce conte pour s'excuser.

Il aurait pu dire qu'il n'avait lu que cela.

Il y a bien des gens qui ne lisent que le *National*.

Heureusement rien de tout cela n'est vrai, de sorte que nous pouvons en rire aujourd'hui. Car, comme tu le penses bien, je ne me permettrais pas toutes ces plaisanteries, si je n'étais convaincu que le fait est erroné. Il y a une lettre du fils de mademoiselle de Labarrère qui dément cette horrible anecdote. Elle est donc positivement fausse. Il y a bien quelques mauvaises langues qui disent : Mais outre qu'un fils défend toujours la mémoire de sa mère — ou de son père — ce fils est un préfet nommé par la République, il a donc tout intérêt à se taire.

Ah! honte à ces vilaines gens qui osent dire de si vilaines choses !

Moi, je crois sans restriction, quand je crois, et, dans cette circonstance, je crois. Et toi aussi, n'est-ce pas?

Il est vrai que les exécutions, *et le travail de la grande machine*, ne sont pas démentis ; mais c'est de peu d'importance, et comme toutes ces victimes auraient fini par mourir de vieillesse ou de maladie tôt ou tard, autant qu'elles soient mortes pour le triomphe de la liberté.

Avouons qu'on voulait être un peu désagréable au général, et n'en parlons plus.

C'était d'autant plus mal, que M. Cavaignac, le nôtre, ne mérite en aucune façon qu'on lui fasse de la peine. Tu sais que je suis en dehors de toutes les opinions et que je juge avec impartialité. Eh bien! franchement, il paraît que c'est un homme très-doux, si doux, m'assure-t-on, qu'à l'École polytechnique on l'appelait *mademoiselle*.

Il n'y a qu'à le voir au spectacle pour être convaincu de cette vérité. Il arrive au lever du rideau et s'en va quand le rideau tombe. Il s'amuse comme un sous-lieutenant en demi-solde. Il affectionne l'Opéra, les ballets surtout : seulement, on ne sait pas encore s'il aime les danseuses pour la danse, ou la danse pour les danseuses.

Voilà les seuls détails que nous ayons sur sa science politique. Que veux-tu ? il est forcé de prendre les plus grandes précautions et de cacher son jeu. La réaction le surveille et envahit. Les républicains s'en vont, hélas ! les plus chauds abjurent.

M. Ledru-Rollin est royaliste ! voilà une chose dont tu ne te doutais pas, et qui est certaine maintenant, pour moi du moins. Relis attentivement son discours au banquet du Chalet, et tu seras de mon avis. Il démontre, clair comme le jour, que la première république a appauvri la France ; que, depuis le 24 février, le gouvernement dont il faisait partie n'a rien fait pour le peuple, que le commerce, l'industrie, les arts et l'argent n'ont jamais afflué que sous les monarchies.

Pourquoi démontrerait-il cela, si ses idées n'avaient changé et s'il n'était royaliste ? Pourquoi dénigrerait-il ce que lui et ses collègues ont fait, s'il ne préférait la royauté à la république ?

Qui aurait jamais cru cela ? Un homme qui était si républicain sous la monarchie !

J'ai découvert aussi pourquoi on a laissé MM. Caussidière et Louis Blanc se sauver en Angleterre. C'est le cabinet anglais qui l'a voulu ; l'Angleterre nous a dit :

— Je veux bien garder et vous mettre de côté ceux que vous renvoyez, princes, rois, socialistes, jusqu'au jour où vous en aurez besoin, mais à une condition, c'est que vous ne nous en prendrez pas sans nous en rendre. Ainsi, vous demandez Louis-Napoléon. C'est un prince qui vaut bien deux républicains. Donnez-nous deux républicains, et vous aurez votre prince. Sinon, non. Tâchez que ce soient des républicains du *National*.

Alors nous lui avons envoyé M. Louis Blanc et M. Caussidière, et elle nous a donné Louis-Napoléon.

Maintenant c'est une chose convenue. Toutes les fois que nous voudrons un exilé, nous devrons, selon son importance, en envoyer un ou deux à l'Angleterre.

J'aime mieux cela. Au moins on sait à quoi s'en tenir, et puis on peut y gagner.

Or, nous avons notre prince, et grâce au splendide discours de Lamartine, le président de la République sera élu par le suffrage universel, ce qui taquine bien un peu M. Cavaignac, d'autant plus que, s'il faut en croire le bruit général, les provinces voteront comme un seul homme pour Louis-Napoléon.

Il y a une chose curieuse à remarquer, mais dont cependant je ne veux tirer aucun augure fâcheux, c'est la velléité d'imitation et de plagiat dont nous sommes pris. Comme un avare directeur qui ne veut pas faire de dépenses pour monter une pièce nouvelle et qui fait servir les vieux costumes et les anciens accessoires, la France, je ne dirai pas ne dépense rien, mais ne crée rien et prend tout dans le passé et dans le magasin de ses gouvernements tombés. Nous promettons au monde entier un spectacle nouveau, et la première chose que nous faisons, c'est de lui jouer une république avec les traditions de celle que nous lui avons déjà représentée et qui nous a fait tant d'honneur.

C'est la même pièce à laquelle on a coupé quelques scènes, voilà tout.

On a représenté les fêtes de la Fédération sous le titre de fêtes de la Concorde, et le 1ᵉʳ prairial sous le pseudonyme du 15 mai. On a recommencé le 13 vendémiaire sous le nom du 23 juin, et l'on a fait débuter M. de Cavaignac dans l'emploi des Bonaparte. On a supprimé la guerre étrangère comme faisant longueur, mais on répète activement l'épisode du consulat, et l'on parle déjà tout bas de la mise en scène de l'empire.

Pour moi, je t'avoue que tout cela m'attriste ; je croyais pouvoir assister en spectateur indifférent à toutes ces pasquinades politiques, mais cela me serre le cœur de voir traîner dans les carrefours et dans les estaminets, vêtues de haillons et défigurées, les grandes idées et les grandes choses.

Qu'importe après tout, puisqu'on danse chez le président de l'Assemblée nationale ?

Parle-moi de celui-là. Voilà un homme qui

10

entend son affaire, et qui aime aussi la danse!

Viens donc à Paris voir un bal de la Présidence. Tu ne peux pas soupçonner ce que c'est.

Il y a là des choses et des gens comme on n'en voit plus. Bonnes gens, du reste, sans façon, avec de bonnes grosses bottes, de bons gros ventres et de bonnes grosses mains. Tout cela rit bruyamment et se marche sur les pieds sans se dire : Pardon! Ça boit, ça mange et ça s'en va avec sa femme sous le bras, une bonne grosse mère bien rougeaude, une gaillarde capable de fournir en dix ans onze républicains à une monarchie.

J'aime ces gens-là, moi. Ils ne sont pas habitués à entrer dans des salons; alors ils s'amusent franchement. Le président est là, mon cher, comme un simple mortel, daignant sourire à ces petites gens qu'il veut bien recevoir. Ça sent bien un peu mauvais, mais, bah! il brûle du sucre quand ils sont partis. Il paraît qu'il a complétement oublié qu'il est républicain de la veille. Sais-tu que cela est très-bien de sa part de consentir ainsi à manger cinq mille francs par mois, lui qui pourrait les mettre dans sa poche et se contenter de jouer de la guitare pour se distraire, car il en joue admirablement, dit-on. Il est le Paganini de la guitare, comme il est le Vestris de la politique.

Le talent est toujours récompensé.

J'oubliais de te dire que les invités, non-seulement sont bien reçus une fois qu'ils sont arrivés, mais qu'on est plein de prévenances pour eux avant qu'ils arrivent. Oh ! c'est bien mieux que sous la monarchie. Quand le roi donnait des bals, il n'osait pas intercepter la circulation aux abords des Tuileries, car, s'il l'avait fait, le *National* l'eût vertement tancé le lendemain, et il avait peur du *National*, ce pauvre roi ; c'était même là son côté le plus faible. Aujourd'hui M. Marrast est roi à son tour, il a mis bon ordre à tout cela. Il intercepte sans se gêner le pont de la Concorde, et, puisque tous les hommes sont égaux, il les fait bousculer également quand ils veulent s'approcher du palais où il se divertit lui et les siens. Du reste, ils sont prévenus, puisque l'on a écrit sur les murs : Liberté, Égalité, Fraternité.

Cependant je brave cela, et de temps en temps je vais voir une sortie du bal de la Présidence. C'est fièrement beau ! Il y a là plus de deux cents fiacres de toutes les couleurs qui attendent, avec un tas de citoyens électeurs qui ouvrent les portières pour deux sous, et garantissent du contact de la roue les citoyennes invitées.

On ne leur donne pas toujours leurs deux sous ; mais, comme ils sont bons républicains, ils pardonnent et prennent vingt francs dans d'autres poches.

Il y a beaucoup de gens décorés aux bals de Son Altesse nationale M. le président de l'Assemblée. Je profiterai même de cela pour t'annoncer qu'en France on ne décorera plus que les gens qui auront tué au moins un insurgé.

Ainsi, M. de Balzac, par exemple, ne sera officier de la Légion d'honneur que si, à la prochaine insurrection, il tue un vitrier ou un ébéniste sur une barricade.

C'est exactement comme si l'on disait à M. de Cavaignac : « Maintenant que vous êtes décoré comme général, vous ne le serez plus que comme orateur. » Cela n'aurait pas le sens commun.

Du reste, tout est sens dessus dessous ; car tout le monde perd quelque chose depuis quelque temps. Les uns perdent leur popularité, les autres perdent leur opinion ; ceux-ci perdent leur temps, ceux-là perdent leur fortune ; ici l'on perd courage, là on perd la tête.

M. Leverrier a perdu sa planète !

Voilà encore une plaisanterie du *National*. Il faut que je te conte toute cette histoire, et tu verras jusqu'où la politique des partis va se nicher.

Tu te rappelles qu'il y a deux ou trois ans, M. Leverrier découvrit une planète.

On ne la voyait pas, mais elle existait bien certainement. D'ailleurs, Fourier l'avait prédite ; puis, si on l'avait vue, quel mérite y eût-il eu à la découvrir ? Les savants s'assemblèrent, la planète fut reconnue véritable ; elle fut baptisée et reçut ses droits civils, c'est-à-dire que l'Académie de Paris l'autorisa à faire ses révolutions autour de l'astre qui lui conviendrait le mieux, requérant pour elle aide et protection des autorités célestes, si besoin était.

On décora M. Leverrier ; étoile pour étoile ; on le fit dîner avec Bou-Maza, on lui donna une chaire, et son nom fut inscrit au catalogue du ciel.

Mais il paraît, mon cher ami, que tout cela n'était qu'une conspiration de l'ancien gouvernement contre le républicanisme bien connu de M. Arago, et que, le trouvant inébranlable dans son opinion, on avait voulu le battre en brèche dans sa science. A partir de ce moment, il y eut deux camps à l'Académie des sciences : le camp de la Planète et l'autre.

Sur ces entrefaites, la révolution de février arriva, et M. Arago fut nommé membre du gouvernement provisoire. C'était justice ; il y avait assez longtemps qu'il tenait le télescope braqué sur cette étoile politique, qu'on nomme la République, dont la lumière venait enfin d'arriver jusqu'à nous.

Tant qu'il fut au pouvoir, M. Arago ne fit rien, tu le sais aussi bien que moi. Il fit nommer Emmanuel Arago envoyé extraordinaire, et Étienne Arago directeur des postes ; mais cela ne peut pas s'appeler faire quelque chose. C'est que M. François Arago avait son idée. Il est républicain, c'est vrai, mais avant tout il est savant ; et il compte même plus sur sa science que sur son opinion pour passer à l'immortalité. Cependant, comme tu vas le voir, l'une pouvait venir au secours de l'autre. Il est bon d'avoir deux cordes à son arc.

La planète Leverrier empêchait M. Arago de dormir, et un beau jour, grâce à l'influence du ministre astronome, elle fut destituée comme réactionnaire. M. Leverrier eut beau dire et beau faire, on lui reprit son astre, tout comme on avait repris la place de bibliothécaire à M. de Musset. Il paraît même que la malheureuse étoile, quand elle a appris cela, a trouvé bon de filer, ainsi que les étoiles de MM. Louis Blanc et Caussidière.

On ne sait pas si elle est en Angleterre avec les autres, mais on assure qu'elle a été vue en Allemagne.

Cependant M. Leverrier tient à sa planète. Il prouve comme deux et deux font quatre que son corps céleste existe, et cependant il y a toujours dissidence dans les opinions, dans les opinions politiques, bien entendu. A toutes les preuves données par M. Leverrier on objecte une chose assez juste, selon moi ; on lui dit :

— Mon cher monsieur, le temps des priviléges est passé. Sous le tyran, on accordait comme cela des planètes, mais c'est un abus que la République a détruit. Si M. Arago avait voulu flatter le pouvoir, lui aussi il aurait eu une planète ; mais il n'a pas voulu. Vous comprenez bien que puisque lui, qui est républicain de la veille, n'a pas de planète, vous ne devez pas en avoir non plus, vous qui n'avez pas écrit dans le *National*, auquel, informations prises, vous n'étiez même pas abonné.

Si vous aviez seulement été concierge du *National*, personne ne vous contesterait votre planète ; on vous en donnerait même une autre pour faire la paire. Résignez-vous, c'est pour vous comme pour tout le monde. Aujourd'hui, Christophe Colomb découvrirait l'Amérique, s'il n'était pas républicain de la veille et collaborateur du *National*, on lui dirait que ce n'est pas vrai. Je crois même qu'Améric Vespuce devait être un républicain du quinzième siècle. Si Parmentier découvrait la pomme de terre et qu'il ne fût pas au moins pharmacien du *National*, on défendrait l'usage de ce tubercule. Prenez-en votre parti, monsieur. Le *National* et M. Arago auront toujours raison tant que nous serons en République ; mais, soyez tranquille, si la restauration arrive, on vous rendra votre planète.

Tout cela est très-sensé, mais comment va-t-on faire ? M. Leverrier a une chaire, a reçu la croix et a dîné avec Bou-Maza, parce qu'il avait découvert une planète. Aujourd'hui que le *National* prouve que cette planète n'a jamais existé et qu'elle n'était qu'un abus du ministère déchu, on va donc reprendre à M. Leverrier tout ce qu'on lui a donné, sa croix, sa chaire et son dîner.

Comment finira ce grand débat scientifico-politique ?

Qui sera vainqueur? M. Leverrier, qui a pour lui la vérité, ou M. Arago, qui a pour lui le *National?*

Moi, en bon républicain de la veille, je donne raison à M. Arago, et je demande la place de M. Leverrier.

P. S. — Comme j'allais cacheter ma lettre, le canon annonçait à Paris que la France venait de mettre au monde une nouvelle Constitution.

Les douleurs de l'enfantement ont duré deux mois.

La mère et l'enfant se portent mal.

Le journal *La Presse*, 7 novembre 1849.

IV

Au moment où je commence cette lettre, la fête de la Constitution se termine. Figure-toi, cher ami, qu'on a forcé des hommes sérieux, comme M. Dufaure, à ne s'occuper, pendant quatre ou cinq jours, que de cette plaisanterie en plein air. On a fait lever ce matin, à cinq heures, cent mille malheureux gardes nationaux ; on les a fait rester pendant trois ou quatre heures exposés à une neige sibérienne.

Sais-tu pourquoi tout cela ?

Parce que M. Marrast, ce Brutus satisfait, a dit :

— Je veux lire la nouvelle Constitution du haut d'un trône en bois blanc, na !

Et il a frappé la terre de ses petits pieds !

Grand enfant, va!

Mais, cher ami, ce n'est pas de ces futilités, renouvelées du Cirque-Olympique de M. Franconi, que nous avons à nous occuper aujourd'hui. Avant de t'écrire cette quatrième lettre, j'ai beaucoup réfléchi, et il sera question entre nous de choses sérieuses, car nous sommes arrivés au moment décisif où notre pays va prendre la responsabilité de l'avenir du monde et donner la mesure de sa force et de son jugement. Voici que la France en est arrivée à sa dernière tentative sociale. Elle a usé ou brisé tous ses gouvernements les uns après les autres, et cependant elle est jeune encore : elle a vécu vite, voilà tout. Elle est semblable à un homme de trente ans qui peut déjà regarder dans son passé, que le malheur a mûri, qui compte ses déceptions, qui a l'expérience du bien et du mal, expérience qui résulte de ses passions, de ses vices, de ses vertus, de son enthousiasme, de tous les grands moteurs moraux de l'organisation humaine, et qui comprend qu'il faut que définitivement sa vie s'assoie pour le bien, qu'elle ait un but et un résultat, et que cette expérience, acquise prématurément, préserve ceux qui viendront des écueils où il est tombé.

Depuis le mois de février, la France a épuisé ses hommes, mais non ses idées. Prenons les choses de haut, et ne nous renfermons pas dans le cercle étroit des petites ambitions et des petites personnalités. Reconnaissons dans l'œuvre tentée le conseil de Dieu, et faisons-nous patients pour rester éternels ; ne réduisons pas à des intrigues de cabale et à des convoitises de boutique cette grande transformation sociale attendue par l'humanité tout entière.

La France de Clovis, de Charlemagne, de saint Louis, de Louis XIV et de Napoléon a une autre mission à remplir que de placer des hommes de telle ou telle coterie et d'enrichir les rédacteurs de tel ou tel journal. Laissons tous ces nains se tailler des pourpoints, comme dit Hugo, dans le manteau des rois ; laissons tous ces astres morts rouler quelque temps encore dans leur ciel éteint, et marchons vers le pôle sans nous guider sur eux.

Un coup de vent balaiera toutes ces sauterelles politiques. Il serait inutile que depuis deux mille ans tant de grandes choses eussent été faites, si celles qui s'accomplissent aujourd'hui ne devaient servir qu'au calcul de quelques-uns, et ne devaient pas apporter une lumière aux dernières ombres de notre chaos.

Paris est aujourd'hui où en était Rome au temps de César. Mêmes craintes, mêmes pressentiments d'une chose inconnue.

Cette chose que ne connaissait pas César, c'était la foi chrétienne qui devait sortir de Bethléem avec l'enfant de Marie, la douzième année du consulat d'Auguste.

Aujourd'hui, nous l'avons, cette foi, que l'on essaie bien d'ébranler, mais qui survivra à toutes les luttes, et avec laquelle César eût soulevé le monde, s'il l'eût possédée, au lieu de la pressentir. La Rome de César est l'expression suprême de ce que peut faire l'humanité qui ne s'appuie que sur elle-même ; nous pouvons aujourd'hui, nous qui nous appuyons sur une base éternelle, sur une vérité inaltérable, donner au monde la première leçon du grand principe évangélique qui n'a pas encore eu son application, qui existe, mais qui ne le prouve pas assez. La révolution de février n'est pas une révolution politique, mais une révolution morale. Le monde moderne se retourne dans ses institutions et dans ses habitudes, comme un malade qui cherche la position qu'il doit prendre et le remède qui doit le guérir. A ce cri de liberté qu'a poussé la France, d'autres peuples ont répondu, trop tôt peut-être ; mais l'impulsion est donnée, les idées sont en mouvement et se croisent en tous sens dans le firmament politique.

Une forme de gouvernement qui semble, dans son principe, plus libérale que les autres, la République, s'est trouvée là ; on l'a prise, sans enthousiasme d'abord, sans crainte ensuite. On a fini par se dire : Essayons ! et l'on s'est aperçu qu'il n'était pas plus difficile d'être républicain qu'autre chose. Seulement il est sorti de cette forme nouvelle, tentée et exploitée par de petites haines et de petites ambitions de partis, une chose à laquelle ceux qui la proclamaient étaient loin de s'attendre ; cette chose, c'est le socialisme, monstre horrible, qui n'est pas aussi effrayant qu'on le croit quand on l'approche, qui depuis vingt ans s'est représenté sous tous les noms, tantôt saint-simonisme, tantôt phalanstère. Cette vérité nouvelle a le malheur de se présenter en ennemie, elle fait fuir au lieu d'appeler, elle excite la peur au lieu de rechercher les sympathies ; mais elle renferme la grande question de l'avenir, voilà ce qu'il y a de certain. Ainsi, comme tu as pu le voir, la République et les républicains ne sont plus devenus que des mots. Les hommes qui n'étaient que des hommes de parti ont été rejetés au large par le flot qui les avait apportés. C'est que ces hommes étaient en retard sur le progrès des idées ; c'est qu'ils ne voyaient dans la République que le fer qui détruit, et non le fer qui creuse et féconde. Ils procédaient par la haine, au lieu de procéder par l'amour et la conciliation. Aujourd'hui nous n'avons plus besoin, comme en 93, de tuer le roi pour tuer le principe monarchique, de massacrer les prêtres pour anéantir leurs priviléges, de décapiter les nobles pour abolir la noblesse. La première révolution s'est chargée de tout cela, et grâce au mal physique qu'elle a fait, nous avons un bien moral à faire. C'est le père qui a défriché le champ qu'ensemencera son fils.

Une révolution qui réussit apporte toujours un bien-être au pays dans lequel elle s'accomplit. A notre dernière révolution, nous avons gagné une grande chose, le suffrage universel, c'est-à-dire le droit pour chaque homme de donner sa confiance et sa voix à l'homme qui représente ses idées, et le droit pour chaque citoyen d'être ce représentant. Il est vrai que le suffrage universel, ce premier triomphe de la République, a prouvé que la France n'est pas républicaine, car il a fait rentrer tous ceux qu'elle croyait avoir à tout jamais chassés. Sais-tu d'où cela vient? Cela vient de ce que les hommes qui se sont trouvés tout à coup au pouvoir se sont défiés de leur pays. Au lieu d'ouvrir les portes à tout le monde, de dire aux exilés de tous les partis, aux citoyens de toutes les opinions : Revenez et soyez à nous! ils se sont ameutés contre des noms, ils ont eu peur, et ils ont donné le droit aux partis de se reconstituer et de les traiter en ennemis. Aujourd'hui les partis existent, comme ils existeront tant qu'on leur laissera le droit de se plaindre. Être le descendant d'Henri IV n'est pas un motif suffisant pour être exclu de son pays. A ce titre-là, les descendants de M. Cavaignac, s'il en a, seront donc un jour chassés de France?

Maintenant la France va nommer son président. Elle a sa destinée dans sa main. Montrons-lui donc la situation.

Le jour où le président sera nommé, voici ce qu'il aura autour de lui :

Les légitimistes, qui s'appuient sur l'hérédité, sur un principe, sur un droit.

Les orléanistes, qui ne s'appuient que sur une habitude, sur une raison de fortune ou de position, sur le fait accompli.

Les socialistes, qui s'appuient, eux, sur une douloureuse vérité, vérité qui est celle-ci : « Il y a des gens qui ont et des gens qui n'ont pas, il y a des gens heureux et des gens qui souffrent, il y a des gens qui possèdent et à leur porte des gens qui ont faim ; cela ne se doit ni dans la justice de Dieu, ni dans la logique des hommes. »

Quelle que soit la forme de gouvernement que la France adopte à l'avenir, voilà le point sur lequel elle devra tenir constamment les yeux fixés, voilà l'hydre aux cent têtes, voilà l'argus aux cent yeux.

Deux hommes se présentent comme candidats

à la présidence. Voyons ce que sont ces deux hommes, fouillons leur passé, cherchons les garanties qu'ils ont données de leur justice, de leur intelligence, de leur amour.

L'un de ces deux hommes est le général Cavaignac, l'autre est le prince Louis-Napoléon ; car il est toujours prince, prince de naissance, prince de cœur, prince de droit même, malgré le décret qui abolit les titres et que je ne sais plus quel citoyen ministre de l'intérieur que nous avions dans les premiers jours de la République, a signé sans savoir ce qu'il contenait.

Remontons jusqu'à la famille.

M. Cavaignac est fier de son père, le conventionnel.

Louis-Napoléon peut être fier de son oncle, l'Empereur.

Le conventionnel promenait avec lui la grande machine, l'Empereur promenait avec lui notre affranchissement, nos libertés et notre indépendance. L'un détruisait les Français soupçonnés d'être royalistes, l'autre chassait de notre pays les peuples qui l'envahissaient : l'un représentait la mort sombre et hideuse, la Grève ambulante ; l'autre représentait la victoire conquérante et progressive ; celui-ci effaçait dans un immense rayonnement les taches faites à la France par celui-là, car, quoi qu'en puisse penser M. Cavaignac fils, le sang tache toujours : le conventionnel enfin n'était qu'un exécuteur des hautes-œuvres, l'Empereur était l'exécuteur des grandes choses.

Voyons maintenant comment ces hommes se sont continués dans leurs descendants.

Prenons le *National*, l'organe du pouvoir existant, ce journal qui meurt mais qui ne se vend pas. Il nous dit que Louis-Napoléon n'est qu'un nom. Il ne sait donc pas ce que c'est qu'un nom ? Il n'a donc jamais compris à quoi oblige l'hérédité d'un grand nom ? Que tel ou tel républicain de la veille qui s'appelle Pierre ou Jacques arrive au pouvoir, prenne, gaspille, se trompe, soit bafoué, hué et chassé, cela n'étonne personne, parce que le nom qu'il portait ne faisait rien pressentir ; mais, qu'un homme qui s'appelle Napoléon, c'est-à-dire qui porte un nom qui va de pair avec ceux d'Annibal, de César et de Charlemagne, qu'un homme comme celui-là ne se croie pas engagé à de nobles et grandes choses, que le nom seul ne soit pas une garantie d'honneur, de justice, de grandeur et de loyauté, voilà ce que ne feront jamais croire les partisans de M. Cavaignac, si fier de son nom, lui. Les gens qui osent dire cela n'ont donc jamais senti leur cœur bondir d'enthousiasme et d'orgueil en se rappelant le nom de leur père, dans quelque sphère qu'il ait vécu ? Ils n'ont donc jamais compris ce sublime héritage et cette devise qui disait : Noblesse oblige? Est-ce pour cela qu'ils ont voulu abolir la noblesse?

M. Cavaignac lui-même doit tout à des noms, au nom de son père qui était conventionnel, au nom de son frère qui était républicain sous la monarchie. Le *National* doit tout à des noms : c'est au nom d'Armand Carrel, son rédacteur posthume, qu'il doit qu'on le lise encore quelquefois ; c'est au nom de M. Armand Marrast qu'il devra bientôt qu'on ne le lise plus.

Mais il faut être fou pour nier l'influence que donne le nom, et les devoirs qu'il impose à ceux qui le portent.

Paris, cette tête du monde, n'est-il pas plein d'un nom et ne le souffle-t-il pas à tous les suffrages avec toutes ses voix ? Quel conquérant a laissé de plus grands souvenirs? De quelque côté que nous tournions les yeux, la figure impériale nous apparaît dans sa triple majesté. Nous ne faisons pas un pas sans la retrouver. Ici, c'est la Colonne, cette Babel victorieuse que rien ne détruira; là, c'est l'Arc-de-Triomphe, cette porte herculéenne au fronton de laquelle l'histoire a écrit : On n'ira pas plus loin ! Là-bas ce sont les Invalides, le dôme éclatant, la tente immense où se reposent les vieux guerriers devenus les sentinelles du héros mort après avoir été les héros du soldat vivant. Peintres et historiens ont eu depuis quarante ans, avec la vie de ce seul homme, de quoi couvrir des milliers de toiles, de quoi écrire des milliers de volumes, et la galerie de Versailles fait oublier les tombeaux de Saint-Denis.

Maintenant, passons de la ville aux campagnes, et nous retrouvons le culte de ce nom tant méprisé par le *National*. Le temple est peut-être moins beau, mais la divinité est la même Entrons dans la chaumière, dans l'auberge du paysan reconnaissant et superstitieux : au-dessus de la grande cheminée où pétille le feu d'hiver et où se réunit la famille, à côté du buis bénit des Rameaux, rayonne le portrait de l'Empereur. Ce n'est qu'une statuette en plâtre, grossièrement moulée, ressemblant peu, mais devant laquelle le vieillard se découvre et que regarde l'enfant nourri des récits paternels. Ce n'est parfois qu'une lithographie représentant la veille d'Austerlitz, et qu'attachent au mur enfumé quatre épingles ; mais devant cette image grossière, le voyageur, quel qu'il soit, s'arrête en rêvant. D'un bout de la France à l'autre il en est ainsi.

Quittons la France alors, et crions : Bonaparte !..... Et de l'Espagne à l'Angleterre, de l'Égypte à la Russie, tous les échos répondront, sans étonnement, le nom que nous aurons crié.

Voilà ce que c'est qu'un nom, messieurs du *National*, et nous vous souhaitons d'écrire un jour pour le neveu de M. Cavaignac ce que nous écrivons aujourd'hui pour le neveu de Napoléon, si jamais le neveu de M. Cavaignac a l'idée d'invoquer le nom de son oncle.

Ces sortes d'invocations ne réussissent pas dans la famille.

C'est bien, vas-tu me dire ; mais c'est l'éloge de l'Empereur que tu me fais là, et ce n'est pas de lui qu'il est question aujourd'hui. — C'est juste ; mais admettons un instant que le prince Napoléon n'ait d'autre titre à la présidence que ce que je viens de te rappeler. Ce titre ne serait-il pas plus que suffisant ? N'est-il pas tout naturel que la France mette son espérance dans le descendant de l'homme qui l'a déjà sauvée, dans celui qu'un secret pressentiment a averti qu'un jour il aurait à gouverner à son tour, et qui, depuis son enfance, étudie, de loin comme de près, en exil comme en prison, les intérêts, les besoins et la politique de son pays ? Empêcheras-tu le peuple enthousiaste d'aller au-devant de l'homme qui est la personnification de ses souvenirs et le dernier rejeton de sa gloire ? N'y a-t-il pas dans ce retour vers ce grand nom une logique incontestable des événements ? Pourquoi ne se rallierait-on pas autour d'un nom comme autour d'un drapeau ?

Un drapeau n'est autre chose qu'un morceau de bois et un chiffon. Pourquoi se fait-on tuer en le défendant ? Aujourd'hui la France a son drapeau vivant, aujourd'hui la France a honte de son ingratitude, et elle veut faire pour le descendant ce qu'elle n'a pu faire pour l'aïeul. Elle sent qu'elle aurait besoin, dans les circonstances où nous sommes, d'un homme comme l'Empereur, et elle veut confier sa destinée à celui qui se rapproche le plus de l'homme qu'elle aime. Elle croit, elle, que le nom qu'il porte inspirera au prince Louis-Napoléon de hautes et fières pensées ; elle est convaincue que Dieu ne l'aurait pas fait revenir de l'exil et de la prison s'il n'eût eu sur lui de secrets desseins ; elle se fait une espérance avec ses souvenirs ; elle se laisse conseiller par ses superstitions : cela vaut bien les manifestes de M. Cavaignac, je pense.

Cependant, me diras-tu, on lui reproche quelque chose à ce candidat inattendu. En effet, les républicains lui reprochent d'avoir voulu porter atteinte au gouvernement qu'ils ont renversé, eux. Il a eu le malheur de voir de trop loin l'abîme où l'on nous menait ; il a fait la folie d'aimer le peuple et de croire qu'avec ce qu'il avait amassé d'études il pourrait, s'il arrivait au pouvoir, le rendre plus heureux. Tu vois bien qu'il ne s'était trompé que de date, puisqu'après huit ans de captivité il voit revenir à lui ce peuple qu'il aime. Or, pendant ces huit ans qu'il a passés au fort de Ham, qu'a-t-il fait? A-t-il écrit des libelles contre la monarchie, a-t-il essayé de faire faire des insurrections, a-t-il créé quelque journal de parti? Non. Il a étudié de nouveau, et abandonné au fond de sa prison, il a mieux compris les misères et les besoins du peuple, ce prisonnier éternel. Il a fait un livre qui est aujourd'hui le programme de sa vie à venir. Dans ce livre, il propose les moyens, non pas d'alléger, mais de détruire le paupérisme en France. Cela vaut bien l'état de siége et le vote du général Cavaignac contre le suffrage universel.

Le prince Napoléon a un grand nom, écho de toutes nos gloires et de toutes nos libertés; voilà pour le passé.

Il est pur de toute intrigue, n'appartient à aucune coterie, est fort de sa conscience et de sa volonté; voilà pour le présent.

Il aime le peuple, et le peuple l'aime, voilà pour l'avenir; et c'est une garantie morale d'ordre et de tranquillité qui vaut bien les 80,000 hommes de troupes et les pièces de canon à l'aide desquels M. Cavaignac suspend l'insurrection.

Il nous faut au pouvoir un homme indépendant, qui ne soit ni l'enfant ni le chef d'un parti, qui puisse être à la fois sans haine et sans préférence, qui ait sa liberté de conscience et d'esprit, que son passé n'enchaîne à aucune secte et qui puisse à sa volonté disposer de son avenir, qui concilie toutes les idées nouvelles écloses au soleil de notre dernière révolution, et qui, comme le Christ, dise : « Laissez venir à moi tous ces petits enfants. »

Louis-Napoléon est justement cet homme-là. Arrivé au pouvoir, il n'aura pas à ne s'occuper que de ses partisans et à se venger de ses ennemis, comme tel ou tel autre que je pourrais nommer. Les accusations que l'on porte contre lui sont si peu graves qu'elles se perdront dans l'enthousiasme général, et qu'il sera le premier à les oublier, comme Louis XII oubliait les injures faites au duc d'Orléans. Lui qui, pendant huit ans de captivité, s'est occupé de détruire la misère dans le pays qui l'abandonnait, manquera-t-il à sa mission quand il pourra passer de la théorie à la pratique, et réaliser son rêve de bienfaisance et de charité ? Il dépouillera le socialisme de son attitude menaçante, et fera comprendre au pays qui s'en effraie, que, sous le gouvernement seul de l'impuissance, on pouvait redouter une idée nouvelle juste et chrétiennement venue à son heure. Son nom, cet assemblage de syllabes dont le *National* fait si peu de cas, maintiendra les puissances étrangères dans le respect de notre pays, car il ne viendra à l'idée d'aucun peuple de croire que le pays qui a pour chef un Napoléon se laissera abaisser en quoi que ce soit. Ce qui reste d'aristocratie en France reconnaîtra à ce président d'un sang royal les droits qu'elle ne reconnaît pas à d'anciens rédacteurs de journaux d'opposition et à des lieutenants d'Afrique. Elle ne s'étonnera pas de le voir habiter un palais, car c'est dans un palais qu'il est né.

Les arts viendront se grouper autour du descendant de l'homme dont le nom, le visage et l'histoire sont une source éternelle pour l'art et la poésie, et dont les statues empliraient une ville.

Tout cela est vrai, me diras-tu, mais on assure qu'il est incapable, et que c'est sur cette incapacité que comptent différents partis qui le nomment, afin d'en arriver plus vite aux changements qu'ils veulent.

Je ne nie pas cette combinaison des partis : mais sais-tu pourquoi les partis ne se sont pas ralliés à la République? Parce que justement les hommes qui l'imposaient étaient incapables, et que, larrons politiques, ils n'ont su qu'emplir leurs poches percées et se sauver, ou plutôt se laisser chasser après.

Un homme incapable, c'est un ministre de la guerre à qui on donne 40,000 francs par an pour veiller à la sûreté d'une ville, et qui laisse surprendre cette ville par une insurrection prévue par tout le monde.

Un homme incapable, c'est un commandant général des troupes de France qui, lorsqu'il a laissé éclater l'insurrection, laisse pendant toute une journée, c'est-à-dire pendant un siècle d'angoisses, de craintes et de massacres, une ville se défendre comme elle peut, qui disparaît pendant sept ou huit heures sans qu'on sache ce qu'il devient, qui bâillonne la presse qui l'a averti, et qui, l'ennemi légal de ceux qui attaquent la propriété, viole le premier la propriété et la liberté individuelle.

Un homme incapable, c'est celui qui n'a pas assez d'ascendant moral pour maintenir la tranquillité qu'il a reconquise avec le canon, qui laisse trois mois et demi Paris en état de siége, et auquel il faut quatre-vingt mille hommes de troupes pour rassurer les terreurs de la ville.

Un homme incapable, c'est l'homme qui prétend que, si on lève l'état de siége, il ne répond de rien, et qui, le lendemain du jour où l'état de siége est levé, prétend qu'il répond de tout.

Un homme incapable, c'est l'homme qui ne sait s'il doit s'appuyer à droite ou à gauche, qui invoque le nom de son père, le sanguinaire conventionnel, et qui, le lendemain, est forcé de choisir ses ministres parmi les plus modérés.

Un homme incapable, c'est l'homme qui ne trouve pas un meilleur préfet de la Seine que M. Recurt, et qui confie la garde de la capitale du monde à l'ex-ami de l'assassin Fieschi.

Un homme incapable, c'est le républicain, le démocrate soi-disant austère, qui avoue qu'il voterait contre le suffrage universel, la veille du jour où il se présente à ce suffrage, et le lendemain de celui où ce suffrage a été décrété.

Un homme incapable, c'est un homme qui, ayant eu cinq mois le pouvoir entre les mains, n'a pas su assez se concilier les esprits pour être sûr de la majorité quand il se présentera à la présidence.

Maintenant crois-tu qu'un homme qui se serait appelé Napoléon aurait fait tout ce que je viens de te dire?

Et cependant un nom n'est rien, dit le *National*.

Laisse-moi alors terminer cette lettre par une curieuse anecdote qui te prouvera encore cette providentielle influence du nom.

L'autre jour, M. le comte de Ségur se promenaît dans une propriété qu'il a auprès de Paris. En passant, il rencontra un vieux berger qui est à son service depuis très-longtemps.

— Eh bien, Pierre, lui dit M. de Ségur, pour qui vas-tu voter, toi?

— Monsieur le comte le sait bien, répondit le berger, comme s'il eût cru que son maître se moquait de lui en lui faisant cette question.

— Non, je ne le sais pas, répondit le comte.

— Pour qui monsieur veut-il donc que je vote? répliqua le vieillard avec émotion. Mon frère s'est fait tuer pour l'Empereur, moi j'ai perdu deux doigts à Waterloo. Je vote pour Louis-Napoléon, parbleu!

C'est si bon de croire à quelque chose et d'avoir confiance en quelqu'un, surtout quand depuis longtemps on en a perdu l'habitude!

Le journal *La Presse*, 14 novembre 1848.

HISTOIRE DE LA LOTERIE

L'exposition publique du principal lingot de la *Loterie des Lingots d'or*[1], celui de *quatre cent mille francs* est un de ces événements qui, après avoir excité au plus haut degré la curiosité de la capitale, exercent sur la province une influence

---

1. M. Alexandre Dumas fils a bien voulu adresser à l'éditeur la lettre suivante :

« Cet article ayant été fait à propos de la Loterie des lingots d'or, vous pouvez mettre tous les détails que vous croirez nécessaires, ou retrancher ceux que vous trouverez inutiles. Bref, faites de cet article ce que bon vous semblera ; je serai heureux d'avoir, en quelque chose, concouru à la publicité d'une loterie que je trouve originale, et que je crois utile.

» Recevez, monsieur, l'assurance de mes sentiments distingués.

» A. DUMAS fils. »

toute pareille. Paris, ses faubourgs et sa banlieue ont passé ou passeront par la porte qui s'ouvre sur le boulevard Montmartre, pour sortir par le passage Jouffroy, après avoir payé leur tribut d'admiration à l'idole du jour.

Les départements et l'étranger auront leur tour et aucun voyageur ne voudrait retourner dans sa ville natale sans être en mesure de fournir le signalement du précieux lingot.

La mode, la vogue, l'ont déjà favorisé, et la spéculation, qui marche derrière elles comme les vivandières à la suite des armées victorieuses, ne tardera pas à l'exploiter par tous les moyens et sous toutes les formes possibles.

Nos mères ont porté des robes *à la girafe*, nous mangeons encore des pains *à la jocko*, et bientôt peut-être nous prendrons jusqu'à notre café dans des tasses *au lingot d'or*.

Les théâtres, toujours à la piste des circonstances, l'ont déjà fait figurer dans leurs revues de 1850, et se proposent de lui demander encore de nouveaux éléments de succès.

La Loterie vient de loin : une véritable tradition affirme que les fils de Noé, avant de quitter l'arche, ont joué à *la mourre*, espèce de loterie encore en usage parmi les *lazzaroni* de Naples.

On trouve dans l'histoire des Héraclides une anecdote curieuse, qui prouve que la Loterie est de la plus haute antiquité. Il faut que cette page mythologique soit bien peu connue (nous ne l'avons cependant pas inventée) pour avoir échappé autrefois à la plume des faiseurs de tragédies classiques, qui ont, sans miséricorde, traîné sur la sellette dramatique jusqu'au dernier petit-cousin d'Agamemnon, et mis en pièces tous les héros d'Homère.

Les fils d'Hercule, chassés de Thèbes par la vengeance de Junon, vinrent chercher un refuge à Athènes et embrassèrent en suppliant l'autel de l'Hospitalité. Avant de les accueillir, les magistrats consultèrent l'oracle, dont voici la réponse :

« Les exilés feront partager à leurs hôtes le » malheur qui les suit, jusqu'au moment où un » Héraclide offrira volontairement sa tête à la » hache du sacrificateur. »

Contre l'usage de ses pareils, cet oracle s'était exprimé en termes clairs comme de l'eau de roche, et les Héraclides, réunis à l'instant même dans le temple de Minerve, décidèrent que la voix du sort désignerait la victime.

Les noms de tous les descendants, sans distinction d'âge ni de sexe, du fils d'Alcmène, furent placés dans un casque, et l'on se prépara au tirage de cette terrible loterie, où le gagnant devait perdre la vie.

Ce sera certainement une heure bien dramatique, bien palpitante que celle où l'on proclamera les élus de la *Loterie des lingots d'or*, où de pauvres hères, en ce moment déshérités de tous les dons de la Fortune, posséderont 20, 10 et 5 mille livres de rente ; mais leurs concurrents en seront quittes pour la démolition de leurs châteaux en Espagne, tandis que les infortunés Héraclides voyaient déjà le glaive du sacrificateur suspendu sur leurs têtes. Héritiers de la vigueur musculaire de leurs glorieux ancêtres, ils manquaient de force morale ; et ces formidables athlètes, qui auraient étouffé un autre lion de Némée dans leurs robustes bras, étaient pâles et tremblants devant le doute, ce lion éternel.

L'hiérophante allait plonger sa main dans le casque. Macaria, pâle et frêle enfant, âgée de quinze ans à peine, se précipita vers l'autel, et, se frappant au cœur : « Fils d'Hercule, dit-elle » en expirant, soyez heureux ; et toi, Minerve, » accepte ta victime. »

A Rome, pendant les saturnales antiques, tous ceux qui prenaient part à ces mystérieuses orgies, même les esclaves, recevaient gratuitement un billet donnant droit à quelque prix. Pour les uns c'était la fortune, pour les autres la liberté, pour tous l'espérance.

Héliogabale eut l'idée des loteries grotesques, des tombolas dont les entrepreneurs de spectacles se servent de nos jours avec succès pour donner de l'attrait à leurs fêtes. Tandis qu'il faisait gagner à l'un un vase d'or ou de porphyre, une fille grecque au teint d'ivoire ou une esclave nubienne au teint cuivré, il infligeait à l'autre une cruche de terre, un singe pelé ou un âne poussif.

Khan-Eddin-Barberousse, dont le nom est encore répété avec une respectueuse terreur sur les côtes barbaresques, se créait, à l'aide de la loterie, d'abominables distractions pendant les loisirs que lui laissait la paix. Il réunissait ses esclaves chrétiens dans une des salles de son harem, et leur faisait distribuer des numéros. On procédait au tirage : les uns gagnaient d'avoir la tête coupée, les autres d'être écorchés vifs ou d'être attachés à la queue des chevaux.

La loterie s'introduisit jusque dans l'administration d'un État. Au temps où la République de Gênes était gouvernée par cinq sénateurs, le sort fut chargé de les désigner. Quatre-vingt-dix concurrents pouvaient prétendre à cet honneur suprême ; leurs noms, sur autant de bulletins, étaient mêlés dans l'urne d'où l'on en tirait cinq, et c'était aux cinq porteurs de ces noms qu'était, pour un temps, dévolu le souverain pouvoir. La République de Gênes n'en était peut-être pas plus mal gouvernée pour cela.

Notre époque est si positive, que si l'on instituait des loteries pour décerner des fonctions publiques, à la charge de les exercer gratuitement, elles trouveraient, certes, moins de souscripteurs que la *Loterie des lingots d'or*. On préférerait devenir seigneur suzerain d'un lingot de 400, même de 50,000 francs, que de posséder une charge publique honorifique de prince ou de grand-duc.

La Loterie fut souvent une des ressources les plus fructueuses des États.

Paris lui doit le pont du Louvre, l'École-Militaire, Saint-Sulpice, une foule de monuments utiles, et la France tout entière devra dans quelques mois, *à la Loterie des Lingots d'or*, l'existence, l'avenir de cinq mille ouvriers. Nous n'examinerons pas les motifs qui ont amené la suppression de la Loterie, cette bonne vieille Loterie aux boutiques à vitres vertes et dont un éternel enfant costumé en Amour tirait les numéros d'un geste plein de candeur.

Mais tout n'est-il pas loterie dans le monde ? La vie, loterie perpétuelle, au profit de la mort ; l'amour, loterie du cœur ; l'ambition, loterie de la tête ; l'avenir, loterie de tout.

Et, n'offrît-elle que cet avantage, le censeur le plus sévère sera forcé au moins de convenir que la loterie, avec ses ravissantes illusions, poétise les misères du pauvre et dore sa vie d'un rayon d'espérance. Que de chaumières, de mansardes, sont à cette heure métamorphosées en châteaux et en palais par la vertu magique de ces petits carrés de papier sur lesquels sont inscrits les numéros de la *Loterie des Lingots d'or*.

Toutes les époques ont éprouvé le besoin de la Loterie. Sous François Ier elle fut réglementée. Elle se nommait alors la *Blanque*, parce que les billets blancs, en italien *bianca carta*, ne donnaient droit à aucun lot, tandis que les noirs gagnaient.

Cependant François Ier n'avait pas le mérite de l'invention, car la blanque avait déjà parcouru l'Italie.

Comme toutes les choses humaines, la Loterie a eu sa bonne et sa mauvaise fortune. Elle fut défendue sous la minorité de Charles IX, autorisée par Mazarin, protégée par Louis XIV, supprimée par la Révolution, rétablie par le Directoire, et abolie par la Chambre de 1838.

Dans son cours elle a donné lieu à des histoires étranges qui sont passées à l'état de légendes, à de fantastiques combinaisons que le hasard a réalisées.

Un pauvre artisan, vétérinaire d'un régiment de cuirassiers, s'avisa de prendre note de quatre numéros d'ordre imprimés, selon l'usage, avec fer rouge, sur la cuisse des chevaux de remonte ; il prit un numéro à la loterie de Francfort, et faillit devenir fou de joie en gagnant 150,000 florins. Le premier et singulier usage qu'il fit de sa nouvelle opulence fut d'acheter autant de pantalons qu'il y a de jours dans l'année. Auss maintenant est-il connu, dans toute la cavalerie, sous le nom de l'homme aux trois cent soixante-cinq culottes.

Une femme rêve dix numéros, les écrit sur dix petits morceaux de papier, met chacune de ces étiquettes au bout d'un bâtonnet et les place au-dessus de haricots plantés à distance égale dans une plate-bande de son modeste jardin.

« Je prendrai, se dit-elle, les numéros des cinq premiers haricots qui germeront, et je les mettrai à la Loterie.

Cinq haricots sortent. Elle transcrit les numéros et donne à son fils dix francs, son unique avoir, en lui disant :

— Va tout de suite me prendre ce quine au bureau voisin.

— Oui, maman.

Le fils dissipe la somme, revient, et affirme qu'il s'est acquitté de sa commission. Les numéros sortent.

Impossible de décrire la douleur dont fut accablée cette pauvre femme quand elle apprit la vérité. Elle devint folle, et quelques années plus tard son fils se brûlait la cervelle.

Un orfèvre ruiné par de fausses spéculations,

et sur le point d'être décrété de prise de corps, résolut de ne pas survivre à son déshonneur commercial. C'était le 22 octobre ; il se rend, à onze heures du soir, par une pluie battante, à l'endroit le plus isolé du Pont-Neuf et se précipite dans la Seine. Il y avait près de là un marinier, âgé de trente-cinq ans, qui vole au secours du malheureux marchand et le ramène heureusement à bord dans sa barque portant le numéro 77.

L'orfèvre regagna son logis, et, cédant à un pressentiment mystérieux, il met à la Loterie les numéros 22, 9, 11, 35, 77.

Les cinq chiffres sortirent dans l'ordre où il les avait placés, et il gagna quatre millions.

Au dernier tirage de la Loterie de 93, il se passa un fait assez bizarre pour mériter qu'on le cite :

Un jeune sergent d'artillerie prit les numéros 9, 18 et 31. Il gagna.

Ceci n'offre rien d'extraordinaire, mais voici le côté fort remarquable de l'aventure: Condamné à mort par le tribunal révolutionnaire, il dut la vie au 9 thermidor. — Le 18 brumaire, il partagea les dangers du général Bonaparte. C'est un 31 juillet qu'il fut créé maréchal de l'Empire, et reçut, avec la couronne de duc, le nom d'une de ses victoires.

Un écuyer dont la célébrité est depuis longtemps européenne, M. A......F....... se rendant un matin au Cirque, aperçut trois numéros grossièrement peints en rouge sur des quartiers de hêtre appartenant à un chantier de la rue des Fossés-du-Temple ; il les inscrivit sur son carnet, et envoya prendre un terne. Les trois numéros sortirent. Il gagna une somme assez forte, et quand il vint au chantier pour demander les bienheureuses bûches qui, richement encadrées, figurent encore aujourd'hui dans son salon, il découvrit le quatrième numéro sorti, tracé aussi en lettres rouges sur un quatrième rondin, caché d'abord à ses regards.

Après ces exemples pris au hasard entre mille, niez donc ou affirmez, l'un est aussi embarrassant que l'autre, l'intervention dans les affaires humaines de cet être invisible, de ce mystérieux agent que les incrédules nomment fatalité, les croyants Providence et les indifférents hasard. Combien de personnes éprouveront peut-être bientôt de vifs regrets de ne pas avoir cédé aux avis que parfois la capricieuse Fortune donne la nuit par des rêves et le jour par divers incidents ! Qu'elles se hâtent donc si elles veulent s'éviter un tardif repentir ; car depuis l'exhibition de l'énorme lot de *quatre cent mille francs*, les billets s'enlèvent avec un empressement facile à comprendre. Bientôt il n'en restera plus. La spéculation en accapare un grand nombre ; on ne pourra prochainement s'en procurer qu'en payant des primes relativement considérables.

Des demandes de billets arrivent aussi en foule de tous les coins de l'Europe.

On condamnera, si l'on veut, notre patriotique égoïsme ; mais nous éprouverions un vif regret en voyant le gros lingot d'or de *quatre cent mille francs*, vingt bonnes mille livres de rentes, quatre-vingt mille pièces de cinq francs, prendre le chemin de Lisbonne, de Madrid ou de Saint-Pétersbourg.

Avant d'enrichir quelques familles favorisées par le hasard, la *Loterie des Lingots* répand déjà sur l'industrie et le commerce une petite pluie d'or qui les féconde et les vivifie.

Ainsi, les boutiquiers, par exemple, qui se sont chargés de placer des billets, y gagnent d'abord la remise que l'administration leur accorde ; puis les personnes qui entrent dans leurs boutiques pour acheter des billets y achètent presque toujours autre chose.

Les marchands de tabac ont tout de suite fait demander des affiches et des billets. Nous tous qui fumons, nous savons combien est entraînante la marchande de tabac ; comment, entré pour prendre un cigare, on en prend cinq, et avec facilité, par conséquent, elle doit faire prendre un ou plusieurs Billets de Loterie qui vous disent avec un entêtement autorisé par le gouvernement : « *Vous pouvez gagner 400,000 francs!* »

Joignez à cela les personnes qui s'occupent du placement à domicile : celles qui sont intelligentes placent dans une journée, de 150 à 200 billets ; et telle ouvrière qui ne gagnait pas 6 francs dans une semaine à son travail habituel, en gagne 4, 6 ou 8 dans une journée, selon le nombre de billets qu'elle place.

Afin qu'il n'y eût plus d'esprits timides, de poches craintives, M. le ministre de l'intérieur a donné à l'Assemblée législative des explications sur la *Loterie des Lingots d'or*. Ces explications avaient commencé à satisfaire les exigences les plus difficiles, et, enfin les renseignements fournis par l'administration ont dissipé jusqu'à l'ombre du doute.

Le créateur, le père de l'idée patriotique de la *Loterie des Lingots d'or*, M. Langlois, capitaine de navire et négociant du Havre, est un des hommes les plus honorables de la marine marchande.

Son expérience et ses lumières ont été d'un grand succès au premier établissement de la *Loterie des Lingots d'or*. Jamais établissement du même genre n'a été géré avec autant de soins et de prudente habileté.

Le doute à cet égard n'est pas même permis ; en voici la preuve : il est généralement alloué, pour frais, aux loteries, 20, 30 et même 40 pour cent, mais seulement 14 pour cent à la loterie des lingots d'or, sur lesquels il faut prélever la *remise* obligatoire accordée aux correspondants, payer l'impression et le numérotage des billets. Reste donc environ 5 à 6 pour cent pour les frais de publicité, d'employés, de correspondance, de loyers, et de nombreux détails très-coûteux que nécessite une semblable opération. La *Loterie des Lingots d'or* n'enrichira donc que les favoris du hasard et ne fera pas la fortune de son fondateur.

On a été longtemps à croire que, pour un franc, on pourrait gagner un gros morceau d'or de quatre cent mille francs ; — mais enfin l'exhibition promise de l'un des 224 lots dont se compose la Loterie, *le Lingot de quatre cent mille francs*, vient chaque jour convaincre les plus incrédules. — Cette Exposition publique et quotidienne du Lot le plus important était indispensable, car dès la création de cette Loterie elle avait été promise, annoncée.

Aux incrédules, aux malveillants, aux calomniateurs, — et ceux-ci ont été nombreux, — la *Loterie des Lingots d'or* devait répondre par un mot, par ce mot qu'elle a prononcé : « VOYEZ... ».

La *Loterie des Lingots d'or* fournit intrinsèquement dans ses lots la valeur à laquelle ils sont cotés.

C'est de l'or insolent, brutal, sans fioritures, sans autre ornement que lui-même, n'empruntant rien à l'art, ne devant rien à personne, éclatant comme le soleil, nu comme la vérité, et disant : « Regardez-moi, touchez-moi, ouvrez-moi, fon-
» dez-moi, coupez-moi, vous aurez beau faire, je
» vaux quatre cent mille francs ; et moi deux
» cent mille, dit le voisin ; et moi cent mille ; et
» moi cinquante mille. »

Enfin, c'est un concert de billets de mille francs de la plus parfaite harmonie et du plus gracieux effet.

L'administration doit être reconnaissante aux femmes, c'est elles qui font le plus de propagande. Les femmes aiment tant le jeu et l'inattendu ! Et en réalité, les billets de cette Loterie sont les plus charmants et les moins ruineux cadeaux qu'on puisse faire ; car la valeur possible du billet en ajoute une énorme à sa valeur réelle. Vous donnez quelques billets, ils ne valent que quelques francs ; mais s'ils gagnent, voyez donc ce que vous avez donné ! On vous a une reconnaissance éternelle, et qui sait ce que peut devenir la reconnaissance d'une femme !

Prenez donc des billets, car je vous avoue que cet article n'a pas d'autre but que de vous engager à en prendre. Prenez-en beaucoup, et comme on ne sait pas ce qui peut arriver, vous gagnerez peut-être ce monstre en or qui se laisse voir au passage Jouffroy.

Je vous le souhaite, pas tant qu'à moi, mais enfin je vous le souhaite, car si ce n'est moi, j'aime autant que ce soit vous.

LA VIE D'UNE COMÉDIENNE

Pour une fois seulement, notre collaborateur et ami Asseline veut bien me céder sa place. Je n'en suis encore qu'à ma troisième ligne, et je comprends déjà combien cette mission de critique est difficile à remplir. Vous me demanderez alors pourquoi je m'en charge et ne laisse pas Asseline faire très-bien ce que je vais probablement faire très-mal ; à quoi je vous répondrai que j'étais tout enfant quand j'ai connu Anicet Bourgeois, qu'il est un des meilleurs amis des Dumas, qu'il est venu me serrer sincèrement et affectueusement la main pendant les entr'actes de la *Dame aux Camélias*, la première fois qu'on l'a jouée, qu'il est resté un travailleur consciencieux, que son habileté dramatique est reconnue, que son talent est incontestable, et qu'il a bien voulu me dire qu'il trouverait intéressante la critique franche et publique d'un jeune confrère, à propos d'une pièce qu'il regarde lui-même comme une de ses plus importantes.

Il m'a chargé là d'une mission délicate où la justice aura des airs de partialité, où la discussion aura des façons de parti pris. J'avoue cependant que je vais remplir mon rôle de critique accidentel le plus naïvement du monde, et que je vais faire part aussi honnêtement que possible de mes impressions personnelles. Ce n'est ni un confrère, ni un critique qui parle, c'est un spectateur qui raconte et qui juge.

Il y avait sous Louis XVI une grande comédienne du nom d'Olympe, laquelle comédienne faisait la fortune du Théâtre-Français. Cette comédienne avait commencé par chanter dans les rues, et toute enfant, mourant de faim, avait été recueillie par un acteur de troisième ordre, du nom de Saint-Phar, un de ces artistes comme il y en a tant, qui donnent d'excellents conseils, qui peuvent aider puissamment à la révélation du talent des autres, qui comprennent et expliquent admirablement l'art, et qui restent toute leur vie d'obscurs et de médiocres comédiens. Le dévouement est le partage de ces organisations incomplètes. Saint-Phar se ferait tuer pour Olympe ; il l'aime comme sa fille, il ne vit que pour elle, il l'admire, il l'estime, car Olympe est plus qu'une grande artiste, elle est une honnête femme, et le luxe qui l'entoure est le produit de son talent, et les diamants qu'elle porte sont des présents de mains royales et princières.

Il est bien entendu qu'Olympe est entourée d'adorateurs sans nombre. Nous en voyons quatre dès le premier acte ; elle en conduit trois assez durement ; mais le quatrième a plus de persuasion que les autres : il ne lui offre pas, comme ses rivaux, des écrins et des hôtels, mais bien sa main et son nom, un des premiers de l'Europe. Olympe refuse, elle aime mieux le nom qu'elle s'est fait, que le nom tout fait qu'on lui offre. Elle a raison, mais le comte Karl est une nature énergique, un cœur résolu, une volonté indomptée. Étant enfant il avait désobéi à sa mère qui l'avait fait mettre aux arrêts dans sa chambre ; il écrivit à la comtesse que si elle ne lui pardonnait pas, il se jetterait par la fenêtre : elle ne pardonna pas, il s'y jeta. Il dit à Olympe que si elle ne consent pas à l'épouser, il se tuera. Olympe sait qu'il le fera comme il le dit. Un dernier billet avertit la comédienne, pendant qu'elle joue les *Horaces* au bénéfice de Saint-Phar, qu'au moment où elle reparaîtra, rappelée par le public, si elle ne lui a rien fait dire, il se brûlera la cervelle. On la rappelle. Elle ne veut pas reparaître, elle demande le temps d'écrire un mot, on ne lui répond même pas, ses camarades l'entraînent de force, et au milieu des bravos qui l'accueillent, un coup de pistolet se fait entendre.

Autour de ce pivot principal tournent deux rôles secondaires : Rose Michon, sœur dont Olympe a été séparée, qu'un hasard, ou plutôt un accident, lui fait retrouver, et qui est devenue la femme d'un cordonnier, une bonne, simple et honnête bourgeoise, tandis qu'Olympe devenait une grande comédienne. Rose n'a pas d'abord grande confiance dans la vertu de sa sœur; mais elle se rend bientôt à l'évidence, et c'est à peine si elles peuvent se passer l'une de l'autre.

Le second rôle est celui de Clara, femme de chambre de la comédienne, luronne sans cœur, pleine d'esprit, survivance des Martons du temps de Louis XV, gaillarde ambitieuse, qui ne comprend pas que sa maîtresse renvoie, sans même les regarder, tous les diamants qu'on lui offre, et qui n'attend qu'une occasion d'échanger ce qu'elle appelle sa vertu contre ce qu'elle croit le bonheur. L'occasion se présente. M. Boriloff a gagné les gens d'Olympe; il doit l'enlever au sortir du théâtre, après la représentation des

Horaces, qui se termine si mal pour le comte Karl ; Clara se substitue adroitement à sa maîtresse, et le Russe n'enlève qu'une soubrette ; mais, comme il est homme d'esprit quoique Russe, il fait contre fortune bon cœur, et entretient cette drôlesse, parfaitement ingrate vis-à-vis d'un petit maître de ballet, qu'elle laisse transir toute une nuit devant la grille du Luxembourg, pèlerinage dont il ne rapporte que des rhumatismes.

Karl n'est que blessé. Olympe, qui l'aimait déjà un peu, ne saurait résister plus longtemps à un amour qui se manifeste d'une façon si violente ; elle devient comtesse.

Elle a tort.

Le mariage se fait dans le petit village où Karl, mourant, a été transporté, sans autres témoins que les paysans chez lesquels il habite, entre un notaire de campagne et l'humble curé d'une paroisse obscure. Les deux époux s'en vont vivre en province. Les amis du comte croient qu'Olympe est sa maîtresse et non sa femme ; un cousin du mari qui revient de la guerre de l'Indépendance, et qui n'a été prévenu de rien, traite assez lestement la comtesse, qu'il ne peut croire l'épouse légitime d'un membre d'une famille comme la sienne. Karl proclame tout haut son mariage. Le cousin, séduit par le grand cœur d'Olympe, lui fait des excuses, et lui donne même la main pour la conduire à la voiture qui va la mener publiquement au manoir de la mère de Karl. Quand la mère de Karl paraît, elle maudit ou à peu près son fils pour le sot mariage qu'il a fait.

Elle a raison.

Karl est malheureux comme tout individu qui s'est mis volontairement dans une position fausse ; l'amour de sa femme ne suffit plus à lui faire oublier la malédiction de sa mère. Il cherche sinon à se consoler, du moins à s'étourdir dans le jeu et la débauche, et il devient l'amant de cette Clara, qui a pour cordonnière Rose Michon, laquelle apprend tout à sa sœur.

Clara donne un bal costumé et masqué dans une petite maison de la rue du Rempart. Karl doit y assister. On s'efforce en vain de le ramener chez lui. Rien n'y fait, ni les conseils de son cousin ni les remontrances de Georges. Ce Georges est un jeune médecin à qui Olympe a rendu jadis, du temps qu'elle était comédienne, un de ces services qu'un homme comme lui n'oublie pas. Elle a acheté pour la mère du jeune homme, morte dans la misère, le terrain que le pauvre garçon n'avait pas le moyen de payer. Aussi l'affection de Georges est-elle sans restriction, son dévouement, sans limites. Pour empêcher Karl de continuer la vie qu'il mène, il se fera tuer s'il le faut. Il le provoque, et se fait donner un coup d'épée. De cette façon Karl ne reviendra pas chez Clara. Il sera forcé de fuir : Olympe pourra le rejoindre, et Georges aura payé le tombeau de sa mère. Mais pendant qu'ils se battent, Olympe, masquée, s'est mêlée aux invités de Clara, et, après s'être fait reconnaître, elle chasse cette fille de la maison de son mari. Clara est au moment de se mettre en colère, mais elle est bonne fille, elle sort en riant de la situation et sans ramasser la bourse que la comtesse lui a jetée.

Elle a tort.

Au milieu de tout cela les événements ont marché. Thermidor est venu. Karl et son cousin sont partis simples soldats, au lieu d'émigrer comme les autres nobles, et ils défendent du mieux qu'ils peuvent la patrie menacée. Olympe, Rose Michon et Saint-Phar vivent ensemble, ruinés par les assignats. Tous les bijoux sont engagés. Olympe ne trouve qu'un moyen de soulager cette misère, c'est de rentrer au théâtre. Sa rentrée est annoncée. Elle doit jouer le soir même. Son mari revient au moment où elle va partir. Il n'a eu que le temps de quitter l'armée, où on l'accusait de correspondre avec ceux de Coblentz. Il ramène avec lui son cousin qui est l'ami de Tallien, et qui se montre partout sans qu'on songe à l'arrêter. Karl est reconnu à Paris. On le conduit en prison, et Olympe, qui veut partager son sort et qu'on ne veut pas arrêter, crie tout haut : Vive la reine ! ce qui est le meilleur moyen pour se faire condamner. Karl et sa femme sont conduits à la Conciergerie où se trouve déjà la mère du comte, condamnée à mort. Olympe et son mari sont condamnés aussi, et l'échafaud va rapprocher en une minute toutes les distances imaginaires auxquelles la vieille comtesse avait cru autrefois. Elle pardonne à sa bru, l'appelle sa fille, l'embrasse et la bénit. Pendant ce temps, Rose Michon, le cousin et Georges, qui heureusement n'est pas mort du coup d'épée qu'il a reçu, font toutes les démarches imaginables pour sauver Olympe. Tallien, tout-puissant de la veille, donne un ordre écrit de laisser sortir la comtesse de Rudens. Olympe se sacrifie. Elle laisse cet ordre pour la mère de Karl, et elle marche à l'échafaud.

A peine vient-elle de monter dans la charrette, que les thermidoriens viennent ouvrir la prison. Karl court, l'ordre à la main, pour sauver sa femme. Il va arriver trop tard. La fatale voiture n'est plus qu'à quelques pas de l'échafaud, et il en est encore trop loin pour que le bourreau entende ses cri ; mais Saint-Phar est là, et, pour retarder le sinistre dénouement et donner à Karl le temps d'arriver, il se jette sous les roues de la charrette.

Il a raison, car Olympe est sauvée, et comme il n'en meurt pas, tout finit bien.

Telle est cette pièce qui vient d'obtenir un très-grand succès, et dont le principal rôle a été joué merveilleusement par madame Guyon. La scène du second acte, où elle dit : « Je serai sublime ! » la scène où elle apprend que son mari est chez Clara ; enfin, la scène des imprécations, où elle manque de mémoire, sont rendues d'une façon inimitable. Dans la leçon de courtoisie qu'elle donne au cousin Émile, dans sa tirade sur l'art, chez Clara, tirade simplement faite et d'un grand bonheur d'expressions, madame Guyon a mis une dignité, une élévation au-dessus de tout éloge. Dans le premier cas, c'était bien une grande dame qui parlait ; dans le second cas, c'était bien une grande artiste.

Certainement, le soir même, les auteurs auront coupé une phrase malheureuse, inutile, injuste même, qui a soulevé une petite tempête dans la salle. Cette phrase, dite par madame Guyon, était à peu près conçue en ces termes : « Que me fait l'opinion de ces femmes sans cœur qui viennent à nos représentations, non pour voir, mais pour être vues!.... »

Et deux lignes encore dans le même genre.

Cette phrase n'était motivée par rien. Elle a été fort applaudie au parterre, et très-sifflée par quelques loges. Quelle nécessité de se mettre mal avec une fraction du public quand on a besoin de l'impartialité de tous pour réussir. Je comprends que, dans les *Filles de marbre*, MM. Barrière et Thiboust, puisque leur but était d'attaquer une certaine classe, aient lancé le plus possible de ces traits-là ; c'était leur droit, c'était conséquent avec la satire qui faisait la base de leur pièce. Mais à quoi bon transplanter le même procédé sur un autre théâtre et dans un autre sujet. On dirait un coup de pistolet qu'un comparse du Cirque tire inutilement quand le rideau est tombé, après un tableau de bataille. Cela fait un bruit désagréable et cela ne tue plus personne.

Les femmes les plus honnêtes viennent-elles au théâtre seulement pour voir ? S'ensuit-il que les femmes du monde deviendront des filles de marbre si elles ont souci d'être vues ? et que les filles de marbre deviendront des femmes du monde si elles nous écoutent ou nous applaudissent ? Pourquoi cette attaque incessante et de parti pris ? Est-ce pour moraliser les femmes vicieuses ? Vous savez bien que vous n'y arriverez pas. Est-ce pour défendre les femmes honnêtes ? Les femmes honnêtes n'ont pas besoin d'être défendues, puisqu'elles sont honnêtes. Que voulez-vous donc? Protester chaque fois que vous en trouverez l'occasion contre une perversité de ce siècle! Soit; mais alors, faites-le assez habilement pour ne pas exposer une artiste de la valeur de madame Guyon à rester deux minutes sans pouvoir parler, parce que les uns applaudissent et que les autres sifflent.

Puis, en réalité, nous n'avons pas à juger, nous autres auteurs, du plus ou moins de vertu des femmes qui assistent à nos pièces. Le contrôleur du théâtre, quand ces dames viennent louer leur loge, leur demande-t-il si la source de l'argent qu'elles apportent et dont nous prenons le douzième, est parfaitement pure, et le refuse-t-il quand il a quelques doutes sur la manière dont elles se le sont procuré?

Quand vous faites dire à Olympe cette phrase : « Comédienne ou comtesse, je suis femme, et toute femme a le droit d'exiger que l'homme qui lui parle s'incline et se découvre devant elle »; tout le monde applaudit, parce que la pensée est juste, fière, digne, et touche les nobles instincts de l'homme. Un auteur, à mon avis, ne doit voir, en face de la scène où il fait représenter son œuvre, que ce qu'on appelle le public, c'est-à-dire une masse d'individus formée d'éléments opposés, de classes différentes, je le veux bien, mais qui sont tous égaux momentanément par une réunion dans un même lieu, pour un même résultat, tous de même valeur, puisqu'ils ont tous payé le même prix ; tous respectables, puisque nous leur donnons à juger le travail de notre esprit; tous nos maîtres, puisque notre succès ou notre chute dépendent d'eux.

Cette critique est, avec une autre, la seule que je me permettrai.

Au quatrième acte, Olympe, comme je le disais tout à l'heure, développe contre Clara, à propos de l'art dramatique, une théorie admirablement faite. Elle ne permet pas qu'une drôlesse comme son interlocutrice profane la mission du théâtre en prenant le titre de comédienne ; elle dit une chose très-vraie, c'est qu'il est une classe d'actrices, ou plutôt de cabotines, qui déshonorent les planches sur lesquelles elles montent en se faisant une enseigne du cadre dans lequel elles exhibent leurs beautés de fantaisie.

J'accepte parfaitement cet emportement d'une grande artiste, à la condition toutefois que le hasard seul l'aura fait naître ; mais ce que je n'accepte pas, c'est qu'une femme dans une position aussi fausse que celle où se trouve Olympe, soit si peu indulgente pour les autres femmes, elle qui a eu tant à souffrir de l'injuste sévérité de sa belle-mère. Elle a trop l'air de se venger sur plus faible qu'elle, de l'affront qu'on lui a fait endurer et auquel elle n'a rien trouvé à répondre. Ce que je n'accepte pas beaucoup non plus, c'est qu'une haute intelligence comme Olympe, devenue grande dame et digne de l'être, compromette sa dignité en acceptant un seul instant la lutte avec son ancienne femme de chambre. Il ne doit y avoir aucun point de contact entre ces deux femmes. Olympe ne peut être jalouse de Clara. Une femme qui se respecte n'ira pas chercher son mari en si mauvais lieu ; il n'y porte rien qu'elle puisse regretter et qui ait le moindre rapport avec le mariage ; le cœur et l'estime de l'homme restent en dehors de ces liaisons fortuites. Il doit y avoir pour l'épouse momentanément délaissée des moyens plus nobles de ramener son époux. Si ces moyens ne réussissent pas, c'est à elle de se retirer dans la chasteté du foyer conjugal, de pleurer, de souffrir, de prier et d'attendre.

Ces deux restrictions posées, je constate dans cette pièce nouvelle des beautés de premier ordre. Quand on juge une œuvre de cette importance, il faut se mettre au point de vue des auteurs, et non pas juger d'après ses systèmes personnels sur le théâtre. MM. Anicet Bourgeois et Barrière ont tenté la réhabilitation de la comédienne et voulu prouver qu'une femme de théâtre pouvait être une aussi honnête femme que toute autre, soit ; mais pour arriver à cette conclusion, ils ont été forcés de s'aider des grandes transformations sociales opérées par la révolution.

Tout en raillant, avec esprit du reste, les ridicules de cette révolution, tout en flagellant les abus de cette époque, ils ont fait l'apologie de la grande idée qui y a présidé, et qui a détruit, trop brutalement peut-être, mais à tout jamais, les préjugés des castes privilégiées. Là où il y a mêmes cœurs, mêmes affections, mêmes destinées, il y a même race ; et, dans la scène de la prison, c'est fermement prouvé par le rapprochement des deux femmes, par le pardon de l'une et par le dévouement de l'autre.

Ce qui résulte néanmoins pour moi de la *Vie d'une comédienne*, c'est que, somme toute, une comédienne n'a pas besoin d'être vertueuse, attendu qu'on lui sait gré de son talent sans lui être jamais assez reconnaissant de sa vertu, et qu'elle ne doit pas se marier, surtout avec un homme du monde. L'art est un époux pour la comédienne, et si elle prend un mari véritable, il y a bigamie et mauvais ménage.

Bref, l'œuvre a une grande distinction, sinon une grande originalité ; elle a quelques points de ressemblance avec *Kean* et *Adrienne Lecou-*

vreur, mais ces ressemblances étaient fatalement inhérentes au sujet.

En résumé, c'est un grand et ce sera un fructueux succès.

Le cousin Émile est un type remarquable, fin, élégant, bien étudié. Le caractère est vrai, sympathique, plein de nuances délicates, de mots heureux, de bonnes et franches faiblesses de gentilhomme. Le rôle est très-bien joué par Ambroise. La Clara est charmante et rendue avec un grand bonheur par mademoiselle Alphonsine dont le talent va croissant de jour en jour, et qui donne à chaque personnage qu'elle crée un cachet nouveau, sans réminiscence et sans exagération. Tout le rôle de Boutin est bien écrit, spirituel, mouillé d'une sensibilité naïve, sobre, touchante. Le premier et le troisième actes sont tout à fait réussis, et M. Luguet y a obtenu un succès véritable. J'aime moins le rôle de Georges qui n'est que le post-scriptum du dévouement de Saint-Phar. M. Baron a eu de l'entrain, de la chaleur, et Colbrun a été ce qu'il est toujours, adorable d'un bout à l'autre

Journal *Le Mousquetaire*, 25 mars 1854.

DE LA FORCE PHYSIQUE

A MONSIEUR ALEXANDRE DUMAS.

●

Mon cher père, je ne sais pas si les enfants de ta génération étaient comme ceux de la mienne, — ceci soit dit sans t'offenser, car je doute que je sois aussi jeune que toi, — mais je sais qu'étant enfant, j'ambitionnais et je voyais mes camarades ambitionner ardemment une chose, c'était de paraître sur un théâtre, dans un cirque, sur des tréteaux, et d'y faire les tours que nous avions vu faire par les athlètes, les écuyers, les danseurs de corde et les bateleurs de toutes sortes. Le maillot couleur de chair, la bandelette de soie autour du front, le caleçon bleu à franges d'argent séduisaient au dernier point notre imagination. A cet âge, les yeux influencent perpétuellement l'impressionnabilité naturelle qui, jusqu'à l'adolescence, tient lieu du sentiment. Il faut que les choses passent par les organes matériels de nos sens pour nous frapper. Il faut, pour ainsi dire, que notre toucher voie, que nos yeux touchent, non pas pour que nous comprenions, mais pour que nous éprouvions. La sensation n'est jamais longue, ni profonde, mais elle se présente toujours la même chaque fois que la cause reparaît. Or, *de mon temps*, chaque fois qu'un enfant agile, remuant, espiègle, sain comme un enfant doit être, voyait faire un tour de force, il avait pour l'homme qui l'accomplissait une admiration qu'aucun autre spectacle ne faisait naître en lui.

Cela se conçoit facilement. L'enfant, selon les lois de la nature, n'a qu'un but instinctif, qui est de se développer et de devenir grand. *Quand je serai grand* est la phrase qui précède la formule de tous ses désirs. Rien qu'en étant grand, on le domine; quand on joint à cette qualité celle d'être fort, on l'émerveille, et son enthousiasme n'a plus de bornes. Puis, rien ne lui donne plus l'expression de la liberté que la vie en plein air de ces bohémiens nomades qu'il retrouve à toutes les fêtes où ses parents le mènent, et l'enfant a l'amour de la liberté plus prononcé, souvent, qu'il ne l'aura quand il sera homme.

Qui de nous, pendant les premières années de la vie, quand on nous reconduisait au collége, après les vacances de septembre ou le congé du dimanche, n'aurait donné la vie heureuse que notre famille nous promettait dans l'avenir pour posséder tout de suite la vie, libre en apparence, de l'acrobate que nous voyions gesticuler entre la balustrade de ses tréteaux et les toiles flottantes de sa baraque !

Pour ma part, il ne m'est pas arrivé une seule fois de rentrer en pension sans envier et sans être prêt à accepter le sort du passant le plus humble que je rencontrais en rentrant. Du moment qu'on n'allait pas au collége on était libre. Je ne voyais pas plus loin. Aussi, que de fois, je puis, mon cher père, te l'avouer maintenant que tu ne me gronderas plus — il est vrai que tu ne m'as jamais beaucoup grondé — que de fois, dans le trajet qu'il nous fallait parcourir chaque jour pour aller de la pension au collége, que de fois j'ai confié mes livres à un camarade, ou je les ai mis dans mes poches, et, quittant les rangs le plus adroitement possible, j'ai *filé*, comme nous disions alors. Je courais la chance d'être mis à la porte de la pension si l'on y apprenait mon escapade, ou tout au moins d'être mis en retenue pendant un mois; mais, en attendant, j'avais deux heures de liberté, dont, à te parler franchement, je ne savais plus que faire quand je les possédais. Alors, j'allais devant moi, je me mêlais aux hommes ; je marchais, je lisais les enseignes des maisons, je regardais les gamins jouer au sou : je m'ennuyais, mais j'étais libre. Il y a une phrase toute faite qui vient se placer toute seule à la suite de cette dernière réflexion : cette phrase est : c'était le bon temps.

Oui, je comprends qu'à mesure qu'on entre dans les luttes et les agitations de la vie, on regarde comme un âge heureux l'âge où l'on n'avait pas d'autre chagrin que d'être privé de sortir un dimanche ou de copier deux cents vers de Virgile. Ces chagrins vous paraissent infiniment petits, parce que vous les comparez à ceux de l'âge présent et que vous les jugez à distance, avec des facultés affectives développées par le combat de la vie ; mais reportez-vous au temps où vous aviez ces chagrins, où vous n'en connaissiez pas d'autres, où ils étaient les plus grands que vous pussiez avoir, et dites-moi si, dans vos douleurs nouvelles, vous en trouvez une égale à celle que vous éprouviez quand vous voyiez votre mère, venue le dimanche matin vous chercher pour vous mener à la campagne, s'en aller sans vous, et quand il vous fallait passer à copier des pensums toute cette belle journée de printemps, qui eût été si bonne à respirer dehors ? Je le répète, c'est la comparaison qui nous fait trouver ces chagrins moindres, et je déclare que j'ai eu dans ce temps-là, pour des choses qui me paraissent aujourd'hui des futilités, des désespoirs qu'aucun autre événement ne m'a rendus, depuis que je suis ou que je me crois un homme. Il n'y a de bonheur réel que celui dont on se rend compte quand on en jouit. L'enfant est heureux, c'est vrai; mais comme il ne sait que plus tard qu'il l'était, c'est comme s'il ne l'avait pas été.

Certainement, il est dans l'âge mûr et dans la vieillesse des heures de solitude, de méditation, de halte, où, quand on frappe avec inquiétude à la porte de l'avenir, qui ne vous répond pas, on se retourne vers le passé, qui répond toujours, le méchant, car il sait bien qu'il va vous faire de la peine. On se rappelle le dortoir du collége, avec ses lits blancs, éclairé par la flamme chevrotante des veilleuses économes; le sommeil calme et franc, interrompu par la cloche matinale; le : levons-nous! du maître d'études monotone, parcourant la longue salle en frottant ses mains, qu'il a le plus souvent oublié de laver; le lever lent, la toilette, cette belle santé, souriante, mutine, vierge, qui attend l'enfant à son réveil, et qu'à partir de dix-huit ans l'homme, si bien portant qu'il soit, ne retrouve jamais aussi fraîche ni aussi pure à son chevet; la prière distraite et routinière; enfin, le travail silencieux du matin, accompagné des chuchotements furtifs, l'hiver sous la lumière des lampes aux abat-jour verts, l'été à la clarté du soleil, pénétrant dans les salles par les fenêtres ouvertes, avec l'odeur du lilas, et jouant sur les pupitres bariolés de bonshommes à l'encre et de noms incrustés au couteau. Pendant ce temps, le maître lit. De temps en temps, un élève quitte sa place pour prendre un livre, un autre se fait donner un pensum, un troisième étudie le piano dans une salle voisine et rhythme le silence par ses gammes irrégulières et sans cesse recommencées. Puis vient le déjeuner rapide et la récréation bruyante, criarde, tapageuse, qui révèle les différentes organisations et les différents caractères des écoliers, les uns timides, les autres vifs, ceux-ci espiègles, ceux-là méchants et taquins. Tel est, n'est-ce pas? le spectacle qui passe sous vos yeux pendant certaines heures de tristesse, et vous vous dites alors cette phrase toute faite:

C'était le bon temps!

Est-ce donc que, réellement, la vie se passe à regretter le temps passé, à désirer le temps à venir, à n'être jamais satisfait du temps présent, jusqu'à ce qu'on meure en regrettant tous les temps; c'est possible, et moi qui ai contracté l'habitude de prendre de la vie ce qu'elle a de bon, d'en rejeter ce qu'elle a de mauvais sans protester inutilement contre certaines conventions acceptées par le plus grand nombre, tout en déclarant que je ne troquerais pas les joies, les travaux, les déceptions, les difficultés de ma vie d'homme, contre les amusements et les chagrins de ma vie d'enfant, je fais cependant la part de l'attendrissement où nous jette parfois le souvenir de notre enfance, et j'ai grand plaisir à voir des enfants. Ce que j'aime en eux n'est peut-être que le moi d'autrefois; mais je les aime, quand ils sont bien franchement de leur âge, quand ils s'abandonnent, comme les jeunes chats, à leur grâce naturelle, quand rien ne manière leurs attitudes. J'ai horreur de ces enfants gourmés, élevés par leur maman, lissés, peignés, réguliers, promenés par des valets de pied qui les appellent: Monsieur le comte ou Monsieur le baron, avant que ces gamins sachent seulement pourquoi on les appelle ainsi, de sorte qu'ils ont tout l'orgueil de leur titre sans avoir les devoirs de leur race. Combien je préfère ces gaillards débraillés, hargneux, avec leurs habits sans boutons et leurs souliers noués par des ficelles, ayant de l'encre aux mains et leurs pantalons troués aux genoux, riant, pleurant, se battant, sans transition, sans rancune, sans hiérarchie; mais ces enfants-là, les véritables, les seuls admissibles, ce n'est que dans la vie en commun des colléges et des pensions qu'on les trouve. L'éducation de famille fait des messieurs ; l'éducation de collége fait des hommes. Là seulement se développent les sentiments indispensables à l'adolescence et à l'âge mûr : le courage, la franchise, l'émulation ; on s'y accoutume à certaines duretés, à certaines injustices qui préparent admirablement aux mauvaises plaisanteries que la destinée tient en réserve, et, par dessus le marché, il est heureusement bien rare qu'on y apprenne quelque chose.

Je vais expliquer l'adverbe *heureusement* qui se trouve dans ma dernière phrase.

Quelle est la base de la vie ?

La santé.

Ceci est incontestable comme une maxime de M. de La Palisse.

Par quoi commence la vie ?

Par l'enfance.

Que faut-il donc soigner chez l'enfant ?

La santé.

C'est clair comme le jour.

Quelles sont les choses les plus propres à la santé ?

La nourriture saine, le grand air, le sommeil et l'exercice.

Si vous voulez faire de votre fils un homme intelligent, commencez par en faire un homme sain.

Avant de renfermer une liqueur précieuse dans un vase, assurez-vous que le vase est solide.

Quel est, chez l'enfant, le premier symptôme de la vie?

Le mouvement.

C'est donc le mouvement qu'il faut utiliser avant tout.

Quels sont les organes qui se révèlent les premiers?

La poitrine et l'estomac.

Donnez de l'air et nourrissez.

Tout cela est tellement vrai, qu'il est presque bête de le dire.

Et cependant, ces principes fondamentaux sont perpétuellement faussés par les parents même les plus soucieux du bien de leurs enfants. De là, ces enfants que leur père vous montre comme des prodiges, qui, à dix ans, jouent des valses sur le piano, sont les premiers en thème, et dessinent au crayon noir la tête de Tatius; seulement, la croissance de ces enfants se fait mal, leur teint est pâle, leurs yeux sont cernés, et il arrive un jour où le médecin dit : Cet enfant est trop avancé pour son âge; il faut l'envoyer à la campagne, et qu'il ne fasse plus rien pendant six mois; ce qui veut dire : Vous avez agi contre la volonté de la nature, la nature se venge.

Si j'étais roi de France, il n'entrerait pas un enfant dans les villes avant qu'il eût l'âge de douze ans.

Jusque-là, ils vivraient à l'air, au soleil, dans les champs, dans les bois, en compagnie des chiens et des chevaux, face à face avec la nature qui fortifie les corps des enfants, prête l'intelligence à leur cœur, poétise leur esprit, et leur donne de toutes choses une curiosité plus utile à l'éducation que toutes les grammaires du monde. Ils connaîtraient les arbres, les fleurs, les oiseaux, les saisons ; ils comprendraient les voix, et même le silence des nuits étoilées, ils auraient la meilleure religion, celle que Dieu enseigne lui-même dans le spectacle grandiose de ses miracles quotidiens, et à douze ans, vigoureux, nobles, sensibles, ils seraient de force à recevoir l'instruction méthodique qu'il serait temps de verser en eux, et dont l'inoculation se ferait facilement en quatre ou cinq années.

Malheureusement pour les enfants, et heureusement pour la France, je ne suis pas le roi, et tout ce que je puis faire, c'est de donner un conseil et de proposer un moyen.

Ce moyen, c'est de mettre l'éducation physique de l'enfant au premier plan de sa vie.

C'est de le faire coucher quand le soleil se couche, c'est de le faire lever quand le soleil se lève.

C'est de le familiariser avec l'eau et de l'habituer aux ablutions fréquentes, ce qui est dans les colléges et les pensionnats le détail le plus négligé.

C'est de le faire marcher, courir, jouer, s'ébattre pendant l'heure qui suit le lever, pendant l'heure qui précède le sommeil, pendant l'heure qui suit chaque repas.

C'est de le punir par tous les moyens possibles quand il est en faute, excepté par la privation d'air, de sommeil et de nourriture. La tradition du pain sec est de l'homicide en pilules.

Dans une classe de soixante élèves, il y a cinq ou six *piocheurs*, pour nous servir du terme consacré, huit ou dix bons élèves au plus, vingt écoliers médiocres et le reste se compose de ce qu'on appelle les paresseux, les incorrigibles, les bons à rien, les cancres, etc., etc. J'ai passé onze ans au collége et les chiffres sont exacts.

D'où vient cette énorme majorité au profit de la paresse et de l'ignorance?

Elle vient de la nature faussée qui réagit sans cesse dans ces jeunes organisations contre des études trop hâtives. Elle n'a pas d'autre cause, et la preuve c'est que les deux tiers et demi de ces mauvais élèves, une fois sortis du collége, recommencent tout seuls leurs études, à l'âge où l'étude est dans les besoins de l'homme, deviennent, sinon des savants, du moins des esprits utiles et de très-honnêtes gens.

Mais dans cette même classe de soixante élèves, il y en a une douzaine qui sont timides, craintifs, indolents de leurs corps, tandis que le reste ne demande que le mouvement et le bruit. C'est ceux-là qui ont pour les athlètes et les exercices de force l'admiration et le goût dont je parlais au commencement de cet article. C'est cette admiration et ce goût qu'il s'agirait d'utiliser au profit de leur santé présente et à venir.

Sans remonter aux Grecs et aux Romains, ces fanatiques de la forme qui ne comprenaient que l'homme bien fait, beau, élégant et fort, à l'antiquité qui faisait des dieux d'Hercule et de Thésée, un demi-dieu de Milon et des héros des Titans, nos sens nous suffisent pour nous démontrer qu'un homme fort vaux mieux qu'un homme faible, et qu'un homme beau est préférable à un homme laid, et cependant, sur vingt hommes qui passent dans la rue, vous n'en verrez pas plus de deux qui marchent comme un homme doit marcher, la tête haute et d'un pas ferme et sonore. Les dix-huit autres seront voûtés, frileux, malingres, étiolés, pâles, gras, essoufflés, apoplectiques, bilieux, mous, chancelants. Pas plus de deux, je le répète, qui aient l'air d'hommes véritables, pas plus de deux qui soient faits pour être aimés selon la nature et qu'une femme regarde avec plaisir.

Je ne parle ici que des hommes du monde et des bourgeois.

Je ne parle pas des ouvriers à qui leurs rudes labeurs donnent toujours une allure mâle et fière.

D'où vient cette dégénérescence de l'homme ?

Elle vient de ce que, lorsqu'il était enfant, on n'a pas exercé en lui les forces que la nature lui avait départies, si bien qu'à la suite de quelques excès de jeunesse, en passant de l'adolescence à l'âge mûr, il s'est déjà trouvé fatigué et s'est laissé envahir par les habitudes casanières, par les charmes de la vie intérieure. Il s'est alourdi dans l'atmosphère ouatée des chambres bien closes ; il s'est appesanti dans le sommeil lymphatique des alcôves chauffées ; il a demandé à la flanelle la chaleur qui ne devait lui venir que du foyer d'un organisme équilibré ; les muscles de la poitrine sont descendus jusqu'à l'estomac ; la bile s'est mêlée au sang ; le ventre a commencé à poindre ; la mauvaise graisse est venue sous le pseudonyme d'embonpoint ; il a déboutonné son gilet après son dîner ; il a dormi au coin de son feu ; il s'est forcé à veiller par des moyens factices, tels que le café et l'eau-de-vie ; il n'a plus voulu marcher, il a pris une voiture ; il a eu peur du froid, il a redouté le chaud ; il a eu des malaises, et on l'entend, à quarante ans, c'est-à-dire dans la force de l'âge, dire une ou deux fois par semaine : Je ne sais pas ce que j'ai aujourd'hui, je suis mal à mon aise.

A partir de ce moment, l'homme dégringole, les cheveux s'éclaircissent, la bouche se démeuble, l'haleine se corrompt, le dos se voûte, l'estomac se révolte et l'eau de Sedlitz apparaît ; sa femme le trompe, il ne s'en aperçoit même pas ; ses enfants ne sont plus de lui ; son médecin l'envoie à Baréges ; la goutte vient lui mettre sa carte au pied ou à la main, et le père Lachaise montre à l'horizon le tombeau du général Foy.

A cinquante ans, et c'est bien joli quand il va jusque-là, le bonhomme dort sous une table de marbre, et l'on dit, pendant trois ou quatre jours dans les maisons où il avait l'habitude d'aller :

— Vous savez bien, un tel?
— Eh bien !
— Il est mort.
— Bah !
— Oui.
— De quoi?
— On ne sait pas.
— Tiens! tiens! tiens!
— Et votre santé est toujours bonne?

— Comme ça! je suis *tout chose* depuis quelques jours.

J'en étais justement là il y a peu de temps.

J'étais fatigué; je travaillais avec peine; la marche me lassait vite, et j'avais déjà égrené sur le chemin de la vie quatorze pulsations sur les soixante-quinze qui sont indispensables à un homme.

Ce n'était pas la maladie, mais c'en était le premier avertissement. Au troisième, je pouvais être supprimé, comme un journal.

Je pensais bien à aller trouver mon médecin. Quand je dis mon médecin, je veux dire un très-bon ami à moi, qui est un très-bon médecin pour tout le monde; mais ces amis médecins, ou ces médecins amis, comme vous voudrez, ont cela de particulier qu'ils ne vous croient malade que lorsque vous êtes mourant, et que, jusque-là, si vous allez les consulter, ils vous invitent à dîner, vous font boire le meilleur vin de leur cave et vous rient au nez si vous leur dites, surtout après le repas, que vous étiez malade avant.

Après avoir déjeuné et dîné deux ou trois fois chez mon médecin, je m'aperçus que je n'allais pas mieux.

Les choses en étaient à ce point, quand un jour que je passais avec un de mes amis, non médecin, sur le boulevard, cet ami me dit :

— Veux-tu voir l'homme le plus fort de France ?

— Je le veux bien.

En parlant ainsi, mon compagnon marcha au-devant d'un monsieur qui passait sans nous voir, et lui touchant l'épaule :

— Bonjour, mon cher monsieur Roux, lui dit-il.

— Je ne vous voyais pas, répondit Monsieur Roux, en serrant la main de son interlocuteur.

La conversation s'engagea.

Pendant ce temps, j'examinais M. Roux.

On ne se représente jamais chez l'homme la très-grande force qu'alliée à la très-grande taille.

Toi-même, mon cher père, quand tu as imaginé Porthos, dans tes *Mousquetaires*, tu en as fait un géant ; mais il paraît décidément que la très-grande taille n'est pas indispensable à une très-grande force, et que l'homme trapu a même plus de chances d'être fort que l'homme élancé.

M. Roux est un homme sinon petit, du moins de taille moyenne et qui en te servant de type pour la force de Porthos, eût pu te servir de modèle pour le visage de d'Artagnan. Avec ses cheveux noirs, ses yeux vifs, sa moustache noire, frisée, tordue vigoureusement aux deux coins de sa bouche, il ne lui manque plus que la rapière et le petit manteau pour avoir tout à fait l'air d'un mousquetaire de M. de Tréville. Vêtu de noir, décoré, sans la moindre forfanterie, il est de ces hommes auxquels un imprudent chercherait facilement querelle.

Oh! l'imprudent, que je le plaindrais si, comme toutes les véritables forces, M. Roux n'avait la patience.

Il faut dire, pour achever le portrait, que notre rencontre avait lieu pendant les froids rigoureux du commencement de cette année, et que M. Roux, couvert d'une simple redingote d'été boutonnée, avait l'air aussi à son aise qu'au mois de juillet. Et encore, comme je l'ai appris depuis, boutonne-t-il sa redingote l'hiver, non pas pour avoir plus chaud, mais pour maintenir toujours les reins,

Tout en causant avec mon ami, Roux m'examinait à la dérobée.

Enfin il nous dit :

— Voulez-vous, messieurs, assister à un pari que j'ai fait?

— Quel pari?

— J'ai parié casser une perche de six pieds de long et de six pouces de circonférence.

— La casser comment?

— J'appuierai un bout de la perche contre la base d'un mur, l'autre bout contre mon épaule gauche, je pousserai et elle se cassera.

Mon ami et moi nous nous regardâmes.

— Je veux bien voir cela, dis-je le premier.

— Dimanche alors, à deux heures, rue Jean-Goujon, à l'ancien Gymnase Amoros.

Là-dessus, M. Roux nous quitta.

— Il cassera cette perche? demandai-je à mon compagnon.

— Oui.

— C'est impossible.

— Tu ne le connais donc pas?

— C'est la première fois que je le vois.

— Je te dis que c'est l'homme le plus extraordinaire de France. Tu sais ce que c'est qu'une voiture emportée par deux chevaux?

— Oui.

— La voiture de la comtesse W... fut emportée un jour par un attelage anglais. Je te laisse à penser si elle allait vite; heureusement Roux était là. Il courut au-devant de la voiture et l'arrêta.

— Allons donc!

— Le fait est bien connu.

— Comment la comtesse le remercia-t-elle?

— Elle lui envoya six couverts d'argent, qu'il lui renvoya en lui écrivant qu'il ne se servait que de couverts de bois.

— C'est donc un homme d'esprit?

— C'est mieux que cela, c'est un homme de

cœur. Veux-tu une autre histoire pendant que nous y sommes ?

— Va pour l'autre histoire.

— Au Havre, il y a plusieurs années, le prix des régates fut gagné par des matelots français, avec lesquels, le soir, des matelots anglais vaincus se prirent de querelle. On se battit. La place resta aux matelots français. L'année suivante, les Anglais, qui avaient une revanche à prendre, amenèrent avec eux quatre boxeurs, promenèrent triomphalement sur leurs épaules le bateau vainqueur, raillant les Français qui eurent la naïveté de se laisser prendre au piége, et qui se firent, cette fois, donner une danse de l'autre monde. Mais Roux était au Havre, et n'entendait pas que l'honneur de ses compatriotes restât accroché à une pareille défaite. Il envoya un défi aux quatre boxeurs, qui eurent la naïveté, à leur tour, d'accepter le combat.

— Eh bien ?

— Eh bien ! Roux en rossa trois.

— Et le quatrième ?

— Oh ! le quatrième, c'est autre chose. Il lui défonça la poitrine d'un coup de poing, ce qui humilia tant ce pauvre Anglais qu'il en mourut.

— Quel gaillard ! Est-ce pour cela qu'il a été décoré ?

— Tu as l'air de plaisanter; sais-tu pourquoi il a eu cette croix ?

— Dis.

— Il était à Naples, professeur de gymnastique militaire. Dans un incendie, un sergent des vétérans, je me rappelle le nom et tous les détails, parce que la fin de l'histoire est assez curieuse; un sergent des vétérans, nommé **Munolino**, en passant sur une poutre à la hauteur du quatrième étage, fut pris de vertige, perdit l'équilibre et tomba. Roux, qui d'en bas ne le quittait pas des yeux, arc-bouta ses reins sur sa jambe droite, étendit les bras et reçut l'homme. Je te laisse à juger de la secousse. Cependant Roux ne tomba pas, l'homme fut sauvé, seulement les dix doigts de son sauveur avaient si violemment imprimé le fait sur les reins du sergent, qu'après avoir été sauvé de la chute, on crut qu'il mourrait de l'étreinte. Il eut pour vingt-quatre heures de courbature. Quant à Roux, il cracha le sang pendant vingt-huit jours. Le roi de Naples vint le voir, le remercia et lui donna la croix qu'il porte. Crois-tu maintenant qu'il cassera la perche?

— Je commence à le croire ; mais tu me disais que la fin de l'histoire du sergent était assez curieuse.

— C'est vrai. Sais-tu ce qu'il fit, le sergent?

— Est-ce qu'il envoya des couverts de bois, lui?

— Non, c'est d'un autre genre. Il fit, avec ses parents, un pèlerinage à Saint-Janvier, pour le remercier de l'avoir sauvé.

— Et Roux?

— Il ne le remercia pas. Maintenant, je t'assure que ce Roux est un homme extraordinaire; il lui est arrivé les aventures les plus étranges. En Suisse, où il avait gagné une vache dans une lutte publique, dix-huit hommes sont tombés sur lui, lui ont administré une volée que le diable en aurait pris les armes, comme on dit, et l'ont jeté dans un ravin d'où il a trouvé moyen de revenir. A Genève, à Palerme, à Pétersbourg, à Venise, à Milan, dans toutes les capitales de l'Europe, il a, depuis trente-deux ans, battu tous les lutteurs connus. Du reste, tu le verras à l'œuvre. »

Le dimanche venu, nous nous rendîmes rue Jean-Goujon, au gymnase dont M. Roux est aujourd'hui le propriétaire et le directeur, et qui a été fondé, comme je le disais plus haut, par le colonel Amoros. Ce gymnase se compose simplement de deux salles. La première est celle des haltères; la seconde est celle de la gymnastique proprement dite. Cette dernière salle était occupée par une centaine d'enfants et de jeunes gens, sautant, grimpant, descendant avec animation, mais sans désordre, sans danger. Il y en avait là depuis l'âge de quatre ans jusqu'à l'âge de vingt-cinq. Quand on assiste au spectacle de ces exercices sains, ingénieux, amusants, on se demande comment tous les parents n'envoient pas leurs fils et leurs filles faire de la gymnastique au moins trois fois par semaine. J'ai vu là un garçon de quatorze à quinze ans, qui avait l'air d'une réduction de l'Apollon antique. Rien ne peut donner une idée de l'agilité, de la grâce, de la hardiesse, de la force de ce jeune homme qui porte encore dans certaines lignes du visage les traces des inquiétudes que sa santé délicate dut inspirer autrefois à sa mère. L'exercice a sauvé cette frêle organisation et développé chez ce jeune homme une élégance grecque.

M. Roux fit exécuter par ses élèves et ses professeurs, devant le prince Napoléon, qui assistait à cette séance et qui est un de ses élèves, des sauts, des voltiges, des promenades aériennes à donner le vertige à ceux-là même qui ne quittaient pas la terre du pied. Au bout de dix minutes de ce spectacle, on se rendait parfaitement compte du procédé par lequel l'intelligent professeur arrive à supprimer tout le danger de ces exercices et à en tirer graduellement des résultats si salutaires pour les jeunes corps qu'on lui confie. Rien n'est plus amusant que les chutes anodines, que les maladresses gracieuses de tous ces gamins jaloux de se surpasser les uns les autres. Vous trouveriez là la preuve de ce que j'avançais tout à l'heure, de ce besoin de mouvement inhérent à l'enfance, et qui exploité, régularisé par un maître expérimenté formera la base d'une santé à toute épreuve.

M. Roux nous fit ensuite passer dans la salle aux haltères. Disons-le tout de suite pour ceux qui ne le savent pas, ces haltères sont deux boulets réunis par un petit arbre de fer : il y en a depuis une livre, pour les enfants, jusqu'à cent quarante livres pour les athlètes. Avec un haltère dans chaque main, selon son âge et selon sa force, il s'agit d'exécuter des mouvements destinés à faire jouer ensemble tous les muscles du corps, et de l'habituer à cette harmonie des forces sans laquelle tout exercice un peu violent peut devenir un danger.

C'est dans cette salle que devait avoir lieu l'expérience de la perche. Sans mise en scène ridicule, sans charlatanisme, sans même déboutonner sa redingote, M. Roux prit la perche dont j'ai indiqué plus haut les proportions, en appuya un des bouts contre la base du mur gauche, l'autre bout contre son épaule, monta sur la planche qui supporte les haltères et qui est à dix pouces du sol, affermit un pied contre le mur de droite, et se pencha sur ce grand gueux de morceau de bois qui ne paraissait pas du tout disposé à plier. Il resta une ou deux minutes, immobile, à croire qu'il était devenu de bois comme l'obstacle ; puis le sang commença à colorer le visage, les veines du front se gonflèrent, la perche, de droite qu'elle était, devint légèrement courbe, un petit craquement se fit entendre, et l'homme tomba sur les genoux, pendant que la perche se brisait en deux morceaux, aux applaudissements de toute la salle.

J'oubliais de dire qu'avant M. Roux, quatre hommes, des plus forts de Paris, avaient essayé inutilement ce qu'il venait de faire avec une force et avec une simplicité surprenantes.

Je regardai cet homme avec admiration, avec envie. Toutes mes ambitions de collégien reparaissaient.

M. Roux me devina sans doute, car il s'approcha de moi, et me dit :

— Monsieur, vous pesez cent soixante-dix livres ?

— Juste.

— C'est dix livres de trop ; et quand vous aurez perdu ces dix livres inutiles, vous serez un des hommes les plus forts de Paris, parmi les hommes qui ne font pas métier de leur force, bien entendu.

— Vous croyez.

— J'en suis sûr. Sans compter qu'en faisant l'exercice nécessaire pour arriver là, vous perdrez les malaises auxquels vous êtes sujet.

Alors, avec une lucidité merveilleuse, il m'expliqua ce que je ressentais, m'en définit la cause et m'en promit le remède.

— Je ne suis pas médecin, me dit-il, mais il m'a passé tant d'hommes par les mains qu'à première vue maintenant je sais ce qu'un corps a de bon et de mauvais, et le parti qu'on peut en tirer. Je vous répète donc qu'il n'y a qu'un contre-poids naturel au travail de tête que vous faites : c'est l'exercice, et l'exercice raisonné qui ne laisse inactive aucune partie de votre corps.

— Apportez un poids de cent livres, dit-il à un professeur.

Le professeur apporta l'haltère.

— Enlevez-le, dit Roux au même professeur ; lequel plaça le poids à terre entre ses deux pieds, le saisit par la poignée, et d'un seul élan l'enleva au-dessus de sa tête, où il le maintint avec son bras tout droit ; après quoi, il le laissa retomber.

— Faites-en autant, me dit Roux.

Je me mis à rire.

— Essayez.

J'essayai.

J'enlevai le poids jusqu'à la hauteur de mes reins, et je le lâchai bien vite ; j'avais fait tout ce que je pouvais faire.

— C'est bien, me dit Roux ; venez ici trois fois par semaine ; dans dix leçons, vous aurez maigri de cinq livres ; dans un mois, vous vous porterez à merveille, et dans six semaines, vous ferez ce que cet homme vient de faire, vous lèverez le poids de cent.

Le lendemain, mon ami et moi nous étions les élèves de Roux.

Je ne pèse plus que 163 livres, je me porte fort bien, et je lève le poids de cent jusqu'à ma tête. Il est vrai que j'ai encore quinze jours devant moi pour le lever par-dessus.

Au sortir de ces leçons, le corps éprouve ce bien-être si rare qui résulte d'une fatigue naturelle et proportionnée aux forces positives. Ce que j'aime dans ces sortes d'exercices, c'est qu'ils nous font réellement revivre, pendant qu'on les fait, les plus naïves années de la jeunesse. On redevient enfant ; on se sent timide, poltron devant certaines difficultés ; on ne s'occupe que de son corps ; l'esprit se repose complétement ; on met son amour-propre à passer sur une poutre, à descendre par une corde, à sauter plus ou moins haut, plus ou moins loin, à lever un poids plus lourd que celui de la veille, à faire tout ce qu'on voit faire aux autres élèves.

La santé y gagne directement par l'exercice même et indirectement par l'hygiène, à laquelle cet exercice soumet celui qui veut le faire sérieusement. On a tout de suite la mesure de la somme de force perdue dans un excès récent, et l'on supprime cet excès. On sait que le cigare fatigue la poitrine ; on ne fume plus ou l'on fume moins ; on sait que la veille énerve, on se couche plus tôt, en se disant : Il faut que je lève le poids de cent demain ; on sait que le café irrite les nerfs, que le vin épaissit le sang, on abandonne le café, on boit de l'eau rougie, on réforme tous les abus ; on se ménage de toutes les façons, car on ne le dit pas, mais, au fond, secrètement, on voudrait arriver à rosser les cochers de fiacre insolents, les maçons qui marchent tout carrés dans les rues et qui couvrent de plâtre les habits noirs qu'ils rencontrent, et les camionneurs barbares qui battent, au grand émoi des femmes, leurs chevaux trop chargés.

La force physique a un empire énorme sur les masses. Je me rappellerai toujours une anecdote qui m'en a donné la preuve.

Un de mes amis faisait bâtir sur les nouveaux terrains de Tivoli, fort déserts à cette époque, une maison pour lui et sa famille. Dans une des salles basses de cette maison encore fraîche et inhabitée, il venait chaque jour prendre des leçons de savate, puisqu'il faut nous servir du véritable mot. Un matin, il sortait de sa leçon avec son professeur, et se disposait à rentrer chez lui, quand il se prit de querelle avec un carrier énorme, qui, avec trois ou quatre compagnons, déposait des moellons devant sa porte.

— Ces moellons ne sont pas pour moi, dit mon ami à cet homme, et cela très-poliment, il ne faut pas les déposer devant cette maison qui est la mienne.

— On m'a dit de les déposer ici.

— On a eu tort.

— Tant pis. Nous avons commencé, nous finirons.

Il faut dire que le propriétaire en question n'avait pas l'air d'un colosse, mais d'un simple bourgeois, que les carriers étaient au nombre de cinq ou six, et qu'ils savaient que la raison du plus fort est toujours la meilleure.

— Vous allez recharger ces pierres.

— Allez...

L'élève se tourna vers le professeur.

— Si j'essayais le coup de figure, lui dit-il tout bas.

— Oui, c'est une bonne occasion, répondit le professeur avec le plus grand flegme, oui, essayez le coup de figure.

— Vous ne voulez pas vous en aller, vous et vos moellons, reprit patiemment le propriétaire.

L'homme ne répondit même plus.

— Alors il faut employer la force.

L'homme se mit à rire en regardant ses camarades, qui haussèrent les épaules de l'air le plus méprisant et continuèrent leur besogne.

Le bourgeois se mit entre la voiture et le carrier.

— As-tu fini, grogna celui-ci pendant que les autres s'approchaient en grognant comme lui, semblables à des dogues qu'un chien d'une autre race est venu flairer de trop près.

Le bon bourgeois, devant sa maison, ne bougea pas.

Le colosse se mit en colère, et sans autre explication, après s'être assuré que la rue était toujours déserte, il s'approcha de son adversaire en étendant vers lui ses larges mains d'une façon peu rassurante; mais avant que ses deux mains eussent touché le collet de l'habit, l'homme roulait par terre, en poussant un cri et la figure pleine de sang.

Mon ami avait essayé le coup de figure qui lui avait parfaitement réussi, autrement dit, il avait envoyé dans le visage du carrier un tel coup de botte, qu'il lui avait cassé deux dents et à moitié crevé un œil.

— Que vous disais-je, dit le professeur, que c'était un coup infaillible, et en même temps il se mettait en garde pour prêter main-forte à son élève dans le cas où les autres carriers voudraient venger leur camarade; mais au lieu de le ramasser, ils crièrent : Bravo! au vainqueur, et se mirent à *blaguer* le vaincu.

Après quoi ils le conduisirent chez le marchand de vins, où mon ami leur paya à boire.

Et le vin passa d'autant mieux par la bouche du carrier, que ses dents de devant ne le gênaient plus.

La méthode de M. Roux a cela d'excellent que, tout en reposant sur une même théorie, elle se plie aux différentes organisations des élèves. Les uns sont sanguins, les autres sont nerveux; celui-ci, car il n'a pas à ses leçons que des enfants, celui-ci reste dans un bureau une partie de la journée, celui-là fait un travail d'imagination. L'un est un artiste, l'autre est un homme du monde ; M. Roux se rend compte admirablement des différents genres d'existence par suite des variétés de tempéraments, et il applique à chacun la mesure et la forme d'exercices qui correspondent le mieux à sa vie de chaque jour. Il y a donc distraction, repos et santé dans cette fatigue régulière. Pour ma part, je sais que je vois venir avec une joie de collégien cette heure de récréation que je me suis accordée tous les deux jours, qui résume toutes les nécessités de marche, d'air et d'exercice dont notre machine humaine a besoin pour ne pas s'atrophier, et après laquelle je reviens plus alerte, plus lucide et plus entrain, me remettre au travail interrompu.

Du reste, M. Roux a le génie de son art, car c'est un art véritable. Pour prouver l'utilité de son système il a, dans plusieurs villes de France, comme à Elbeuf, à Caen, fondé à ses frais des gymnases pour les pompiers, laissé des professeurs capables de lui succéder, et rapporté de tous les endroits où il a séjourné et professé des lettres des préfets, des généraux, pleines de félicitations et de reconnaissance pour les excellentes leçons, toujours gratuites, qu'il avait données aux militaires. On ne saurait mieux prouver la vérité d'une théorie qu'en appliquant à sa propagation une partie de la fortune qu'avait produite la pratique. C'est ce que M. Roux a fait avec un désintéressement au-dessus de tout éloge.

Sur ce, comme il est une heure, je termine mon article, et je vais lever le poids de cent, ou du moins essayer de le lever.

Le journal *le Mousquetaire*, février 1854.

LES
PREMIÈRES REPRÉSENTATIONS

Les Premières, dans notre langue parisienne (qu'il ne faut pas confondre avec la langue française), les premières veulent dire : Les premières représentations.

Les premières ne sont pas comme les courses de chevaux en Angleterre, comme les combats de taureaux en Espagne, comme les kermesses en Hollande, un de ces plaisirs nationaux qui affolent, pendant un certain temps, tout un pays ou toute une ville ; ce n'est que la passion, à une heure dite, tout à coup, de cette fraction parisienne que, dans cette même langue particulière aux Parisiens, on appelle : *tout Paris*, et qui, en réalité, se compose de deux cents individus, mettons trois cents pour ne blesser personne.

Avec ces trois cents individus, lesquels se transportent pendant tout l'hiver dans tous les théâtres de la capitale, mais aux Premières seulement, il faut que nous comptions, nous, auteurs dramatiques, car ils constituent, sans appel, ce qu'on nomme l'opinion ou plutôt le goût de Paris, par conséquent de la France, et en matière d'art du monde entier, car les Français ont fini par faire croire qu'ils réglaient le goût du monde. Disons tout de suite que le monde c'est Londres, Pétersbourg et Vienne.

Ce groupe de juges définitifs est formé des éléments les plus dissemblables, les plus incompatibles les uns avec les autres, comme esprit, comme mœurs, comme position. Ce sont des hommes de lettres, des gens du monde, des artistes, des étrangers, des hommes de bourse, des employés, des grandes dames, des commis de magasin, des femmes honnêtes, des femmes légères. Tous ces gens-là se connaissent de vue, quelquefois de nom, et, sans s'être jamais adressé la parole, ils savent d'avance qu'ils se retrouveront aux Premières et sont bien aises de s'y retrouver. Il est arrivé à la princesse ***, dans une de ces solennités, de remarquer l'absence de mademoiselle X... et de dire :

— Tiens, mademoiselle X... n'est pas là, est-ce qu'elle est malade ?

Elle ne parlait pas ainsi par sympathie assurément, du moins je le crois, mais par habitude, et ce jour-là mademoiselle X... avait l'honneur de manquer à la princesse ***.

Comment toutes ces personnes si différentes les unes des autres, et qui ne sont appelées que dans les théâtres à rendre ensemble un jugement sur une question générale, se sont-elles si bien donné le mot et s'entendent-elles si bien ! Voilà ce qui est inexplicable, même pour un Parisien. Cela fait partie, comme le rêve, la migraine, la rate et le choléra, des choses mystérieuses de la nature. Je constate un fait dont j'ignore absolument la cause.

Ce sont des courants, dirait un physiologiste, des atomes crochus, dirait un philosophe.

Cette faculté d'appréciation, mais d'appréciation toujours juste, n'implique pas une éducation ou une instruction de premier ordre ; il en est parmi ces tout-puissants qui n'ont jamais lu un livre, ni même une pièce de théâtre, qui ne savent pas très-bien qui a composé tel ou tel chef-d'œuvre dramatique des époques précédentes, et dont néanmoins la décision est irrévocable. Affaire de goût naturel et d'expérience acquise. Ces gens-là soupèsent une comédie ou un drame, comme un garçon de bain calcule la chaleur de l'eau rien qu'en plongeant la main dedans, comme un garçon de la Banque compte mille francs en or ou en écus en jetant un certain poids de pièces d'or ou d'argent d'une main dans l'autre.

Les gens du métier, les confrères en dehors même de la question de jalousie ou de sympathie, les critiques de profession les plus consciencieux et les plus intègres peuvent se tromper et se trompent très-souvent sur la carrière que doit fournir une œuvre de théâtre ; ces trois cents individus ne se trompent jamais.

Une pièce peut avoir réussi, bruyamment, avec éclat, avec transport, à la première ; si une de ces trois cents personnes vous dit : Ce n'est pas un succès, vous verrez, vers la *quarantième*, les mauvais symptômes se déclarer. Les symptômes sont des réclames ainsi conçues à la troisième page des journaux : Jamais le théâtre *** n'a obtenu un succès égal à celui de la pièce qu'il représente en ce moment. Tous les soirs on rappelle M.*** et madame *** — Ou bien : Les recettes du théâtre *** se sont élevées ce mois à la somme de.... — ou bien : Le théâtre *** a dû faire établir deux bureaux pour répondre à l'empressement du public, etc., etc.

Règle générale : Un théâtre ne commence à faire parler de son succès que lorsqu'il commence à ne plus en être sûr.

Le soir même d'une première, Paris sait à quoi

s'en tenir sur l'œuvre nouvelle. Les trois cents spectateurs en question se répandent, après le baisser du rideau, dans tous les endroits où se font, se défont et se transforment les renommées, dans les cercles, dans les cafés, sur les boulevards, chez les femmes du monde et dans le monde des femmes.

Au bout d'une heure il y a un grand homme de plus ou de moins, voilà tout.

Les jugements de cet aréopage sont rendus dans une formule particulière toute pleine de nuances.

Si l'on voit entrer au cercle, ou si l'on rencontre en quelque autre lieu que ce soit, après la représentation, un de ces habitués des Premières, et que l'on s'intéresse peu ou prou aux choses de théâtre, on lui dit :

— Hé bien, la pièce de ce soir ?
— Peuh !
— Ce n'est pas bon ?
— Il y a un acte, ou une scène, ou un mot.
Ce qu'il y a, il l'a vu.
— Ça fera-t-il de l'argent ?

Car, dans ce siècle où l'argent est tout, comme dans tous les siècles précédents et comme dans tous les siècles à venir, le succès d'argent est devenu l'argument quand même, pour les foules, bien entendu.

Vous qui me lisez, et moi qui écris, nous sommes au-dessus de ces choses-là, cela va sans dire.

L'habitué répond : Ça fera ou ça ne fera pas d'argent.

C'est fini, la pièce est jugée.

Il y a des variantes :

— Hé bien, la pièce de ce soir?
— Très-remarquable.
— Ça fera-t-il de l'argent?
— Non.
— Pourquoi?
— Je n'en sais rien.
— C'est mal joué?
— C'est très-bien joué.
— Alors...
— Alors ça ne fera pas d'argent, voilà tout ce que je puis vous dire. Ça en fera peut-être à la reprise, si on reprend la pièce.

Il ne peut pas définir les raisons, mais il les devine. C'est le sixième sens qui fonctionne, le sens parisien.

Autre variante :

— Hé bien, la pièce de ce soir?
— C'est idiot. (Langue parisienne.)
— C'est tombé alors?

— Non, un succès à tout rompre.

— Il ne faut pas y aller?

— Si, allez-y, il faut voir ça.

— Pourquoi?

— Je n'en sais rien, mais il faut voir ça.

Tels sont les dialogues qui suivent une première, voyons ceux qui la précèdent.

Si la pièce annoncée pour le soir est d'un des deux ou trois hommes dont l'œuvre est un événement, voici ce que vous entendrez probablement dans les lieux publics ou dans les réunions intimes de la journée.

— Qu'est-ce que vous faites ce soir?

— Ce que je fais? Mais je vais à la *Première* de Ponsard ou d'Augier.

— Ah! c'est ce soir?

Celui ou celle qui dit cette dernière phrase n'a jamais été et ne sera jamais dans les trois cents. Un Parisien qui ne sait pas *qu'il y a une Première* peut être né à Paris, ne l'avoir jamais quitté, mais ce n'est pas un Parisien. Vous aurez remarqué que la personne interpellée a dit : « Je vais à la Première de Ponsard ou d'Augier. »

En effet, quand une pièce nouvelle porte un nom de cette notoriété, ce n'est plus une Première, c'est la *Première* de tel ou tel.

L'écrivain occupe-t-il le second rang, — voici le dialogue :

— Qu'est-ce que vous faites ce soir?
— Je vais à la Première de tel théâtre.

L'auteur ne fait plus rien à l'affaire. C'est la Première qui est importante par son seul fait de Première, c'est-à-dire par la réunion d'un certain nombre de personnes avec lesquelles il faut se trouver si l'on est du monde ; entendons-nous, si l'on est de son monde, à soi ; car maintenant, à Paris, chacun a le sien et c'est, à l'envers de ce qui se passait jadis, le mélange de ces mondes hétérogènes qui constitue le monde parisien.

N'allez pas croire que ces trois cents juges vont exprimer leur opinion pendant la représentation de la pièce nouvelle, et qu'ils vont se trahir par la rigueur, ou l'impatience, ou la netteté de leurs impressions.

Loin de là. Ils n'applaudissent pas, ils sifflent encore moins, ils ne bâillent pas, pour qui les prenez-vous, ils ne s'en vont pas avant la fin, ils ne rient pas outre mesure, ils ne sauraient pleurer non plus, et, si vous ne les connaissez pas, je vous défie de les deviner à aucune manifestation extérieure.

Un regard échangé à un certain moment avec un ami dans la salle, ou même, et voilà qui est admirable dans ce langage franc-maçonnique des

Parisiens, un simple clignement d'yeux, interpellant un des deux cent quatre-vingt-dix-neuf autres sans être personnellement connu de lui, et la pièce est jugée. Tous ces initiés placés les uns en bas, les autres en haut, ceux-ci en pleine lumière, ceux-là dans l'ombre, magnétiquement reliés par une sensation commune, deviennent pendant cette soirée, en dehors de leurs mœurs ordinaires, confidents et amis les uns des autres.

Ils communient à la même table sous les espèces du goût.

Cette télégraphie s'établit à travers la salle, invisible et positive. Celui-ci prend sa lorgnette d'une certaine façon, celle-là se gratte le bout du nez d'une certaine manière ; un demi-sourire ici, un œil fermé là, tout est dit. L'auteur est dans le filet de ces oiseleurs impitoyables. Il peut se débattre, tant qu'il veut, il est pris. D'ailleurs il le connaît bien ce public partiel, et la salle peut s'effondrer sous les bravos, si le bataillon sacré ne *donne* pas, il sent qu'il manque quelque chose à son succès et comprend qu'il manque quelque chose à sa pièce ; et quand tout le monde le félicite à la fin, il pense malgré lui à ce demi-sourire, à cet œil fermé, à cette lorgnette prise d'une certaine façon, à ce nez gratté d'une certaine manière, car il a tout vu, le malheureux. Cependant on offrirait à l'auteur d'exclure les trois cents de sa Première, il n'accepterait pas, quoi qu'il ait à redouter d'eux. Une pièce qu'ils n'auraient pas poinçonnée ne serait pas une pièce et ne le deviendrait jamais. Mais si on les émeut, si on les prend, si on les empoigne (langue parisienne), quel triomphe. C'est rare, mais ça se voit. Alors l'œuvre reste.

Vous avez entendu dire certainement qu'il y a en France des chefs-d'œuvre incompris. Ce n'est pas vrai. Il n'y a pas de chefs-d'œuvre incompris, il n'y en a jamais eu. Comment saurait-on qu'un chef-d'œuvre est incompris ? Le déclarer incompris serait le proclamer chef-d'œuvre; le proclamer chef-d'œuvre serait le déclarer compris. Le jour où Boileau déclarait le *Misanthrope* chef-d'œuvre, le *Misanthrope* pouvait *ne pas faire d'argent ;* il avait trouvé les spectateurs qu'il lui fallait. On a toujours le public pour lequel on écrit. Ne pas être compris de ceux qui ne comprennent pas, ce n'est pas ne pas être compris ; et ceux qui comprennent comprennent tout. Disons, si vous voulez, que certaines œuvres d'un ordre supérieur ne fournissent pas, à première vue, la même carrière que d'autres productions insignifiantes dont la foule s'engoue ; disons qu'il est regrettable que la pensée d'un homme de génie ne puisse pas se répandre dans les masses aussi facilement que les lieux communs des hommes de métier ;

disons enfin qu'il est malheureux qu'un grand artiste, à quelque forme de l'art qu'il appartienne, ne recueille pas immédiatement tous les bénéfices d'une belle et haute conception, mais ne disons pas qu'il est incompris, puisqu'il a justement pour lui le public qu'il veut avoir, les trois cents pour lesquels il a travaillé, et que son rival inférieur et plus heureux échangerait volontiers, une fois sa fortune faite, contre ses milliers de spectateurs.

J'entends aussi très-souvent critiquer le mauvais goût du public. Est-ce bien le public qui a mauvais goût? De ce que la foule va entendre cent cinquante ou deux cents fois une composition vulgaire dont un homme de sens ne voudrait pas entendre, ni surtout lire une scène, s'ensuit-il absolument que cette foule a mauvais goût? Non. Il s'ensuit que les auteurs qui font ces choses-là font de mauvaises choses, et le public parisien, pour qui le théâtre est un besoin, se contente momentanément de ce qu'on lui donne. Ce n'est pas lui qui a choisi ce genre facile, c'est l'auteur qui a trouvé plus facile d'exploiter ce genre. Pourquoi le public ne va-t-il pas plutôt entendre *Phèdre* ou *Britannicus*, que telle ou telle farce? Parce que le directeur de théâtre qui est forcé de jouer *Phèdre* ou *Britannicus* une fois par semaine pour expliquer sa subvention, sinon pour la gagner, n'apporte pas, pour la représentation de ces chefs-d'œuvre, la même attention, les mêmes soins, les mêmes éléments de succès que le directeur qui doit donner du nouveau à ses risques et périls, et qui veut faire sa fortune. Donnez pour interprètes à *Britannicus* et à *Phèdre* des artistes qui soient à ces chefs-d'œuvre ce que M. Dupuis et mademoiselle Schneider sont à la *Belle-Hélène* et à *Barbe-Bleue* et la foule se portera aux œuvres des maîtres comme elle se porte aux bouffonneries. Ce que veut le public, c'est le plus haut point de perfection possible dans le genre qu'on lui offre, et il aime mieux, en quoi je l'approuve, une farce qui touche au sublime du genre, que le sublime tombant dans la farce par la manière dont il est présenté. Quand mademoiselle Rachel jouait Phèdre ou Hermione, le Théâtre-Français faisait salle comble; était-ce le jeu seul de mademoiselle Rachel qui attirait la foule? Non, puisque cette même foule diminuait au moins de moitié quand l'artiste jouait une médiocre tragédie contemporaine. Ce qui attirait le public, c'était cette association d'un chef-d'œuvre avec une grande actrice. Cela composait un spectacle dans les conditions absolues du beau, et la foule accourait.

Le jour où madame Allan jouait le *Caprice*, le Théâtre-Français faisait de nouveau salle comble avec ce seul petit acte, parce que la pièce et la comédienne arrivaient à la perfection dans le charmant comme mademoiselle Rachel et Hermione dans le beau. Redonnez aux chefs-d'œuvre l'interprétation qu'ils méritent, et les chefs-d'œuvre attireront les masses. Mais vous ne pouvez véritablement exiger d'elles qu'elles passent les ponts pour aller entendre estropier les sublimités de Racine et de Corneille par des acteurs de quatrième ordre.

Non, le public n'est pas aussi léger qu'on l'en accuse ; il donne son argent et sa personne un peu au hasard, mais il ne donne son estime qu'à bon escient. Il est une littérature qu'il traite comme on traite certaines femmes qu'on a l'air d'aimer, qu'on aime peut-être pendant quelque temps, mais qu'on ne salue pas quand on les rencontre. On offre à ce public une marchandise nouvelle ; il en achète, et comme elle est de celle qui ne se revend pas, il en a pour son argent. Il retourne deux fois, trois fois, dix fois à la même pièce pour passer une soirée, pour accompagner ses amis, pour distraire sa femme, pour en rencontrer une autre, pour entendre une ronde de cabaret, pour revoir une danse de barrière, pour les épaules de mademoiselle Henriette, pour les jambes de mademoiselle Flora, pour le corps tout entier de mademoiselle Jacqueline! Soit.

Eh bien! si cette ronde lui plaît, si cette danse l'égaye, si les épaules de mademoiselle Henriette sont belles, si les jambes de mademoiselle Flora sont bien faites, si le corps de mademoiselle Jacqueline est remarquable, si ce bruit, ces couleurs, ces lumières, lui font oublier pendant quelque temps les préoccupations, les regrets et les chagrins de la vie réelle, pourquoi voulez-vous qu'il s'abstienne! Sommes-nous des saints? sommes-nous des anges? le théâtre n'est-il pas un plaisir sensuel défendu par la religion, justement parce qu'il peut exalter en nous, et outre mesure, les délicatesses les plus raffinées de l'esprit et les plus vulgaires curiosités des yeux? Les véritables puritains s'abstiennent de tout spectacle.

Je le déclare ici, devant l'*Europe assemblée*, je n'ai jamais vu le public injuste, méchant, ni bête, c'est le mot dont on se sert à son égard quand on n'est pas dans ses faveurs. Là où il se porte il y a toujours quelque chose, soit dans la pensée même de l'œuvre, soit dans son interprétation, qui mérite son déplacement. Là où il ne veut pas aller, il y a une raison toujours très-bonne pour qu'il n'aille pas.

Il ne demande qu'à s'amuser, en quoi il a raison, le théâtre n'étant pas un lieu d'épreuves et de mortifications. Il a été plus souvent indulgent pour ce qui était médiocre qu'inintelligent pour ce qui était bon. D'une masse d'hommes assemblés pour porter un jugement dans les choses de la conscience et de l'esprit, il se dégage une moyenne qui est toujours la justice.

Cependant on parle de cabale, c'est-à-dire à une Première d'un certain nombre de spectateurs venus avec la ferme résolution de siffler et de faire tomber la pièce. Pendant assez longtemps, quand un ouvrage dramatique tombait, mais tombait ce qui s'appelle bien, l'auteur et le directeur disaient : Il y avait une cabale ; les amis, les artistes, les employés, les machinistes répétaient : Il y avait une cabale ; et le public disait naïvement : Il paraît qu'il y avait une cabale.

Erreur ! Consolation de l'amour-propre blessé ! Argument des gens en faute : il y a toujours une cabale ; il n'y en a jamais, c'est-à-dire qu'à toute Première il entre un certain nombre d'individus très-désireux d'assister à une chute. Affaire de concurrence, de rivalité, d'envie entre auteurs, directeurs et comédiens, parce qu'il y a encore en France cette conviction que l'homme qui occupe une situation élevée nous prend cette situation, qu'il n'y avait justement que cette place-là pour tout le monde, et que s'il n'y était pas, nous y serions tous. Mais il se trouve aussi que ces jaloux, ces envieux, ces ennemis, sont précisément les seuls spectateurs qui ne peuvent pas manifester tout haut leur opinion secrète ; et comme ils occupent eux-mêmes dans l'art une position quelconque, ils seront par cela même condamnés au silence, ou, ce qui est plus douloureux encore, à une apparente sympathie. Disons tout. Si peu artistes que soient ces adversaires naturels, ils le sont cependant un peu, et quand l'œuvre est bonne ils se laissent entraîner, ils applaudissent très-franchement.

Je me rappellerai toujours le mot d'un de nos confrères, homme de talent, mort aujourd'hui, qui tenait dans la littérature dramatique un rang élevé. Il avait écouté, sans décroiser les bras, les quatre premiers actes d'une comédie qui obtenait un grand succès tout autour de lui, et qui allait le faire descendre de deux ou trois échelons. Au cinquième acte l'artiste l'emporta tout à coup sur l'homme, et, suivant le mouvement général, il s'écria malgré lui, en battant des mains :

— Ma foi, tant pis, il faut que j'applaudisse.

Et depuis ce jour il fut un des partisans les plus sincères de l'auteur qu'il n'avait jamais voulu connaître jusqu'alors.

Voilà ce qui arrive de toutes les cabales : elles sont étouffées quand l'œuvre est bonne, elles triomphent justement quand l'œuvre est mauvaise ; toile d'araignée ou muraille d'airain, selon le vent qui souffle.

C'est une tradition qui nous reste des grandes soirées de 1830 à 1835. Le public se divisait alors en deux camps bien tranchés, l'un résolu à siffler toujours, l'autre à battre des mains quand même. Ce n'était plus une cabale, c'étaient deux cabales, l'une pour, l'autre contre. Ces représentations étaient des batailles qui n'étaient jamais ni complétement gagnées, ni complétement perdues. Comme après certaines batailles véritables, on chantait le *Te Deum* des deux côtés. Aujourd'hui le public ne nous fait plus tant d'honneur. Les choses se passent d'une manière plus simple, et quand nous tombons, c'est qu'il n'y a vraiment pas moyen de faire autrement.

Tout ce que nous pouvons faire, c'est d'avoir l'air de croire encore à la cabale, quand nous voyageons et que nous sommes forcés d'expliquer nos mésaventures à des personnes de province ; mais celui de nous qui voudrait invoquer sérieusement cette excuse, au milieu de ses confrères, se ferait rire au nez.

Les deux seuls exemples de cabale qui aient eu lieu dans ces derniers temps se sont produits, l'un à l'Odéon, l'autre au Théâtre-Français. Mais ce n'étaient pas des cabales littéraires, c'étaient des cabales politiques ; ce n'était pas aux écrivains qu'on en voulait, c'était aux personnes.

Non-seulement il n'y a pas de cabales, mais, au contraire, les salles sont *faites* de manière à assurer le succès; les quelques protestations qui se font jour quelquefois, bien rarement aux Premières, ne sont motivées le plus souvent que par les amis de l'auteur et par la claque, qui veulent imposer trop vite et trop bruyamment le triomphe de l'œuvre. Il est tout naturel, en effet, qu'un jour de Première nous remplissions la salle de nos amis, des amis de nos amis, des amis du directeur et des amis de leurs amis, des amis des comédiens, etc., etc... Mais nous ne saurions trop engager tous ces amis réunis à ne s'enthousiasmer que peu à peu par un crescendo dont la gradation est d'un effet sûr.

Ce jour-là et la veille de ce jour-là, nous faisons bien assez de mécontents au dehors sans nous en créer encore au dedans. Il nous est impossible de répondre d'une manière efficace à toutes les demandes et de faire entrer dans la salle tous les amis que nous avons.

Socrate, auteur dramatique ou directeur de théâtre, reviendrait bien vite, ce jour-là, sur ce qu'il disait des amis véritables.

Il est vrai que le lendemain il se retrouverait

tout seul dans sa petite maison d'Athènes ; car nos amis, à qui nous n'avons pu faire voir la première, se soucient fort peu de la seconde. Pour ma part, je n'ai jamais trouvé, jusqu'à présent, qu'un seul ami qui m'ait toujours demandé pour mes *secondes*, et pour mes secondes seulement, les deux places que je lui aurais volontiers données pour mes premières. Il est vrai que c'est un artiste qui ne se laisse pas influencer par le tapage du premier jour, quel qu'il soit. C'est le trois-cent-unième qui se fait reporter, comme on dit à la Bourse. Il veut connaître l'œuvre, l'entendre, la juger, la goûter. Il est un de ces malins qui viennent déjeuner dans les maisons où l'on a fait un grand repas la veille.

Cette mode des Premières a pris un tel développement chez nous, qu'on ne saura jamais le parti qu'un auteur en renom ou en vogue pourrait tirer, ce jour-là, de sa situation exceptionnelle. Sa femme, ses enfants, ses amis, son domestique, sa femme de ménage, ses fournisseurs, ses voisins, ses créanciers, le quelqu'un qui connaît quelqu'un qui le connaît, quiconque a le moindre rapport direct ou indirect avec lui devient un personnage important.

On le câline, on le dorlotte, on le flatte, on l'appelle : — Mon cher maître, — mon petit vieux, — mon illustre ami, — mon plus ancien camarade, — toi que je n'ai jamais oublié. — On lui fait des citations, on le tutoie en latin, on le compare à Molière, à Beaumarchais ; Regnard n'est pas suffisant ; on lui parle de sa mère ; on lui rappelle une personne aimée ; on met tout en jeu : les points suspensifs, les points d'exclamation, la plaisanterie, la tristesse, la grâce, la ruse ; les uns écrivent quatre pages, les autres un seul mot qui doit tout dire. Celui-ci fait valoir qu'il vous a rencontré il y a six mois ; il est vrai qu'on ne l'a pas revu depuis, mais on l'a rencontré il y a six mois, c'est un titre cela ; celui-là a beaucoup connu monsieur votre père, chez une dame qui est morte, bien malheureusement ; l'un est jeune, l'autre est vieux, l'un est un homme, l'autre est une femme, voilà des droits où je ne m'y connais guère. Bref, tous les gens qu'on connaît, une grande partie de ceux qu'on ne connaît pas, veulent assister à votre nouveau triomphe, et pour cela, naturellement ils s'adressent à vous ; c'est comme fait exprès, ils veulent tous être à la Première, et tous à de bonnes places.

Il y a des amis plus terribles que ces derniers, lesquels, en somme, ne sont pas des amis ; ce sont les amis sincères et discrets, qui n'osent pas vous ennuyer de leurs demandes, qui se disent que vous penserez à eux parce que vous les aimez, que vous aimez en effet, et à qui vous ne pensez pas. Au beau milieu de la représentation, tout à coup leur nom se met à flamboyer sur tous les décors, ou bien vous les apercevez en chair et en os dans la salle, ils ont payé sans rien dire leur stalle ou leur loge, ils applaudissent tant qu'ils peuvent ; ou bien s'ils n'ont pu entrer, quoi qu'ils aient fait, ils vous écrivent le lendemain pour vous féliciter parce qu'ils ont appris votre succès. Ces amis-là sont rares.

Pendant ce temps, tout Paris s'occupe de vous. Les maris, les amis, les amants, les domestiques prennent des voitures à l'heure, courent les bureaux de location, se bousculent à l'agence des théâtres, entrent chez les marchands de vins où se fait le trafic des billets ; il leur faut absolument une loge ; c'est pour madame une telle, et ils nomment une des célébrités du monde parisien, une de ces femmes nobles, riches, belles, dont le nom a coutume d'ouvrir toutes les portes et auxquelles il paraît impossible de rien refuser. S'ils n'ont rien trouvé, ils reviennent tout simplement au bureau de location ; alors on retourne les listes, on déplace, on triche, je ne sais comment on s'y prend, mais madame une telle a sa loge. Mauvais public, c'est moi qui vous le dis.

Je suis fâché d'imprimer ces choses-là, mais la vérité avant tout : les femmes du monde sont le plus détestable public d'une première représentation. Comme, en leur qualité de femmes du monde, elles trouvent que tout ce que l'on fait pour elles leur était dû d'avance, elles ne vous savent aucun gré de la peine que vous vous êtes donnée pour leur procurer le plaisir qu'elles vous demandaient.

Elles ne vont pas jusqu'à souhaiter que la pièce tombe, mais il leur est parfaitement indifférent qu'elle réussisse. Elles vous diront, dans l'un et l'autre cas : C'est charmant, comme elles diraient : il va pleuvoir, et elles se considèrent comme quittes envers vous.

Elles sont arrivées tard dans cette loge tant enviée par d'autres, elles y ont fait tout le bruit possible, elles ne se sont occupées que de la composition de la salle, elles n'ont fait attention qu'aux robes des actrices, elles ont causé tout le temps, elles n'ont pas écouté un mot, elles n'ont pas fait à l'auteur l'honneur d'attendre qu'on le nommât et sont même parties avant la fin pour avoir leur voiture tout de suite. Pour tout dire, il y en a quatre-vingt-dix sur cent qui n'ont absolument rien compris à ce qu'elles ont entendu ; ce qui les a le plus frappées, c'est une erreur d'étiquette ou de convenance ; elles ont remarqué que les personnages mis en scène se donnent leur titre quand ils se parlent, ce qui n'est pas du monde, ou que le valet de chambre n'a pas apporté la lettre du cinquième acte sur un plat d'argent.

La littérature, la musique, les arts font partie de leurs habitudes, mais non de leurs goûts. Elles vont au théâtre, aux expositions de tableaux, voire même aux réceptions académiques, comme elles vont aux courses ou à Bade; mais d'apprécier, de juger, de discuter, elles n'y songent guère. Dix femmes du monde, à une première, dans les loges d'entresol, sont à l'auteur ce qu'est au cheval favori une surcharge de soixante-quinze kilogrammes. Le cheval peut gagner tout de même, mais avec plus de peine, et s'il tombe, il se casse les reins.

Au point de vue de l'intérêt de l'auteur, le seul que nous puissions prendre en considération ici, le vrai public féminin, aux premières, c'est : d'abord les femmes de nos amis, de ceux qui exercent une autre profession que la nôtre bien entendu, celles qui savent ce que c'est que le travail et qui apportent non-seulement avec elles une curiosité naïve pour l'œuvre nouvelle, mais une sympathie déjà émue pour celui qui l'a exécutée. Celles-là ne demandent qu'à rire, qu'à pleurer, qu'à applaudir, qu'à trouver tout excellent, parce que c'est de quelqu'un qu'elles aiment, et que l'opinion des femmes, même dans les questions d'esprit, ne vient jamais que de leur cœur. En second lieu, les femmes de théâtre, qui toutes, sans exception, se laissent intéresser par les œuvres théâtrales, ont horreur des chutes par esprit de corps, et qui, s'il y a victoire, déchirent volontiers leurs gants pour mieux battre des mains; quelques étrangères, qui ne sont pas encore bien au courant des élégances parisiennes et qui ont le courage d'exprimer ce qu'elles sentent.

Enfin, faut-il le dire, hélas! les femmes galantes, qui se laissent passionner par habitude sans doute, et qui, n'ayant peur de se compromettre ni là ni autre part, se penchent à moitié en dehors de leur loge, crient, trépignent et iraient embrasser les acteurs par-dessus la rampe plutôt que de ne pas se faire remarquer. Voilà nos bonnes troupes les jours de bataille. Quant aux corps privilégiés, triste affaire ; beaux à la parade, mous au feu.

Vous comprenez très-bien que nous ne donnons qu'une valeur de circonstance à des choses et à des gens qui n'ont pas une valeur intrinsèque. Il y a des gens qui, comme les fiches de jeu, ne représentent qu'un capital momentané. La partie jouée, ces fiches ne sont plus que de l'ivoire ou de la nacre.

Nous ne disons donc pas (ceci est pour ceux de nos lecteurs qui ne demandent qu'à incriminer les tendances de l'auteur de la *Dame aux Camélias*), nous ne disons donc pas, ce qu'on nous a fait dire tant de fois malgré nous, que les femmes galantes valent mieux que les femmes du monde ; nous nous plaisons même à déclarer que pour mères, pour épouses, pour amies, et pour toutes les autres intimités du cœur celles-ci sont préférables à celles-là ; mais, pour les Premières, nous n'hésitons pas à déclarer que celles-là sont de beaucoup préférables à celles-ci, et nous conseillons fort à nos jeunes confrères encore inexpérimentés de se rallier à ce principe fondamental des bonnes Premières : l'exclusion des femmes du monde.

Un Russe, écrivain de talent, d'esprit, fit représenter il y a quelques années, sur le théâtre du Gymnase, une charmante pièce en trois actes que Scribe n'aurait pas désavouée. Malheureusement, cet étranger, si Parisien qu'il fût, ne savait pas ce que c'était qu'une Première à Paris, et, comme il était de bonne maison, il crut devoir faire les honneurs de cet événement à toutes les femmes et à tous les hommes de son monde. Il loua toutes les loges, il en racheta aux marchands de billets pour pouvoir les offrir à la comtesse, à la baronne et à la princesse, à l'exclusion des trois cents, qui, voyant où l'on voulait en venir, se retirèrent sans discussion.

Il parvint ainsi à composer une représentation pour l'almanach de Gotha. De ce public élégant, maniéré, hypocrite, il ne se dégageait pas un souffle d'air respirable pour la pensée. Figurez-vous un poëme chinois de trois mille vers, débité devant une Académie française. Tous les pauvres mots d'esprit, chatoyants et légers, accueillis d'un sourire de bon goût, retombaient à plat sur tous ces habits noirs comme des papillons frappés d'apoplexie. A force d'épurer l'air, l'auteur l'avait rendu inhabitable. La pièce fut embaumée sans avoir vécu.

Or, à cet auteur, qui m'avait communiqué son manuscrit, j'avais prédit un succès, car il ne pouvait me venir à la pensée que, du moment où il faisait jouer une pièce à Paris, il ne la ferait pas jouer devant un public parisien. Il vint donc me demander l'explication de l'accueil glacial qu'on avait fait à sa comédie. Je la lui donnai, et il repartit pour Saint-Pétersbourg en me disant :

— Décidément, c'est trop difficile d'être Parisien.

Il avait su faire une pièce, il n'avait pas su faire une salle, et il vaut quelquefois mieux, pour une Première, avoir bien fait sa salle qu'avoir bien fait sa pièce.

Il y a des hommes de génie dans cette composition préparatoire. Bouffé, l'ancien directeur du Vaudeville, était un des maîtres du genre, et, comme on a pu le voir, il a laissé de bonnes traditions à son théâtre. Certains auteurs savent, comme Mithridate, les noms de tous leurs soldats. Il n'entre pas à leur Première un spectateur payant ou non payant, dont ils ne connaissent les habitudes, le caractère, la famille, et qui n'ait antérieurement donné des garanties et des preuves d'un dévouement aveugle.

Il faut subir un examen pour être inscrit, avoir prêté serment, précautions inutiles là comme ailleurs. A peine êtes-vous entré dans la salle, que vous êtes sous la surveillance des grands-parents. Ils savent qu'il faut mettre M. un tel, sur qui on ne peut pas compter absolument, entre X. et Z., qu'il ne connaît pas, mais qui sont sûrs et qui l'assommeraient au besoin. Mademoiselle A... sera ici, mademoiselle B... sera là; il faut que celle-ci ait attendu sa loge jusqu'à cinq heures et l'ait payée très-cher. Il faut que celle-là ait reçu la sienne trois jours à l'avance au prix de location, parce que, être agréable à mademoiselle A... une heure avant, et à mademoiselle B... trois jours à l'avance, c'est être agréable à M. C..., à M. D..., à M. E..., à tous ces messieurs qui sont de fondation à l'orchestre, qui font partie du Jockey ou du Mirliton, et qui diront le soir au club, en gens reconnaissants et bien élevés : C'est la meilleure chose de l'auteur. Le placement des baignoires est un travail, il ne faut laisser entrer là que des amis sûrs, qui consentent à ne pas être vus un jour de Première, qui peuvent *donner* avec la claque, et jeter au milieu du silence ces : *Ah! bravo, ah! charmant*, involontaires, qui doivent éclater dans une salle bien faite comme des grains de poudre dans un foyer éteint.

Mes chers confrères, je vous recommande bien les baignoires. C'est de là que part, si l'on n'y prend garde, le feu le plus meurtrier, celui qui rase la terre, et qui coupe les jambes. Sachez aussi placer *mal*, mais en évidence, aux secondes loges, voire même aux troisièmes, une femme connue, mais une seule : deux, ce ne serait plus original ni utile.

— Tiens! une telle qui est aux secondes loges ou aux troisièmes.

— Elle n'a pas pu avoir autre chose.

Et une telle qui n'a qu'une idée, c'est de se faire remarquer, là surtout, salue, se démène, fait des signes, en ayant l'air de dire : « Oui, je suis là, moi, moi, comprenez-vous! mais pour une pièce comme celle-ci j'aurais été bien autre part. »

Excellente réclame.

Il y a aussi l'ami qui *fait* les couloirs pendant les entr'actes, qui renchérit sur le succès, qui explique, qui annonce, qui chauffe, qui *remet du bois*, en termes de coulisses.

Il y en a un à Paris, un qu'on paierait au poids de l'or, s'il n'était un allié volontaire et désintéressé.

Mes confrères le connaissent bien et moi aussi; mais ce n'est pas eux qui le nommeront, ni moi non plus.

Il y a aussi la femme énigmatique.

Ah! si l'on peut planter dans une grande loge de face une belle personne pâle, brune, impassible, dont personne ne puisse dire le nom, on peut être tranquille. Elle sauve les longueurs, on la lorgne pendant ce temps-là.

C'est difficile. Une femme inconnue à Paris, ça ne se rencontre qu'une fois : la première.

L'ex-belle madame A. de T.... qui a fait son apparition à Paris, le soir des *Faux Bonshommes*, n'a été inconnue que trois quarts d'heure. Il y avait dans la salle deux officiers de la garnison de Metz.

Enfin, enfin.....

Tous les billets sont donnés, vendus, livrés, dérobés, trafiqués ; les amis, les ennemis, les claqueurs, les indifférents, les curieux, tout le monde est là.

Abeilles et frelons bourdonnent dans la ruche : il n'y a plus une place à donner ; chaque carreau de loge est une tête. On se reconnaît, on se salue, on se sourit, on discute d'avance, on questionne, on présage, *on fait des mots*. L'auteur énervé, ému, abruti le plus souvent, arpente la scène, en adressant une recommandation à celui-ci, une observation à celle-là, rappelant une coupure, appuyant sur un effet, regardant de temps en temps par le trou du rideau cette salle fiévreuse, et voyant, malgré tous ses efforts, malgré toutes ses combinaisons, malgré toutes ses surveillances, cette salle occupée exactement par les mêmes personnes qu'il a vues, huit jours auparavant, à la Première d'un autre théâtre. On frappe les trois coups, tout le bruit tombe, ou plutôt glisse peu à peu du haut de la salle, jusque sous les banquettes du parterre, comme les toiles d'un bâtiment qui entre dans le port.

Le rideau se lève, jetant sur toute cette masse le froid d'une cave ; le premier mot, ou la première note, fait son trou dans le vide. L'idée commence à se profiler, comme une arabesque de couleur sur un fond noir, à se développer, à prendre une forme. Personne ne peut plus l'arrêter, et elle devient de plâtre, de bronze, de marbre ou d'or, à la volonté de ces trois cents spectateurs de goût, qui sont toujours là, et qu'il est inutile de nommer puisque nous croyons tous en être.

Paris-Guide, 1867.

FLAMINIO

COMÉDIE EN QUATRE ACTES PAR G. SAND

Madame Sand est certainement un des écrivains, pour ne pas dire l'écrivain, de ce temps-ci, sur lequel on a écrit et dit le plus de choses contradictoires. Après *François le Champi*, on a déclaré que nul n'entendait mieux le théâtre qu'elle ; puis, un beau jour, on a décrété qu'elle n'y entendait rien du tout. Elle a ses admirateurs fanatiques, ses détracteurs de parti pris ; les uns l'accusent d'immoralité, les autres de bergerie. Au lieu de suivre, nous ne dirons pas le progrès, car madame Sand a eu le bonheur de ne pas avoir à progresser, et elle aura tracé dans le ciel de l'art moderne, de son point de départ à son point d'arrivée, une de ces belles lignes droites, nettes et fermes comme ces grands aigles dont parle Victor Hugo, qui font d'un coup d'aile une lieue ; au lieu d'étudier le développement de son idée, de suivre sincèrement les transformations de son esprit, de l'accompagner patiemment dans la recherche obstinée du vrai, à laquelle, comme Jean-Jacques, elle a consacré sa vie, que de gens, je parle de ceux qui écrivent et dont l'opinion a une autorité, au moins pendant quelque temps, sur une fraction du public, que de gens ont taquiné de critiques irréfléchies, injustes et même déloyales, la marche calme et persévérante de ce génie impassible et fier. La patience, la sincérité, la volonté de l'écrivain, ont vaincu toutes les résistances ; depuis plusieurs années déjà, l'individualité de madame Sand, sans précédents dans le passé, sans comparaison dans le présent, sans rivalité probable dans l'avenir, plane au-dessus de tous les obstacles qu'on suscitait à sa pensée. Mais la critique a toujours ses réticences ; et si madame Sand, romancier, penseur, philosophe, écrivain, est admise aujourd'hui sans discussion, madame Sand, auteur dramatique, n'est pas admise de même ; et c'est au coin des théâtres, où on la voit entrer, qu'on l'attend pour prendre une revanche. Sur cent personnes, vous en trouverez quatre-vingts qui diront, les uns par conviction, les autres par ouï-dire : « Madame

Sand a tort d'écrire pour le théâtre, elle n'y entend rien; » car il est bon de vous dire que certains faiseurs réputés habiles ont posé à côté des règles d'Aristote, quelque peu abandonnées par Shakspeare et l'école de 1830, de bonnes petites conventions sans lesquelles, à les entendre, il est impossible de faire une pièce. Le public, qui croit tout, a fini par croire que l'habileté peut et souvent même doit remplacer le sentiment, l'adresse suppléer à la vérité, et les ficelles enfin tenir lieu, dans la construction des personnages mis en scène, des muscles, du sang et des nerfs qui font mouvoir, vivre et penser les hommes véritables, que la mission de la scène est de représenter tels qu'ils sont. Cette école dont M. Scribe est le chef de file et dont le *Verre d'Eau* est le chef-d'œuvre, a produit, il faut en convenir, des joujoux dramatiques d'un mécanisme ingénieux, invisible quelquefois ; seulement je préfère, moi, à ces automates réussis, l'homme même incomplet de Prométhée, mais où je sens palpiter la vie qui circule en moi. Une fois le rideau tombé sur ce genre de pièces, une fois la curiosité satisfaite, une fois l'écheveau de ficelles démêlé, l'âme ne garde et n'emporte rien de ce que les yeux viennent de voir, de ce que les oreilles viennent d'entendre, et il semble que le régisseur raccroche à leur clou, jusqu'au lendemain, les marionnettes, les costumes et les phrases de ce répertoire facile. Le public s'est amusé, mais il n'a pas été ému, et s'il apporte son argent et son oisiveté à ces spectacles, il n'y apporte pas son cœur. Il vient y passer la soirée, il ne vient pas y apprendre quelque chose. Cependant, il contracte l'habitude de ces distractions à la portée de l'intelligence moyenne, bien faites pour l'après-dîner, qui ne troublent pas sa digestion, qui ne prendront rien sur son sommeil, qu'il peut raconter à sa femme en rentrant, qui ne flagellent pas ses vices, et qui n'attaquent ses ridicules que juste assez pour qu'il rie de son voisin; il s'habitue à entendre une langue incorrecte, et il se contente de situations vulgaires dénouées par une prestidigitation quelconque ; il accepte une société de convention, il se fait à cette idée que les caractères n'ont pas besoin d'être plus vrais que les décors ; il n'oublie pas, enfin, qu'il a un théâtre sous les yeux, il ne s'identifie pas avec les événements et les types sans solidité qu'on lui présente, et quand tout à coup l'écrivain sincère vient lui offrir, au milieu de cette routine, une œuvre de conscience et de réalité, où il retrouve, lui public, ses sensations intimes, ses passions, les mystères de son cœur, les vices de son organisation, les secrets de sa pensée, quand il voit que le penseur, au lieu de chatouiller son épiderme pour le faire rire, mord en pleine peau et découvre la plaie, il gesticule, il s'écrie : « Mais ce n'est pas cela que je veux ; mais vous n'avez pas le droit de faire ce que vous faites ; mais le théâtre n'est pas un tribunal ; mais je paie pour qu'on m'amuse et non pour qu'on me divulgue ; mais c'est une mauvaise action de dire tout haut de pareilles choses ; mais c'est immoral, mais c'est scandaleux, mais c'est faux », et il ajoute : « Cet auteur n'entend rien au théâtre ».

Alors des discussions s'engagent entre la masse susceptible et les esprits d'élite qui défendent avec acharnement les droits de l'art et la cause de la vérité : les camps s'organisent, la lutte s'établit ; les uns trouvent l'œuvre détestable, les autres trouvent l'œuvre sublime, puis le temps arrive, ce grand justicier, ce destructeur incorruptible des médiocrités, et tandis qu'il abat d'une main les œuvres éphémères, de l'autre il signale et maintient celles qui s'appuient sur cette base inébranlable et indispensable qu'on nomme la vérité.

Madame Sand est, heureusement pour elle, au théâtre, dans la catégorie de ceux qu'on attaque et qu'on discute ; aussi le public de ses premières représentations, tout en étant matériellement celui de toutes les premières, n'est-il pas moralement le même. Il apporte avec lui, outre la curiosité, une sorte d'inquiétude, un esprit de résistance systématique qui, une fois vaincu, plonge la salle dans une émotion large et bienfaisante. Le beau langage qu'elle parle, et dont seule elle a le secret, les nobles sentiments, les délicatesses qu'elle exprime et qu'une femme seule peut exprimer, arrivent peu à peu au plus profond du cœur par des canaux mystérieux. Dès le commencement de son œuvre, elle étend sur l'âme sa philosophie onctueuse et insinuante, semblable à cette huile parfumée dont les anciens frottaient leurs athlètes au moment du combat, et qui assouplissait les corps les plus rudes. On se sent transporté tout de suite dans un monde supérieur où le romanesque se mêle si intimement au vrai, où l'idéal s'harmonise si bien avec la réalité, que si quelquefois les types qu'on a sous les yeux ne sont pas absolument ce qu'ils sont dans la nature, c'est qu'ils sont ce qu'ils devraient être. Tel est le but de madame Sand. Elle ne veut pas représenter purement et simplement, comme Balzac, ce que voient les yeux de son esprit, elle veut montrer ce qu'entrevoient les yeux de son cœur. Elle part du vrai, pour prouver le possible ; elle dit : Voilà comme il faudrait que l'homme fût, voilà comme il faut qu'il soit un jour ; ce qui ne l'empêche pas de donner une large part au réalisme et de faire graviter autour de son idéal des personnages qui tiennent bien sérieusement à l'humanité et que nous connaissons tous. Quoi de plus vrai que le Valentin du *Pressoir*, que le Fulgence du *Mariage de Victorine*, que le caractère de miss Barbara dans *Flaminio*? Et ses personnages de fantaisie, le prince dans le *Démon du Foyer*, et le duc de Trottenfeld en dernier lieu, ne sont-ce pas là des créations d'un pittoresque achevé? Quelle science du cœur de la femme, quelle hauteur, quelle aristocratie de sentiments, quelle délicatesse dans l'amour, quelle dignité dans la faute, soit qu'elle prenne son héroïne dans une grange, et qu'elle la fasse marcher en haillons et pieds nus, comme Claudie dans les herbes des champs, soit qu'elle la choisisse au sommet de l'échelle sociale et la promène, comme lady Mervil, vêtue de velours et de soie, en souliers de satin, dans les élégances d'une fortune princière!

Qu'on ne dise donc plus que madame Sand n'entend rien au théâtre. Son dernier succès prouve encore une fois le contraire. Il est bien certain qu'elle manque de l'ingéniosité des moyens accessoires, et peut-être de cette progression qui est un des éléments principaux de l'art dramatique; mais que de choses charmantes elle serait forcée de sacrifier peut-être à cette science, si elle se mettait à vouloir l'acquérir; elle y perdrait la naïveté qui fait le charme de son œuvre, et qui lui constitue un théâtre qui n'est pas le théâtre de tout le monde, ce qui est bien quelque chose. J'aime, pour ma part, à voir ce grand génie, lorsqu'il a besoin d'un moyen, d'une ficelle, ne pas même chercher à l'escamoter, l'attacher bravement et franchement avec un bon gros nœud bien visible, et me donner tout de suite après, pour me remercier de n'avoir rien dit, une scène qu'aucune autre plume ne me donne. Ainsi, par exemple, au troisième acte de *Flaminio*, à travers la scène d'amour des deux jeunes gens, scène à laquelle l'auteur fait assister miss Barbara dans une attitude d'une finesse, d'une distinction, d'un goût qui peuvent tenir lieu de toutes les ficelles du monde, à travers cette scène ardente à laquelle la seule présence de la pudique Anglaise fait le contre-poids le plus heureux qu'on puisse imaginer, l'auteur m'amène une petite Rita dont Sara va être jalouse sans aucune raison, disons-le aussi bravement que c'est bravement fait; mais après ce bon gros moyen, se déroule entre Flaminio et Rita une des scènes les plus touchantes, les plus distinguées qu'il y ait au théâtre. Et si, au quatrième acte, madame Sand, pour me prouver par une action énergique que Flaminio aime toujours Sara, me fait faire connaissance avec un personnage nouveau, il faut avouer que ce personnage est si amusant, si vrai dans les vingt lignes qu'il a à dire, que je sors enchanté d'une inexpérience dramatique à laquelle je dois le type de Cologrigo.

Cette représentation a été une véritable solennité littéraire, pour me servir d'une expression consacrée. Les deux premiers actes avaient excité un enthousiasme si unanime, avaient jeté le public dans une si grande émotion, qu'après le tomber du rideau, trois salves d'applaudissements ont éclaté dans la salle : ce n'étaient pas les mains, c'étaient les cœurs qui battaient les uns contre les autres. Le succès était tel après la première moitié de la pièce, il y avait, dans toutes les poitrines oppressées, une telle provision de sympathie pour le reste de l'œuvre, et un tel désir de voir réussir l'auteur auquel on devait deux actes si complétement beaux, que si les deux derniers eussent été mauvais, le public se fût triché lui-même pour ne pas laisser un partenaire si prodigue perdre une partie si bien commencée ; heureusement l'auteur avait tous les atouts dans la main, et s'il a joué son roi et sa dame d'abord, il lui restait encore le valet, le dix et l'as.

Je crois donc qu'après ce succès, le plus grand peut-être que madame Sand ait obtenu, il n'y a plus à faire de réticences avec elle. Elle s'est définitivement créé un théâtre qui, en rapport avec son individualité, a ce double mérite : de pouvoir être vu avec intérêt, lu avec recueillement, et, pour conclure, doit être accepté sans discussion.

Je ne me permettrai certainement pas de raconter de cette pièce autre chose que l'impression qu'elle a produite et le triomphe qu'elle a obtenu. Il me faudrait le style de madame Sand pour analyser cette œuvre délicate, colorée, saisissante, et ce style, je ne l'ai pas. Du reste, il est inutile de raconter ce que tout Paris ira voir.

Il me reste cependant à parler d'une chose que tout Paris verra, c'est de la façon dont cette comédie est interprétée. On a dit, on a trop dit peut-être que la troupe du Gymnase est la meilleure de Paris, puisque la réputation qu'elle s'est faite et le développement que ce théâtre a pris ont empêché le Théâtre-Français de dormir, lui qui, soit dit sans malice, dormait si bien, puisqu'enfin une décision ministérielle a cru devoir coucher sur le lit de Procuste des pièces en trois actes, afin de l'empêcher de grandir, cette scène qui devenait tout bonnement la première scène du monde. Il m'appartient à moi, moins qu'à tout autre, de juger cette décision. Je crois seulement qu'elle manquera son effet. Elle réduira la pensée des écrivains à des proportions plus étroites, sans empêcher le Gymnase de rester dans les proportions littéraires qu'il a conquises. Les auteurs de talent que M. Montigny a appelés à lui et qu'il s'est attachés par sa franchise, son intelligence et sa loyauté, sont moins disposés que jamais à rompre avec leurs intérêts, car nulle part ces intérêts ne sont respectés et assurés comme au Gymnase, car nulle part ils ne trouveront plus de sincérité dans les rapports, plus de persévérance dans le travail, plus de rapidité dans l'étude, plus de talent dans l'exécution, plus de respect de l'œuvre acceptée. L'autorité du directeur, autorité raisonnée, honnête, conciliante, soucieuse des droits de chacun, dirige vers un but unique, connu, inévitable, toutes les individualités remarquables dont il s'est entouré, voilà le secret de cet ensemble merveilleux, voilà le mécanisme mystérieux et simple de cette troupe qui prise partiellement ou en masse n'a son égale nulle part. Chaque artiste concourt dans ce théâtre au bien commun, au résultat général, à l'intention du maître de la maison. Les amours-propres, les discussions, les influences cachées ont été mises de côté. Chacun a sa valeur, il le sait bien, il laisse le chef l'utiliser et la faire valoir à la place qui convient, et au bon moment. Le même artiste qui a créé hier le rôle principal d'une pièce, acceptera demain sans discussion un personnage accessoire dans une pièce nouvelle, et il le jouera avec la conscience et le talent que Villars vient de mettre à jouer un rôle de vingt lignes dans *Flaminio*. Du reste, Villars a dû être content. Il a eu un véritable succès, et il a prouvé qu'il n'y a pas de petits rôles, qu'il n'y a que de petits artistes.

Donc cette fois comme toujours les artistes du Gymnase ont été à la hauteur de leur réputation.

Madame Rose Chéri, dont le rôle est dominé par celui de Lafontaine, a été cette grande artiste que vous connaissez. Madame Sand ne la gâte pas ; mais elle lui prouve l'estime qu'elle fait de son talent en lui donnant les rôles difficiles de ses pièces. Comme dans le *Démon du foyer*, dans *Flaminio*, madame Rose Chéri a trouvé dans les différentes émotions du second acte, dans la scène d'amour et dans la jalousie du troisième des effets d'une simplicité et d'une grandeur inouïes. Elle est grande dame des pieds à la tête ; elle a des pudeurs de race, des sentiments blasonnés qui feraient honneur à la plus noble lady. Aussi, madame Rose Chéri est-elle la seule actrice à qui les femmes du monde reconnaissent véritablement le droit de les représenter. Hommages soient donc rendus à ce grand et pur sentiment qui révèle tout à coup à la femme la plus modeste l'accent vrai de ces agitations et de ces passions mondaines qu'elle laisse en souriant, quand elle rentre chez elle, au seuil du foyer domestique.

Mettons tout de suite à côté de madame Rose Chéri sa sœur, qui est maintenant encore plus de la famille par le talent qu'elle vient de prouver dans le rôle de miss Barbara. Madame Lesueur a fait hardiment le sacrifice de la coquetterie féminine en abordant ce personnage qui cache sous son apparence ridicule, sous son costume grotesque, le plus noble cœur qui ait jamais battu sous un spencer britannique. Impossible de mieux traduire cette vieille fille, grave comme un dimanche anglais, fière sans orgueil, chaste sans pruderie, et dont les fautes de français font rire à travers les douces larmes que fait venir aux yeux sa facile bonté. Quelle épouse, quelle mère de famille eût été cette miss grisonnante, si, pour être tout cela, il ne lui eût fallu rougir au moins une fois, malgré les excuses du mariage, malgré les droits du devoir! Elle va à la chasse, elle lit Platon, mais voilà tout ce qu'elle prend de l'homme, et tandis qu'on la soupçonne de vouloir épouser, ou plutôt acheter à l'aide de sa fortune un mari de vingt-cinq ans, elle ne songe qu'à l'adopter pour son fils et à se procurer ainsi les joies d'une mère avec un enfant tout fait sans avoir eu à passer par le *shocking* indispensable de la maternité naturelle. Madame Lesueur vient de faire là une création complète et qui va de pair avec celles de son mari. C'est le plus bel éloge que je puisse faire d'elle. On pourrait d'ailleurs se ressembler de plus loin.

Mademoiselle Figeac a bien été cette petite princesse éventée et mauvaise langue que madame Sand a voulu peindre, espèce de cerveau vide dans lequel roule une bille qui l'empêche d'entendre le son véritable des choses de la vie; mademoiselle Judith Ferreira est naïve et simple dans Rita. C'est une *Gêneuse*, comme on dit en termes d'atelier; mais elle est de si bonne foi, comme vous le verrez, que Flaminio ne peut plus lui en vouloir.

Lafontaine a eu les honneurs de la soirée. Quand il est venu annoncer l'auteur, j'ai cru qu'on ne le laisserait pas parler. Il est vrai que tout le monde avait dans les mains, pour saluer le nom du poëte, les mêmes applaudissements qu'on décernait à l'artiste. Lafontaine a saisi et rendu avec un art infini toutes les nuances de ce rôle plein de désinvolture, d'amour, de patience, de souffrances intimes, de persévérance, de dignité, d'orgueil âpre et de courage chevaleresque. La scène d'exaltation qui termine le troisième acte, dans le monologue d'une danse navrante où perce la folie, a été traduite par lui, dans un sentiment qui rappelait Frédéric Lemaître aux plus beaux temps de sa jeunesse. Le colonel du *Fils de Famille*, le Fulgence du *Mariage de Victorine*, le comte de *Diane de Lys* et le *Flaminio* de cette dernière pièce sont quatre compositions qui placent Lafontaine au premier rang. Comme tous les grands artistes, Lafontaine trouve toujours qu'il n'a jamais assez fait pour le rôle qu'on lui a confié ; et sa modestie l'empêche de croire que l'auteur lui doive une grande part de son succès. Il faudra bien, cette fois, que sa modestie se résigne et qu'il accepte à propos de l'œuvre d'un autre les éloges que je lui fais de tout mon cœur, et qu'il a cru que j'exagérais quand il s'agissait d'une pièce de moi.

Quant à Lesueur, qui saisit non-seulement le caractère et le sentiment, mais encore le costume, les intonations, le regard, l'âge des types qu'il représente, qui se les assimile et les incarne de telle façon qu'il n'est plus possible de les séparer de lui, qui leur prend à tout jamais leur nom et les marque du sien, Lesueur-Violette, l'usurier sale et défiant; Lesueur-Valentin, le vieux paysan avare, égoïste et rageur ; Lesueur maréchal des logis, abruti par l'absinthe et la discipline; Lesueur-Taupin, le rapin vidé par le mariage; Lesueur-Poirier, le bourgeois parvenu; Lesueur-Trottenfeld, le prince pique-assiette, si vous connaissez un plus grand comédien que lui, vous êtes priés de nous le faire connaître.

M. Garraud, qui débutait dans un rôle froid, raisonneur, sceptique, a tenu ce rôle avec beaucoup de distinction et bien posé au troisième acte la scène où il développe les impossibilités des mariages réparateurs.

La semaine aura été bonne. Mardi dernier, *Flaminio* au Gymnase ; samedi prochain, la *Conscience* à l'Odéon, et ce soir, au Vaudeville, *Éva*, dont plusieurs journaux me disent le père, et qui n'est cependant ni ma fille légitime ni ma fille naturelle. Elle a déjà deux pères connus, ce qui est bien joli pour une seule personne.

Le journal *Le Mousquetaire*, 4 novembre 1854.

LES

FUNÉRAILLES DE LAMARTINE

A HENRI LAVOIX

Cher ami,

Vous me demandez des détails sur Lamartine et le récit des funérailles auxquelles je viens d'assister. Des détails sur Lamartine! Il me semble qu'il n'y en a pas, ou plutôt qu'il n'y en a plus à donner. Tout a été dit. La vie de cet homme a été percée à jour, par tous les enthousiasmes, par toutes les curiosités, par toutes les passions, par toutes les haines; et elle s'est répandue sur la place publique. Lui-même s'est exposé aux yeux de tous, avec une sincérité dont ses contemporains lui ont fait un crime et dont la postérité lui fera une gloire. Il a été beau, grand, bon, naïf, dans le sens cubique de ces mots qui veulent tout dire. C'est une de ces figures colossales qui échappent à l'analyse, semblables à ces aiguilles gigantesques de Louksor, faites pour marquer éternellement autour d'elles les heures du temps qu'elles traversent, qui sont une grande ligne et jettent une grande ombre, et dont on se brûlerait inutilement les yeux à déchiffrer les hiéroglyphes. Un homme comme Lamartine n'a pas de détails particuliers.

Pendant un certain temps nous avons été fous de lui, lui de nous ; la communion a été si complète entre notre grand élu et notre grande espérance, qu'en nous arrachant brusquement de ses bras, nous avons tous emporté un morceau de sa vie, que nous pouvons disséquer à notre aise, si bon nous semble, maintenant que nous n'avons plus rien à craindre ni à espérer de son génie. Je crois, pour ma part, que c'est le plus grand homme des temps modernes, et je ne le compare même pas, je le sépare. Pour le moment, il est plus que mort, il est oublié, il est inconnu à ceux qui vont en avant. Sa résurrection sera éblouissante ! Quand aura-t-elle lieu ? Quand nous serons aussi malheureux que nous avons été ingrats ; un de ces jours.

Mais ce n'est pas mon opinion personnelle sur Lamartine que vous me demandez, c'est l'anecdote privée, le fait ignoré, qui se mettent maintenant sur les morts illustres, comme une nouvelle espèce de vers, et qui le mangent dans le journal jusqu'à ce qu'il n'en reste plus rien. Je vous le répète : à mon avis, ce mort récent échappe à cette dernière persécution. Il s'est si bien expliqué lui-même avec les siècles présents et futurs, dans sa poésie, dans sa prose, dans ses actes, dans ses souvenirs, dans ses misères, qu'on le retrouve tout pareil dans ces faits de tous les jours qu'il n'a pas cru devoir consigner et auxquels ont pu se trouver mêlés ceux qui, comme moi, avaient l'honneur et la joie de l'approcher de temps en temps.

La manière dont je l'ai connu ne contient-elle pas tout cet homme, que Plutarque seul aurait pu peindre dans les nuances que vous me demandez ? Lamartine venait de fonder son Cours familier de littérature ; vous savez après quels événements ! Je ne lui avais jamais parlé ; je ne l'avais vu que de loin quand il exposait si royalement sa vie pour moi et pour vous. Je l'admirais et l'aimais comme nous faisions alors. La chute venue, je crus devoir continuer ; pure sentimentalité d'homme de lettres. Je fis le plus de propagande possible en faveur de cette publication, le seul champ resté à ce Cincinnatus. Je récoltai une cinquantaine d'abonnements.

C'était beaucoup. Dieu sait ce que répondaient les gens quand on leur demandait de traduire leur reconnaissance, leur pitié ou leur mépris par une pièce de vingt francs! Lamartine apprit par Edmond Texier *ce que j'avais fait pour lui*. Un matin, comme je rentrais chez moi après une promenade de quelques heures, ma bonne me dit : « Il est venu un monsieur pour vous voir. Il a demandé à quelle heure il vous trouverait. J'ai bien vu à sa mine que cet homme-là venait vous demander quelque chose. Je lui ai dit que vous étiez à la campagne. Il m'a remis sa carte ».

Je pris la carte. Au-dessous de ce nom : Lamartine, il y avait écrit au crayon : *Est venu pour vous remercier et vous serrer la main.*

Voilà! Comme c'est simple! Comme cela semble facile à faire!

Je courus immédiatement chez *cet homme* que ma bonne ne connaissait pas, et je le trouvai dans cette espèce de boutique qu'il occupait rue de la Ville-l'Évêque, au fond d'une cour. Il me reçut dans sa chambre à coucher, véritable chambre d'étudiant, entre son lit, où jouaient ses chiens, et la table où il écrivait. Détail curieux, puisque vous voulez des détails, il n'avait pas d'encrier. Il avait répandu de l'encre sur sa table de chêne, et il y puisait à même, comme il puisait dans la nature tout ce qu'il avait à nous dire.

LES FUNÉRAILLES DE LAMARTINE

Il y a cinq ans, il m'invita à aller passer quelques jours à Montceau. J'en étais revenu depuis une semaine à peu près quand il arriva un matin chez moi à Neuilly. Il me rapportait sous son bras, en se promenant, une chemise que j'avais oubliée chez lui.

C'est peut-être parce que Lamartine s'est dérangé deux fois pour venir me voir que je le trouve supérieur à tous les autres grands hommes contemporains? Peut-être, si vous voulez.

Je suis parti mercredi dernier, à onze heures du matin, pour Mâcon. L'enterrement devait avoir lieu le lendemain. Je prévoyais bien que nous ne serions pas nombreux. C'est loin, Mâcon! Le voyage est long et cher; et Saint-Point est à sept lieues de Mâcon, sept lieues qu'il faut faire en voiture. C'est au moins cent cinquante francs de dépense et deux jours de perte! Mais on pouvait se cotiser et envoyer là un ou deux représentants de la jeunesse, des écoles, de la littérature, de tout ce qui est une corporation et se croit une force ou une valeur. On n'y a pas pensé, n'en parlons plus. Ce ne sont plus les morts maintenant, ce sont les vivants qui vont vite.

Je me trouvai à la gare avec Texier, Émile Ollivier, Laprade et madame de Pierreclos, la nièce de Lamartine. Chacun était venu de son côté, sans savoir y trouver les autres. Il y a des moments où on se rencontre juste, presque sans se connaître, à un certain endroit. Ce sont des idées qui vous viennent comme ça, on ne sait d'où. Le lendemain, Augier, Sandeau, Ulbach, quelques autres pèlerins nous avaient rejoints. Après une messe basse dans la petite église de Mâcon, messe à laquelle toute la ville assistait, en dedans et en dehors de l'église, le convoi se mit en route, lentement, suivi de tout ce qui pouvait marcher. A la barrière, ceux qui n'avaient pas de voiture, revinrent sur leurs pas. Nous continuâmes. Vingt-cinq voitures à peu près suivaient la première, cette voiture verte et noire, à forme bizarre, que tout le monde connaît, et qui transporte ceux qui ont les moyens de se faire enterrer *autre part*. Le temps était magnifique. Il avait neigé la nuit et gelé le matin. Le ciel tout bleu, la terre toute blanche. C'est ainsi qu'il traversait une dernière fois ce paysage qu'il a aimé et immortalisé en le décrivant ainsi :

« En quittant le lit de la Saône, creusé au milieu de vertes prairies et sous les fertiles coteaux de Mâcon, et en se dirigeant vers la petite ville et vers les ruines de l'antique abbaye de Cluny, où mourut Abeilard, on suit une route montueuse à travers les ondulations d'un sol qui commence à s'enfler à l'œil comme les premières vagues d'une mer montante. A droite et à gauche blanchissent des hameaux au milieu des vignes. Au-dessus de ces hameaux, des montagnes nues et sans culture étendent en pentes rapides et rocailleuses des pelouses grises où l'on distingue comme des points blancs de rares troupeaux. Toutes ces montagnes sont couronnées de quelques masses de rochers qui sortent de terre, et dont les dents, usées par le temps et par les vents, présentent à l'œil les formes et les déchirures de vieux châteaux démantelés. En suivant la route qui circule autour de la base de ces collines, à environ deux heures de marche de la ville, on trouve à gauche un petit chemin étroit, voilé de saules, qui descend dans les prés vers un ruisseau où l'on entend perpétuellemet battre la roue du moulin.

» Ce chemin serpente un moment sous les aulnes, à côté du ruisseau, qui le prend aussi pour lit quand les eaux courantes sont un peu grossies par les pluies ; puis on traverse l'eau sur un petit pont, et on s'élève par une pente tournoyante, mais rapide, vers des masures couvertes de tuiles rouges, qu'on voit groupées au-dessus de soi, sur un petit plateau. C'est notre village. Un clocher de pierres grises, en forme de pyramide, y surmonte sept ou huit maisons de paysans. Le chemin pierreux s'y glisse de porte en porte entre ces chaumières. Au bout de ce chemin, on arrive à une porte un peu plus haute et un peu plus large que les autres : c'est celle de la cour au fond de laquelle se cache la maison de mon père. »

Nous gravîmes, presque tous à pied, ce sentier tortueux qui conduit à ce que ceux qui ne l'ont jamais vu appellent le château de Saint-Point. Une douzaine de voitures s'arrêtèrent sur la pelouse où nous attendaient les paysans des alentours et une députation des élèves de l'école de Cluny. Le corps fut porté à bras à travers le jardin, jusqu'à la petite chapelle qui chante au milieu des tombes comme une mère au milieu de ses enfants. Les morts ne sont-ils pas les véritables enfants de Dieu ? Dans ce cimetière, adossé au mur de la propriété, s'élève facilement au-dessus des autres le modeste monument qui contient les restes de madame de Lamartine, de mademoiselle de Lamartine et d'une femme de chambre, m'a-t-on dit, qui, très-dévouée à l'une et à l'autre, a mérité cette intimité dans le repos éternel. Une rampe de fer, ouverte ce jour-là pour laisser passer le nouvel hôte, ferme ce caveau du côté du cimetière. Si les morts reviennent la nuit, comme on le dit dans les campagnes, c'est sur la rampe de ce balcon que le chantre d'Elvire et de Jocelyn viendra s'appuyer, *per amica silentia lunæ*, pour contempler encore, du regard qui ne s'éteint plus, cette douce et tranquille vallée qui a senti ses premiers pas et entendu ses premiers chants.

 Deux cyprès que la pieuse admiration des fidèles a ce jour-là dépouillés de leurs branches, se dressent de chaque côté du caveau sans grille ni porte, dont un petit autel occupe le fond. La statue de madame de Lamartine, sculptée par Adam Salomon, est couchée aux pieds de cet autel, les mains jointes, un crucifix sur la poitrine, les yeux ouverts et regardant le ciel, que celle qu'elle représente avait regardé toute sa vie. Un nouveau service eut lieu dans la chapelle. La foule entrait et sortait tour à tour, émue, recueillie. Les paysans psalmodiaient avec le prêtre et les enfants de chœur. On parlait de *lui*, on contemplait, on se souvenait. Quelques vieilles femmes qui l'avaient connu enfant, toutes vêtues de noir, le visage rugueux comme l'écorce des saules, tenant machinalement à la main un cierge allumé, pleuraient en remuant la tête sans rien dire. Enfin, on descendit le cercueil à côté de ceux qui l'attendaient, et que l'humidité de la terre mord déjà dans le silence et dans l'obscurité. On regardait, la bouche entr'ouverte, l'œil fixe, tout ce qu'on voit à travers ces morts étonnantes ! Nul ne parla. Qu'aurait-on pu dire ? Il est à naître le poëte qui pourra chanter Lamartine. La cérémonie terminée, on ne s'en allait point. Il semblait que ça ne pouvait jamais être fini. Et puis c'était la dernière fois qu'il recevait, ce grand hospitalier. On errait du cimetière au jardin, du jardin au cimetière. Les jeunes filles se glissaient à travers les groupes, venaient voir, et, avec un battement de cœur, cueillaient une branche de cyprès, en s'assurant qu'elles n'étaient vues de personne.

Pendant ce temps, on avait dételé les chevaux, on en avait fait rentrer quelques-uns à l'écurie, d'autres mangeaient en plein air sur des tonneaux vides apportés à la hâte. Les voitures attendaient, les brancards en l'air. La foule montait et descendait l'escalier, visitant les chambres, et cherchant une trace de cette existence terminée. Quels pauvres meubles ! quelle simplicité ! où était-il donc ce luxe qu'on lui avait tant reproché ?

Une collation avait été préparée dans la salle du bas. Il était tard, on avait faim. La vie va toujours, elle aussi. On mangeait assis, debout, dans les coins, dans le jardin, pêle-mêle. Le ciel était de plus en plus bleu, la neige commençait à fondre. Les valets couraient çà et là. On parlait un peu plus haut, on souriait, on buvait un coup. Ce n'était pas encore la fête, mais ce n'était déjà plus le deuil. Après tout, il était là, on le sentait, circulant au milieu de ses anciens amis ; on croyait entendre sa belle voix sonore et si connue des échos voisins, appelant ses amis par leur nom et les invitant à cette gaieté douce qu'il aimait tant à voir autour de lui. Jamais la mort ne m'était apparue si naturelle et si conciliante. Etait-ce bien la mort, d'ailleurs? N'était-ce pas plutôt la rentrée dans le sein de Dieu d'une grande âme voyageuse? Je croyais assister au retour définitif de l'enfant prodigue au foyer paternel, et dès lors toute cette nature et tous ces gens ne pouvaient-ils pas se réjouir en se disant : Il ne nous quittera plus maintenant ; il n'est plus qu'à nous.

Le journal *L'Illustration*, 13 mars 1869.

A M. SARCEY

Mon cher Sarcey,

Je suis tombé dans un véritable guet-apens : j'écris à M. Tarbé une lettre confidentielle ; il l'imprime avec de telles louanges que je ne saurais lui en vouloir. A votre tour, le plus galamment du monde, vous me dites que j'aurais mieux fait de me taire ; me voilà donc forcé de vous répondre. Soit ; causons, puisque vous m'interpellez, et que, comme votre rédacteur en chef, vous croyez que cette causerie peut offrir quelque intérêt aux lecteurs du *Gaulois*.

Ce qui rend la discussion facile entre nous, mon cher Sarcey, c'est que nous sommes d'un avis complétement opposé sur l'objet dont il s'agit. Votre opinion est que le théâtre doit rester ce qu'il a toujours été, selon vous, un lieu de récréation, d'émotion, où le poëte a mission de traduire et de représenter les passions, les vices, les ridicules, les caractères des hommes sans ambitionner d'autre gloire que celle de faire une peinture vraie, d'autre récompense que le rire ou les larmes du spectateur, sans avoir d'autre but, enfin, que de s'immortaliser plus ou moins, en prouvant qu'il a bien vu, bien compris et bien rendu la nature humaine. Vous n'admettez même pas sans doute le *castigat ridendo mores*, car l'admettre ce serait déjà me fournir un argument. Du moment que je vous fustige sur et par le théâtre, c'est que le théâtre a un autre but que l'amusement et l'émotion, une autre valeur que la représentation plus ou moins mouvementée, plus ou moins dramatique des passions, des ridicules, des vices et des caractères déjà nommés ; si je vous fustige, je dois avoir action directe sur vous, sur votre conscience, sur vos mœurs, sur votre famille, sur votre milieu, sur votre avenir ; je ne suis plus simplement un observateur, un poëte, je suis un philosophe, un moraliste, un législateur.

Donc vous n'admettez pas le *castigat*, ni moi non plus, je vous en préviens, ou du moins j'admets le mot dans son sens originel, qui est *fusti-*

ger, et non dans le sens de *corriger* qu'on lui prête par extension, par corruption ou par ignorance. Le théâtre n'a jamais corrigé les mœurs ; c'est votre avis, c'est le mien, nous voilà d'accord sur ce point. Il y a autant d'avares, d'imposteurs, de libertins, de joueurs, de menteurs qu'avant les comédies qui ont traîné ces passions et ces vices sur la scène ; seulement ces vices et ces passions ont maintenant des noms d'homme ; on les appelle Harpagon, Tartufe, Don Juan, etc. ; leurs dénonciateurs, devenus leurs parrains, sont immortels ; nous disons en revoyant ou en relisant leurs satires : « Comme c'est vrai ! » et nous restons ce que nous sommes.

Ce résultat vous paraît suffisant ? A moi, pas. Ainsi depuis trois mille ans, des hommes comme Eschyle, Sophocle, Euripide, Plaute, Térence, Shakspeare, Corneille, Racine, Molière, Goethe, Schiller, Beaumarchais, c'est-à-dire des hommes de premier ordre, tranchons le mot, des hommes de génie se sont épuisés sans aucun profit pour l'humanité. S'ils ont fait rire ou pleurer, s'ils ont passionné ou terrifié leurs contemporains, ce n'était que pour introduire quelques mots dans la langue, quelques types dans la légende, ils ont donné aux esprits distingués des jouissances agréables, et puis c'est tout, et pour vous c'est assez.

Ainsi quand, depuis trois mille ans, tout s'est modifié autour de nous, les nationalités, les langues, les religions, les lois, les politiques, les institutions, les gouvernements, les sciences, le commerce, l'industrie, les communications, les idées et les choses, le ciel et la terre, il faut que nous, nous restions toujours à la même place, toujours au même point de vue ; il faut que nous nous exténuions à recevoir toujours les mêmes impressions et à rendre toujours les mêmes formes ; il faut que nous refassions éternellement ce que Plaute et Térence ont fait, ce que Shakspeare et Racine ont fait, ce que Corneille et Beaumarchais ont fait, et toujours comme ça jusqu'à la fin des siècles. Il faut que nous nous contentions de faire rire, ou de faire trembler ; que nous soyons Jocrisse ou Croquemitaine, *ad vitam æternam.*

Ainsi nous resterons immobiles pendant que tout le monde marchera autour de nous, et, pendant que les idées sociales et morales se mettront en chemin, nous en serons toujours à faire épouser Henriette par Arthur, à faire tuer Desdémone par Othello, à faire bafouer Arnolphe par Agnès, avec des habits modernes, sous des noms nouveaux, à l'aide d'incidents plus ou moins ingénieux. Nous ne prendrons aucune part à la discussion des grandes questions humaines, et nous qui, depuis quelques années surtout, parlons à des foules énormes, nous qui avons prise sur la femme dont nous sommes les confesseurs publics, nous ne chercherons pas avec tout le monde la solution des grands problèmes de la société : éducation, mariage, adultère, amour ; nous ne brûlerons que de la poudre mouillée, nous ne brûlerons que des feux de bengale, nous serons des artificiers, jamais des soldats? Oh non! non! mille fois non ! Si ça doit être toujours ainsi, je déclare pour ma part que j'en ai assez, et je donne ma démission.

*
* *

Ce que nos grands ancêtres ont fait n'est plus à faire ni à refaire, ni par moi ni par d'autres. Nous n'avons à notre disposition ni leur talent, ni la pâte humaine encore vierge quand ils parurent, et dans laquelle ils ont du premier coup taillé leurs grands hommes, dont nous ne pouvons pas passer notre vie à tirer des réductions par le procédé Colas, comme Barbedienne fait des antiques. Eussé-je leur talent, si j'en extrayais ce qu'ils en ont extrait comme production, je n'en recueillerais pas même ce qu'ils en ont recueilli comme gloire, parce que les temps sont changés, que le milieu n'est plus disponible pour ces pures et simples vibrations de l'âme et que l'esprit moderne a contracté des besoins nouveaux, nés des préoccupations nouvelles. Les maîtres ont délimité et déterminé l'homme moral ; ils en ont fait la géographie et l'ethnographie. Ils ont dit : — cet animal est composé de telles et telles matières, il est à la fois prodigue et avare, héroïque et lâche, bon et mauvais, spiritualiste et grossier, ridicule et sublime, charmant et terrible ; il pleure, il rit, il aime, il tue. Il est borné au nord par telle qualité, au sud par tel défaut, à l'est par telle passion, à l'ouest par tel intérêt, à la base par des instincts, au sommet par des aspirations. Il vit, s'agite, se débat, tourne sur lui-même dans un ordre social que nous ne discutons pas. — Voilà son type, son activité, son atmosphère. Bravo ; applaudissons. Il fallait découvrir ça comme il fallait découvrir l'Amérique. C'est fait, l'Amérique est découverte, Christophe Colomb est un grand homme ! Admirons-le, glorifions-le, immortalisons-le ; mais l'Amérique, qu'est-ce que nous allons en faire ? Allons-nous retourner perpétuellement la découvrir sur des bateaux à vapeur, comme il y a été sur un bateau à voiles ? Allons-nous aborder sur toutes les côtes les unes après les autres, pour pouvoir dire : « Toi, tu y es entré par ici, mais moi j'y suis entré par là » ? A quoi bon, nous y sommes. Cherchons d'un autre côté, si nous sommes pour la recherche ; faisons comme M. Lambert, allons au pôle nord ; moi, je le veux bien ; mais, pour Dieu, faisons quelque chose, et ne découvrons pas toujours l'Amérique, puisqu'elle est découverte. Faisons-en un État, faisons-en une nation, rallions-la au mouvement de tous, cultivons-la, labourons-la, fécondons-la, donnons-lui une politique, une morale, une religion, un but, une destinée. En un mot, maintenant que, sur la scène, nous avons mis l'homme en lumière, en relief, en mouvement, mettons-le en valeur et en produit. Vous ne voulez pas, c'est impossible ; le théâtre ne peut pas servir à ça, parce qu'il n'a jamais servi à ça : adieu, alors, bonsoir ; il ne me suffit plus, votre théâtre, elle ne me satisfait plus, votre gloire ; je m'en vais à la campagne ; j'achète un lopin de terre avec ce que m'a donné l'éternel mariage d'Arthur et d'Henriette, et je vais planter des choux. Je servirai au moins à quelque chose, et les lapins m'en sauront peut-être gré.

Eh bien, oui, mon cher ami, cela me désespère de voir que mon art, le plus grand qui existe, vous le déclarez vous-même, ne soit absolument bon à rien qu'à amuser les oisifs, à faire pleurnicher les femmes et à charmer quelques délicats. Je connais, je sens sa puissance, je voudrais l'utiliser, et, si je ne puis le faire moi-même, en inspirer le désir aux autres, en leur apprenant qu'ils ne sont pas condamnés éternellement à marier deux amoureux comme un maire de village, après avoir verbalisé et inventorié pour la cent millième fois la nature humaine, comme un greffier du tribunal.

Et remarquez bien que je ne dis rien de nouveau. Je suis dans la tradition pure de ceux qui ont été vraiment maîtres parmi les maîtres que je citais tout à l'heure et qui, à un moment donné de leur vie, quand ils ont entendu en eux les exigences de l'homme moral crier contre le milieu conventionnel arbitraire, ont mis leur âme et leur génie au service de la cause commune. Qu'est-ce que faisait Eschyle ? Qu'est-ce que faisait Aristophane ? Quand l'un défendait les dieux, quand l'autre discutait les lois et les questions de paix ou de guerre ? Pourquoi ne se conformaient-ils pas tous les deux aux traditions de Thespis et ne se contentaient-ils pas du chariot des histrions de Bacchus ? Shakspeare serait-il ce qu'il est s'il n'avait écrit que *Roméo et Juliette* ou *Othello* même, ou *Macbeth* encore ? Non ; mais il a écrit *Hamlet*. Il a posé, il a discuté sur le théâtre le grand, l'éternel problème de l'immortalité de l'âme, dans le monologue d'Hamlet, dans la scène des fossoyeurs qui font longueur.

soit, que vous pouvez retirer de *la pièce* sans empêcher la pièce de marcher scéniquement, au contraire ça fera une bonne coupure, mais ça lui ôtera toute sa valeur. Et voyez, comme en face de ces imposantes questions de la destinée de l'homme, voyez comme Shakspeare traite l'amour dont il a fait le principe et la base de ses autres créations ! Comme il envoie Ophélie se noyer et comme il en débarrasse la mission d'Hamlet ! Quand Corneille écrit *Polyeucte*, quand Racine écrit *Athalie*, croyez-vous qu'ils font du *théâtre*? Ils se font pontifes, mon cher ami, ils officient comme Bossuet et ils font descendre Dieu sur la scène transformée en autel, à la plus grande gloire de la divinité et au plus grand profit de l'homme. Et Molière, quand il enfanta Tartuffe, pensez-vous qu'il n'eût d'autre intention que d'écrire une comédie agréable ou même de fustiger l'imposteur se servant du voile d'une religion sacrée pour tromper Elmire et voler Orgon. Il n'en dit pas plus long à Louis XIV, parce que Louis XIV n'a pas besoin d'en savoir davantage; mais, vous et moi, nous savons bien qu'il se fait justicier et vengeur, qu'il tire par-dessus son temps et nous voyons bien aujourd'hui où sa flèche est allée frapper. Enfin, si Beaumarchais, en jetant le *Mariage de Figaro* au nez de son époque, n'a pas aidé au mouvement des idées et des faits extérieurs au théâtre ; s'il n'a pas été révolutionnaire et *émeutier* comme un journaliste ou un tribun, comme Camille Desmoulins ou Mirabeau, je reconnais avec vous que je ne sais pas ce que je dis. Le jour où tous ces hommes ont été des hommes vraiment hors ligne, c'est le jour où ils ont fait craquer la scène en y introduisant les grandes causes et les grandes tendances de la conscience et de l'esprit humain. Le *Dies iræ*, le *De Profundis* et la *Marseillaise* sont de la pauvre musique, disent les musiciens, mais il n'y a pas un Rossini, un Meyerbeer, un Verdi ou un Gounod qui ne serait heureux et fier, avec raison, de les avoir implantés au milieu de *Guillaume*, des *Huguenots*, du *Trovatore* ou de *Faust* et de voir les âmes dans leur plus poignante douleur et les peuples dans leur plus grand enthousiasme se répandre avec ce cri ou combattre avec ce chant.

*
* *

Pour conclure : oui, j'ai fait la *Dame aux Camélias* ; oui, j'ai fait le *Demi-Monde* ; ce sont des chefs-d'œuvre, c'est vous qui le dites, et vous pouvez être tranquille, je ne discuterai pas là-dessus ; oui, j'ai de la gloire, autant qu'un homme littéraire peut en avoir dans ce temps-ci. Quand je passe dans la rue Vivienne ou sur le boulevard Montmartre, je vois quelquefois des hommes et même des femmes, ce qui est bien autrement flatteur, dire tout bas à leurs voisins : « Voilà l'auteur de la *Dame aux Camélias;* » si j'entre chez un marchand de comestibles acheter un pâté de foie gras et que je donne mon nom pour qu'on m'envoie mon pâté, je dois déclarer que le marchand ou la marchande ne peut retenir un sourire qui veut dire : « Je vous connais, vous êtes l'auteur de la *Dame aux Camélias*, » et le plus souvent, il ou elle me demande des billets de spectacle pour des parents qui lui sont arrivés de province justement ce jour-là : je reçois des lettres où on m'appelle maître, d'autres non signées où l'on m'appelle jésuite ; l'on me donne des rendez-vous d'amour, et les domestiques des grandes maisons où j'ai l'honneur d'être reçu, me font un petit salut amical, confidentiel et légèrement protecteur, tout ça parce que j'ai fait la *Dame aux Camélias ;* je sais donc ce que c'est que la gloire et, pour être franc, il fut une époque où je prenais quelque plaisir à me pavaner dans les lieux publics en me disant tout bas : On me regarde et on dit : « Voilà l'auteur de la *Dame aux Camélias.* »

*
* *

Eh bien, cher ami, si vous voulez que je sois franc, comme j'ai l'habitude de l'être, elle ne me suffit plus, ma gloire ! Quand je m'entends dire cinquante fois l'an par celui-ci ou celui-là, qui du reste ne sait quelquefois pas ce que j'ai fait : — Voyons, nous préparez-vous quelque chef-d'œuvre ? ou bien : — Avez-vous quelque chose sur le chantier ? ou bien : — Vous occupez-vous de nos plaisirs ? — j'avoue que ce dialogue ne suffit plus à mon bonheur et que les articles nécrologiques que l'on me consacrerait demain dans ce journal même si je mourais tout à coup, et les anecdotes qu'on recueillerait sur mon compte, et mes jolis mots d'esprit qu'on retrouverait, j'avoue que tout cela ne fait plus l'ambition de ma vie. Je trouve que je suis assez célèbre, assez connu, assez aimé, assez admiré, assez chroniqué, assez exploité, assez photographié comme ça ; je voudrais être enfin *un peu utile*, je voudrais servir à quelque chose, je voudrais laisser dans la mémoire des hommes cette phrase que j'entends quelquefois dans les campagnes : C'est à Monsieur un tel que nous devons cette route qui va d'ici à là. Je voudrais avoir fait mon petit bout de route par où les hommes pourraient aller quelque part où ils ne sont pas allés encore. Quand je pense que sur cent personnes prises au hasard dans un salon de Paris, il y en a quatre-vingt-dix-neuf qui ne savent pas le nom de l'inventeur du télégraphe électrique, et une centième qui n'en est pas sûre, et que ces cent personnes savent que j'ai fait la *Dame aux Camélias*, je suis un peu humilié et j'aimerais mieux être parmi ceux dont on ne sait pas le nom, mais qui ont fait faire un pas à leurs contemporains oublieux, ingrats ou indifférents. Je me demande alors si, pour le mieux moral et social, il n'y a décidément pas moyen d'utiliser cette grande tribune dont nous disposons momentanément, quelques-uns de mes confrères et moi, et quand je vois dans quelles platitudes et conséquemment dans quelle déconsidération la littérature dramatique est tombée à force de refaire toujours la même chose et de rapiécer éternellement la même étoffe, je me demande encore s'il ne faut pas considérer cette littérature traditionnelle comme ayant dit son dernier mot depuis longtemps, et si ce n'est pas le moment de lui donner une nouvelle vie et une nouvelle force, en la mettant au service des grosses questions qui préoccupent tous les esprits ; je veux savoir si, pendant que tout le monde court à la conquête ou à la défense, notre seule mission et notre seul droit sont de cueillir des fleurs dans les champs pour en refaire encore le même bouquet à la même Chloris ; je me révolte enfin à l'idée acceptée par tant d'esprits distingués dont vous êtes, que nous n'écrivons ici-bas que pour aider à l'amusement et à la digestion de nos contemporains, et que nous ne sommes, au demeurant, que des histrions et des farceurs.

※

Bref, quand je considère que, depuis trois mille ans que le théâtre existe, la littérature dramatique, telle que vous la voulez, a produit, et je mets la bonne mesure, une trentaine d'œuvres valables contresignées par le temps et dignes d'être représentées encore, je proclame (des milliers d'auteurs ayant écrit pour le théâtre) ou que la postérité est bien ingrate, ou que ces auteurs étaient bien bêtes, ou que le texte auquel vous les condamnez est bien stérile et bien creux, et quand, au beau milieu de ma carrière, je m'aperçois que même ces chefs-d'œuvre qui ont résisté n'ont servi et ne servent absolument à rien, que ce sont des œuvres d'art purement et simplement, toujours surmoulées et toujours inimitables, je me permets de croire que nous n'avons chance de léguer des œuvres à notre tour que si nous les faisons conformes au milieu nouveau et aux idées nouvelles.

Et ce besoin de transformation, de recherches et de progrès est si naturel à l'homme de lettres sincère, que vous même, mon cher Sarcey, vous, un des plus sincères et des plus convaincus qui soient, vous n'avez pu vous en tenir à vos comptes rendus dramatiques, que vous avez, incidemment, abordé la philosophie, et que, prenant fait et cause pour un des deux camps, vous avez déclaré à la face du monde que vous êtes athée, ce qui a dû bien faire rire d'ailleurs le Dieu bon, qui vous a fait bon. Il n'y a pas d'athées, mon cher Sarcey, il n'y a que des myopes, soit dit sans vous blesser et c'est là une des thèses que je me propose de soutenir un jour au théâtre.

Tout cela veut-il dire qu'il faut intervertir les plans, appeler sur la scène des Folies-Dramatiques le père Hyacinthe qui vient déclarer en pleine chaire qu'il y a trois religions égales devant Dieu (voilà ce qui s'appelle élargir la tradition) et faut-il faire prêcher l'Avent par Thérésa ? Pas le moins du monde : je ne suis ni un rêveur, ni un hypocondriaque, ni un converti, ni un misanthrope, ni un imbécile, en fin de compte. Je ne demande pas à mes confrères de mettre une soutane de prêtre ou un bonnet de philosophe, et de venir prêcher la vertu, le progrès et l'économie politique sur le théâtre du Palais-Royal ou devant le public des Variétés; je suis de ceux qui rient et qui sont le plus heureux de rire à la *Vie Parisienne*, au *Merle blanc* et surtout et tant qu'on voudra à *Célimare le bien-aimé*, au *Voyage de M. Perrichon* et à deux ou trois autres pièces de Labiche lequel, entre parenthèses, est un des poëtes comiques les plus fins et les plus francs qui aient existé depuis Plaute, le seul peut-être qui puisse lui être comparé.

Je sais parfaitement que les premières conditions du théâtre sont le rire, les larmes, la passion, l'émotion, l'intérêt, la curiosité, l'oubli de la vie réelle qu'on dépose au vestiaire, mais je me dis que si, à l'aide de tous ces éléments dont je dispose et sans rien retirer aux conditions vitales de l'œuvre de théâtre, je puis avoir autorité sur le milieu social; que si, au lieu de jouer toujours sur les effets, je joue sur les causes; que si (prenons un exemple entre mille) je trouve moyen en peignant, en dramatisant, en ridiculisant l'adultère, de forcer l'opinion à discuter et le législateur à réviser la loi, j'aurai fait plus qu'acte de poëte; que j'aurai fait acte d'homme; que j'aurai substitué l'action à la littérature ou que je les aurai si bien fondues ensemble et fortifiées l'une par l'autre, qu'on ne pourra plus les séparer en disant : toi, Térence, voici ton champ ; toi, Lycurgue, voici le tien. J'ajoute enfin que c'est là dorénavant pour ceux de nos confrères qui veulent produire des œuvres durables, le seul moyen de ne pas s'épuiser inutilement au profit d'une gloriole vague, dans des élucubrations toujours nouvelles, toujours vieilles, toujours à recommencer et toujours mortes.

*
* *

En un mot, nul de nous, les hommes étant ce qu'ils sont, ne prendra plus place parmi les maîtres *avec ou dessus*, qu'à cette condition : l'action morale et sociale par la littérature dramatique. Si nous nous contentons de la littérature simple, elle nous donnera la fortune, le succès, la célébrité du boulevard et des vitrines, l'indifférence et l'oubli. Telle est ma conviction bien nette ; je tenterai donc de nouveau l'aventure, puisque j'ai commencé avec les *Idées de Madame Aubray*, que je consens à voir disparaître avec ce qu'elles combattent. Si je me trompe, vous ne serez pas le dernier à me le dire ; si j'ai raison, vous serez le premier à le reconnaître, car je sais à quoi m'en tenir sur votre compte, mon cher Sarcey. J'estime autant votre talent que votre caractère, vos critiques que vos louanges ; vous avez comme moi, quoi que vous en disiez, la manie d'*être utile*, et voilà pourquoi et comment, en étant tous les deux d'un avis opposé, nous devons être tout près de nous entendre.

Sur ce, songez que je vous réponds de la campagne entre deux courriers et pardonnez les fautes de l'auteur.

UN ABUS DE CONFIANCE

Je n'aime pas les abus de confiance, et pourtant j'en commets un.

Que celui qui n'a jamais péché me jette la première pierre.

Il s'agit d'une lettre d'Alexandre Dumas fils, lettre longue et intéressante. Son auteur a beau me déclarer qu'il désire voir cette correspondance rester secrète entre nous, je me décide à la publier.

Lorsqu'il traite une question littéraire, Alexandre Dumas fils ne peut espérer que le silence se fera sur ce qu'il écrit. Les jugements de certains hommes appartiennent au public aussi bien que leurs œuvres, et je me regarderais comme coupable de ne pas reproduire les pages qui me sont adressées.

J'espère que l'auteur de cette lettre ne me gardera pas rancune; il verra si bien dans l'indiscrétion que je commets la profonde estime et admiration où je tiens son talent, qu'il devra user d'indulgence à mon endroit.

Voici dans quelle circonstance Alexandre Dumas fils m'a envoyé sa très-curieuse profession de foi.

Il y a quelques jours les nécessités de publication d'un grand journal comme le *Gaulois*, avide de renseignements inédits, de jugements prompts, de mise en vente matinale, me forcèrent à demander à mes collaborateurs un travail de nuit, travail très-pénible et très-ennuyeux.

Mon excellent collaborateur Leroy ne peut s'astreindre à ce surcroît de fatigue; de plus il est marié, il demeure là-bas, là-bas, plus loin que l'École militaire : bref, il me fit part de l'impossibilité où il se trouvait de continuer à me donner des articles de critique théâtrale et je dus céder à regret devant les observations de l'auteur du *Chemin retrouvé*.

Ayant à disposer de la critique théâtrale du *Gaulois*, je pensai faire un coup de maître et j'écrivis à Alexandre Dumas fils, qui vit retiré dans sa solitude voisine de Dieppe.

Je lui soumis un projet qui me paraissait de nature à le séduire.

Venez au *Gaulois*, lui écrivis-je, et faites-y pour les auteurs vos confrères ce que vous faites pour vous-même ; donnez-moi des sortes de préfaces de chacune des pièces qui vous sembleront mériter un sérieux examen. Ce que je vous demande, c'est plus que des articles ; ce sont les matériaux d'un livre qui serviront, le jour où on les réunira, à faire un monument littéraire. Élevez la critique théâtrale à une hauteur qu'elle n'atteint pas ordinairement.

Vous avez des thèses favorites qu'il vous plaît souvent de développer. Les comédies et les drames des meilleurs maîtres de notre époque vous seront un excellent cadre ; le public y gagnera, après avoir vu la pièce d'un de vos confrères, de savoir comment vous eussiez, vous, traité le même sujet.

Je lui dis tout cela et bien d'autres choses encore qu'il serait par trop long de rapporter ici. En fin de compte, j'avais bon espoir et il me semblait impossible d'être refusé.

Mon espoir a été trompé, et j'en voudrais beaucoup à l'auteur des *Idées de madame Aubray* s'il n'avait pas enveloppé son refus dans une lettre pleine à la fois d'amabilité, d'esprit et de raison.

Voici cette lettre :

Edmond **TARBÉ**.

« Cher Monsieur,

« Je n'avais malheureusement pas besoin de réflexion pour vous répondre. Ma résolution de ne m'astreindre à aucun travail régulier, surtout dans un journal, est inébranlable. Je n'aurais plus aucune ressource et vous m'offririez 50,000 francs par an pour cette critique hebdomadaire, que je refuserais et demanderais une place de 5 ou 6,000 francs à mon gouvernement ou à un autre. L'idée que je serais forcé de travailler à heure fixe me rendrait complétement incapable de le faire ; et puis je serais tout de suite à bout de corde. J'ai trois ou quatre confrères qui mériteraient un examen sérieux, et, par cela qu'ils le mériteraient, je serais le dernier qui pourrais me le permettre à leur égard, comme ils seraient les derniers qui pourraient se le permettre pour moi.

» Comment voulez-vous que, en pleine production moi-même, je me pose en critique, en maître, et que je veuille apprendre publiquement leur métier à Augier, à Barrière, à Sardou, ou même à des nouveaux comme M. Pailleron, dont le succès éclatant réfute d'avance toutes les théories d'un ancien qui ne semblerait plus qu'un jaloux. Quant aux autres, vaudraient-ils la peine d'être anatomisés et reconstruits esthétiquement ? Votre idée est bonne, mais impraticable comme beaucoup d'autres bonnes idées. Oui, il serait intéressant dans une grande époque littéraire, de 1830 à 1840, je suppose, quand tout le monde s'intéresse aux choses de l'esprit, de prendre à partie les Dumas, les Hugo, les Scribe, les Casimir Delavigne et de faire la critique de ces grands producteurs.

» Planche l'a fait, et qui se souvient de Planche, dont les jugements ont été parfois si justes? Mais aujourd'hui qui est-ce qui s'intéresse à la littérature dramatique, lyrique, romantique ou classique ?

» Le public est devenu d'un éclectisme, d'une indifférence et d'une générosité sans exemple jusqu'à présent. La Patti, mademoiselle Favart, Blanche d'Antigny, Thérésa, mademoiselle Schneider, le *Petit-Faust*, *Julie*, la *Belle-Hélène*, les *Inutiles*, les courses, les émeutes, il met tout ça dans le même sac, le place au même niveau et le pèse au même poids. Tout ce qui le fait sortir de chez lui, lui est bon, parce que la vérité est qu'il *s'embête* chez lui, que l'intimité disparaît, que la famille se dissout, que la réflexion l'effraie et que la solitude l'épouvante. Alors il s'agite, il se déplace, court où l'on fait le plus de bruit et où il a le plus de chances de s'étourdir. Nous pouvons lui demander ses applaudissements et son argent, mais son attention, non. L'œuvre jouée, acclamée, sifflée, il ne veut plus qu'on lui en parle. Que lui importe l'art, la valeur, la portée, le but d'une composition littéraire ? il ne lui demande que la sensation du moment.

» Il sent très-bien, au fond, que de grandes catastrophes se préparent; qu'une grande évolution politique, sociale et morale, va s'opérer d'ici peu; que ce qu'on appelait la littérature a fini et que l'action va commencer. Dans un an, dans six mois même, le spectacle ne sera plus au théâtre, il sera dans la Chambre, peut-être dans la rue, et comment nos luttes fictives et littéraires pourront-elles rivaliser avec ces luttes réelles et passionnées où l'humanité tout entière va être en cause. On se moquera bien de *Julie*, de *Patrie*, de *la Chatte blanche*, et de tous ceux, à plus forte raison, qui croiront devoir discuter la manière de tel ou tel auteur. Telle est ma conviction bien arrêtée, si arrêtée, qu'au lieu de vouloir agrandir ma boutique, je me dispose à la fermer.

» Je termine les deux dernières préfaces de mon dernier volume de théâtre; j'achève mon petit monument, puisque je l'ai commencé et je me prépare à autre chose. Soyez tranquille, ce n'est pas aux triomphes de la tribune électorale, c'est bien assez de s'être livré au public sans se livrer à la foule, et, tout compte fait, j'aimerais encore mieux, si j'avais à choisir, la gloire de l'écrivain que la popularité de l'orateur.

» Bref, mon avis, en face des temps que j'annonce, est que les maîtres actuels du théâtre n'y resteront maîtres que s'ils mettent le théâtre au service du mouvement collectif, s'ils dramatisent les besoins nouveaux en les incarnant dans des personnages où le public se retrouve. Le théâtre, compris d'une certaine façon, peut être d'un secours immense dans les circonstances actuelles en agitant et en discutant les questions fondamentales de la société : le mariage, la famille, l'amour, l'adultère, la prostitution, la conscience, l'honneur, les croyances, les nationalités, les races, le droit, la justice, l'héritage, la religion, l'athéisme ; enfin le support, l'axe et l'atmosphère de l'âme humaine.

» Il peut achever de détruire ce qui doit tomber et faire éclore spontanément ce qui n'est qu'un germe. La satire et la tragédie, tout le théâtre à venir est là ; c'est-à-dire dans l'extermination par le rire et dans la fécondation par les larmes, car vous comprenez bien ce que je veux dire par le mot tragédie : je ne l'applique pas à la forme, mais à la conception, à l'acte et au but. Franchement, est-ce le moment de critiquer et de refaire ingénieusement et pratiquement les œuvres des autres ? Non ! c'est le moment d'en faire soi-même si on en a la force, le courage et le temps, et de montrer comment il faut faire par la manière dont on fera.

» Voilà toute ma profession de foi, cher monsieur. Il va sans dire qu'elle doit rester entre nous et que ce n'est là qu'une conversation écrite, puisque je suis trop loin de Paris pour avoir une conversation parlée. Et puis je voulais bien vous montrer l'état de mon esprit pour que vous ne croyiez pas de ma part à un refus hautain ou sans bonnes raisons pour un travail que je trouverais très-intéressant et que j'aurais accepté dans un autre temps ou que j'accepterai peut-être quand je serai définitivement et irrévocablement sorti de la mêlée. Enfin, je voulais vous prouver, même par ces explications trop longues, tout le cas que je fais de votre proposition si amicale et si flatteuse. Croyez bien que je trouverai quelques occasions de montrer ma reconnaissance au *Gaulois* et à vous, cher monsieur, ma bien vive et bien sincère sympathie.

Le journal *Le Gaulois*, 24 juin 1859.

LES MADELEINES REPENTIES

Cher monsieur, qui commencez la lecture de cette notice, vous n'êtes pas sans avoir entendu dire que je ne me suis jamais adonné qu'à une littérature spéciale, représentant une certaine classe de femmes, la plus contaminée, comme dirait Brantôme, et que je me suis, depuis longtemps, constitué l'apôtre du vice et de la prostitution. D'aucuns même prétendent que je n'ai pas pour un peu contribué au développement de l'immoralité présente, et que c'est ma faute si les courtisanes, qui n'avaient jadis qu'un côté du trottoir, ont fini par prendre, à Paris, le haut du pavé. La province n'est pas encore envahie, par cette bonne raison que les élèves que font en province messieurs les commis voyageurs ou messieurs les militaires sont immédiatement expédiées à Paris, qui leur offre plus de ressources et plus de liberté. Je ne compte pas me défendre de cette accusation portée contre moi ; je serais plutôt disposé à m'en vanter, tant il est rare et difficile d'avoir une spécialité dans une époque où tout le monde veut être quelqu'un. Toujours est-il que cette réputation m'a valu une sorte d'autorité en la matière et que je suis devenu, à l'occasion, avocat consultant.

Je n'ai donc pas été très-étonné quand j'ai vu arriver un jour chez moi deux Sœurs de la règle de Saint-Dominique, lesquelles me faisaient l'honneur de me demander mon appui, voire même mes conseils pour le refuge Sainte-Anne, que l'une d'elles, mademoiselle Chupin, a fondé toute seule. Ces pieuses filles avaient sans doute entendu parler de moi par les personnes qu'elles recueillaient, puisque ma littérature avait été une des causes de la perdition de ces dernières, et l'on venait me demander de réparer, si possible, le mal que j'avais causé. Vous avez deviné que ce refuge Sainte-Anne est un refuge pour les Madeleines repenties, refuge dont la création est une histoire des plus touchantes.

« Mademoiselle Chupin était inspectrice de la prison Saint-Lazare, où l'on enferme les femmes de mauvaise vie. Elle y connut d'immenses misères, et, ce qui est plus triste, d'inutiles repentirs. Elle vit nombre de ces pauvres créatures, qui étaient sorties de la prison décidées à se tirer du vice, retomber dans le vice et retourner à la prison, parce que tout leur avait manqué : l'assistance, le refuge, le pain.

» Ayant quitté son emploi par suite d'une réforme dans le régime de Saint-Lazare, où le gouvernement appela les sœurs de charité, mademoiselle Chupin se vit bientôt entourée de ces pauvres femmes, à qui elle avait montré la compassion d'un cœur chrétien. Toutes lui demandaient de les aider à rentrer dans la bonne voie, en leur procurant quelque travail honnête et un abri ; n'importe quel travail, pourvu qu'il leur donnât du pain ; n'importe quel abri, pourvu qu'elles y trouvassent Dieu. Mais comment faire ? Il fallait une maison, de l'argent, des patrons : elle n'avait rien de tout cela ; on lui demandait l'impossible. Cependant il y avait tant de pauvres âmes à consoler, à sauver ; cet impossible qui l'effrayait, c'était si bien le Dieu de miséricorde qui semblait l'exiger de son amour ! Elle pria, elle pleura, et enfin, un jour, l'impossible toujours subsistant ne l'effraya plus. Le 21 janvier 1854, mademoiselle Chupin ouvrit son humble appartement, ou plutôt son unique chambre, à trois de ces malheureuses qui la pressaient davantage. « Entrez et demeurez ; nous vivrons comme » nous pourrons. » Elle avait pour tout trésor cinq ou six francs. Dieu permit que l'on vécût ou plutôt que l'on ne mourût pas. Voilà le commencement. Le refuge Sainte-Anne était fondé. »

Ainsi parle M. Veuillot, dans un article qu'il consacra jadis au refuge Sainte-Anne, et je ne pouvais mieux faire, en cette circonstance, que de le copier textuellement. Je le copierais même jusqu'au bout si je n'avais aujourd'hui à envisager la question sous un aspect qui n'a certainement pas échappé à l'éminent publiciste, mais qu'il n'a pas cru devoir mettre en lumière.

Voilà donc le refuge fondé, comme, une minute après un accouchement, voilà un enfant né. Il ne s'agit plus que de le faire vivre. Vous voyez d'ici les difficultés, les obstacles, les préventions, les préjugés que devait rencontrer mademoiselle Chupin. A force de persévérance, de sacrifices accomplis, de rebuffades et d'outrages reçus, car il n'est pas facile d'implorer et de quêter au nom de pareilles clientes, mademoiselle Chupin vit enfin le premier sourire et entendit le premier bégaiement de l'enfant. A l'époque où M. Veuillot consacra au refuge la notice à laquelle nous venons d'emprunter quelques lignes, on y comptait déjà soixante-deux pensionnaires. Il est vrai que mademoiselle Chupin était entrée dans les ordres, qu'elle avait revêtu la robe des Dominicaines, et que, par ce renoncement définitif, elle avait donné à l'État et aux consciences timorées la garantie du Dieu officiel, celle du Dieu de charité n'ayant pas suffi.

Aujourd'hui, l'asile est un couvent, mais un couvent toujours ouvert pour l'entrée et pour la sortie.

Si, alléchée par le titre, tu achètes par hasard cette brochure, malheureuse fille qui, les joues fardées, l'œil provocant, la bouche déjà entr'ouverte et l'estomac vide sans doute, longes les rues sombres où il t'est permis de te promener jusqu'au coin du boulevard lumineux où il t'est permis d'apparaître pour faire signe au passant,

> Oculis venantem
> Viros...

« des yeux faisant la chasse aux hommes », comme a dit Phèdre ; si tu es lassée de ce honteux métier où t'a poussée la brutalité de l'homme, où l'ignorance te retient, où l'habitude t'enchaîne, où le mépris te cloue, sache qu'il est une maison tranquille, solitaire et bienfaisante où tu n'auras qu'à frapper pour que l'on t'ouvre, ainsi qu'il est promis dans l'Évangile, et où l'on ne te demandera même pas tout de suite le repentir, où l'on ne te demandera que le regret et le dégoût de ce passé dont il dépend de toi de te séparer en une minute. On ne t'y imposera ni la pénitence, ni la flagellation, ni le cilice, ni la meurtrissure, ni même l'hypocrisie. Celle qui te recevra a appris Dieu dans les misères et dans les erreurs des autres; elle ne te le présentera donc ni redoutable ni compliqué. C'est le Dieu des petits enfants qui t'attend sur le seuil, car tu es une enfant, malheureuse créature, et il doit t'être beaucoup pardonné parce que tu n'as pas encore aimé. Pour que tu te convertisses et pour que tu te repentes, on ne compte là ni sur la règle ni sur les foudres tonnantes de la chaire, ni sur les murmures pénétrants du confessionnal; on ne compte d'abord que sur le grand air, sur le spectacle d'une nature sereine, d'un horizon large, d'un ciel dominant tout, et par-dessus et avec tout cela, sur la joie que tu éprouveras, à ton premier réveil, d'avoir enfin reconquis ton corps, de n'être plus qu'à toi et de pouvoir faire rentrer dans ce corps, par ces mêmes blessures qui l'avaient laissée échapper, ton âme qui t'attendait quelque part. Gloire éternelle à Celui qui a inventé le Repentir et qui a initié l'homme à l'idée du Pardon!

Quel spectacle plus émouvant, plus grand, plus divin que celui d'une âme qui se transforme et qui sort de ses souillures comme la fleur sort, en le brisant, du bourgeon qui l'étreignait; et je comprends, malgré ma vénération pour l'intacte vertu, l'exaltation qui a fait dire à Jésus : « Il y aura plus de joie au ciel pour un pécheur qui se repentira que pour cent justes qui n'auront jamais péché. » C'est là qu'il se sentait grand! ce fut là sa découverte! ce fut là son génie! C'est par là qu'il a été Dieu parmi les hommes! C'est par là qu'il a été Créateur à son tour. Il a pris non plus la fange terrestre pour en pétrir un corps humain, mais la fange morale pour en tirer un homme nouveau, inconnu jusqu'alors, l'homme qui se repent. L'âme que Socrate avait entrevue et sentie, il l'a prouvée et utilisée par le repentir et par le pardon. La lutte est encore grande entre ces deux termes, deux véritables adversaires qui se combattent longtemps et durement avant de s'unir, mais elle est égale de part et d'autre, car s'il faut à l'âme descendue de grands et incessants efforts pour remonter, il faut à l'âme qui n'a pas déchu des efforts non moins grands et quelquefois plus douloureux pour recueillir et absoudre l'autre. Se repentir n'est pas aisé! Et pardonner donc! Croyez-vous que ce soit facile? Que Jésus, des hauteurs où il s'est placé, pardonne à l'humanité tout entière, soit ! Il n'est ni père, ni fils, ni époux, ni amant.

La femme adultère n'est pas sa femme, la Madeleine n'est pas sa fille ! Que le père de l'enfant prodigue pardonne au fils meurtri et vaincu qui revient volontairement au foyer paternel, soit : cet enfant c'est la chair de sa chair et c'est une partie de lui-même qui revient à lui, et d'ailleurs, privilége de l'homme, le coupable a laissé derrière lui ses impuretés ; mais que le père de la Madeleine pardonne à sa fille que le premier passant venu peut se rappeler et marquer de ce souvenir, mais que l'époux de la femme adultère pardonne à cette femme dont la tache est intérieure, tache que toutes les eaux de l'océan ne sauraient aller laver là où elle est, voilà qui est surhumain, voilà qui place l'homme au-dessus de lui-même, voilà par quoi Jésus l'a véritablement rapproché de Dieu, c'est-à-dire l'a fait communier avec ce qui est éternel et infini. Pardonner à son semblable la faute qui vous a frappé dans votre passion, dans votre croyance, dans votre orgueil, c'est divin, et combien, à commencer par moi-même, qui glorifient et conseillent ce sacrifice, seraient probablement incapables, l'occasion venue, de l'accomplir jusqu'au bout. Et cependant c'est vers ce but que l'humanité marche, et tant qu'il y aura des repentirs, il faudra bien qu'il y ait des pardons, jusqu'au jour où la grande réconciliation se sera faite entre l'ordre naturel et l'ordre moral, parce que l'homme aura enfin compris que le bonheur qu'il poursuit et au nom duquel il fait tant de mal ne peut être trouvé que dans le bien. En attendant, les pères maudissent et chassent les filles coupables, les époux flétrissent et exilent les femmes adultères, les amants abandonnent et oublient les amantes crédules, et la femme convoitée, adulée, attaquée, assaillie, surprise, possédée, violée, souillée, profanée, chassée, méprisée, la femme qui ne peut jamais s'appuyer sur elle-même, dont la force est dans les autres, qui a besoin, pour s'orienter, du père, de l'époux, de l'amant, de l'enfant, du prêtre, la femme aujourd'hui, plus que jamais, erre au hasard à travers ce que nous appelons la civilisation et le progrès. L'homme la pousse, le plaisir l'égare, le travail la fuit, la famille l'exclut, la prostitution l'appelle et la police la prend. Elle était née femme, elle devient machine. Elle avait un état civil, elle a une carte; elle avait un nom, elle a un numéro.

Eh bien! homme, roi de la création, fait à l'image de Dieu, tu es content, voilà ton œuvre. Cette créature, elle est venue au monde comme ta sœur, comme ta mère, comme ta fille, comme ta femme; elle a pleuré, elle a souri, elle a espéré, elle a été enfant, elle a été innocente, elle a été vierge; mais tu étais là, mon gaillard, tu

étais jeune, tu ne voulais pas te marier encore,
tu voulais t'amuser, il faut bien que jeunesse se
passe ; ton père et ta mère, honnêtes gens d'ailleurs, t'avaient appris la morale, c'est-à-dire
qu'il ne faut ni voler, ni assassiner, ni imiter la
signature d'un ami, ni tricher au jeu, mais ils
ont oublié de te dire que c'est un crime de déshonorer une vierge ou d'abandonner un enfant.
C'est pourtant écrit dans les Commandements
du Dieu au nom duquel ils t'ont pourvu des sacrements du baptême et de la communion, en
attendant celui du mariage et le *Muni des sacrements de l'Église*, complément obligé du billet
noir où l'on annoncera ta mort à tes amis éplorés. Alors, comme ton papa et ta maman avaient
omis ce petit détail, ô homme libre, ô électeur,
ô défenseur de la propriété, et comme tu savais
aussi que tu ne serais pas puni pour avoir fait
cela, tu as pris cet être fermé, tu as voulu voir
ce qu'il y avait dedans, tu l'as ouvert, tu l'as
éventré, tu y as cherché pendant quelque temps
encore la sensation qu'il t'avait donnée, et comme
il ne la contenait plus, tu l'as passé à un autre,
qui l'a passé à un troisième, et de main en main,
de plaisirs en plaisirs, de misère en misère, la
voilà, ta bien-aimée, dans la maison aux persiennes toujours fermées, à la ruelle obscure, à
l'enseigne infamante. A ton tour, maintenant, Toi,

Tout le monde, qui ne veux pas avoir de remords, et ne cherches que les grandes routes du plaisir, autorisées et votées par le conseil municipal!

Entre, collégien, qui as vendu tes dictionnaires ce matin, pour savoir enfin ce que c'est qu'une femme; entre et viens apprendre comment ça s'attaque et par où ça se prend. Pousse-toi, en regardant tes talons, magistrat condamné à la morale de surface et qui as besoin de mettre tes sens en équilibre pour la séance de demain; et toi, passant désœuvré, qui rentres sans penser à mal, laisse-toi aller à la tentation, c'est si facile et si bon marché! Ouvrez les deux battants, apportez à boire, voici des fils de famille qui ont bien dîné et qui sont assez riches et assez blasés pour venir chercher ici les fantaisies lesbiennes. Quelles sont ces femmes voilées qu'ils accompagnent? Ne sont-ce pas des femmes du monde tourmentées du désir de tout connaître? Mais c'est ici le temple de l'Égalité, messeigneurs, il faut attendre que le voyageur qui traverse Paris ait payé son écot à la capitale de la débauche, et que ces gros commerçants, mariés et pères de famille, qui viennent de conclure une bonne affaire chez le restaurateur voisin, aient fini de se payer ça les uns aux autres avant de rentrer dans leurs ménages. Et toi, vieillard, ataxique et chevrotant, qu'est-ce que tu viens chercher dans ce bouge ? Tu viens solliciter une seconde de plaisir douloureux que tu payeras peut-être d'une apoplexie après laquelle on t'emballera dans un fiacre qui te ramènera chez ta vieille compagne, à moins que l'on ne te dépose tout bonnement sous un bec de gaz où le sergent de ville prévenu te fera ramasser sans scandale ; allons, la Curiosité, l'Oisiveté, l'Hypocrisie, le Vice, l'Abrutissement, l'Ivrognerie, l'Impuissance, l'Animalité humaine, entrez hardiment chez cette créature et jetez en elle tous les cadavres de votre âme ; c'est la fosse commune de l'amour !

Et quelle sécurité tu trouves là ! Pour que l'amour n'y empoisonne pas ton corps comme il y salit ton âme, que de précautions a prises ce matin encore l'administration prévoyante et maternelle sous laquelle tu as le bonheur de vivre. Dans des voitures blindées qui ne reçoivent l'air et la lumière que par en haut, ces filles ont été conduites dès l'aube à la Préfecture de police. Ce troupeau a passé à la visite : tous les animaux reconnus sains ont été rendus à la circulation ; les autres, marqués d'une croix rouge, ont été mis à part et expédiés à l'hôpital. Tu n'as donc rien à craindre. Tu peux te ruer sur cette chair sans craindre les trichines. Plus saine que le jambon cru ! Qu'est-ce que tu as à dire ?

Ainsi, voilà ton œuvre, Roi de la création, fait

à l'image de Dieu, racheté par le Messie! Et, si par hasard, une de ces filles, plus adroite ou plus heureuse que les autres, s'empare de ton fils et s'applique l'héritage qu'il attend de toi, quels cris tu pousses! Comme tu t'en prends à la société, à la littérature, à l'incurie de l'administration, à l'insuffisance des lois! Comme tu déclames contre ces coquines qui ruinent et déshonorent les familles. Tant que tu t'es nourri de la femme, tu ne t'es pas plaint; dès qu'elle t'entame, tu hurles! Pauvre sexe fort, pauvre faiseur de révolutions, pauvre remueur d'idées, pauvre renverseur de trônes, tu n'avais pas prévu ça. C'est ta faute, imbécile! Au lieu d'apprendre à ton fils à mépriser une classe de femmes et à en estimer une autre, il fallait lui apprendre à respecter la Femme et à lui venir en aide avant, pour qu'il n'eût pas à l'enrichir, à l'insulter et à la subir après. Au lieu de le conduire à nos comédies qui devaient le pervertir, il fallait le conduire de temps en temps dans les ateliers, dans les hôpitaux, dans les amphitéâtres des vivants et des morts; il fallait le faire pénétrer à Saint-Lazare, au Dispensaire et à la Maternité; il fallait lui faire voir la Femme partout volée, flétrie, souillée, exploitée par l'Homme, il fallait lui dire: « Voilà ce que tes pères ont fait, il s'agit de faire autrement. Il est temps de modifier une société où la femme ne peut être qu'une bête de somme ou une bête féroce. »

Or, il y a des êtres illuminés et bienfaisants qui, les uns au nom du seul bon sens, de la raison, de l'économie sociale, les autres au nom de la charité tout bonnement, se sont faits sauveteurs dans ce grand naufrage de la Femme et qui plongent à tout moment pour ramener une âme au rivage. Quel courage il faut, et quels minces résultats on obtient, parce que ceux qui sont sur la terre ferme pensent autrement et vont autre part. Certes, la bienfaisance, ou plutôt l'aumône, n'a jamais été aussi abondante et aussi productive qu'aujourd'hui ; mais elle se pratique encore un peu à main armée, et l'on saisit, pour ainsi dire, le passant au collet en lui demandant la bourse pour la vie des autres. C'est sous la rubrique des concerts, des bals, de nos plaisirs enfin qu'on lui extorque un peu, bien peu, de son superflu, et quand on voit les diamants de mademoiselle B..., ou l'attelage de madame C..., on se demande si les hommes riches ne pourraient pas faire davantage pour les filles pauvres. En attendant, des écoles professionnelles se fondent, destinées à prévenir le mal, et des asiles s'ouvrent destinés à l'enrayer. Le refuge Saint-Anne est de ceux-ci.

Examinons l'œuvre de mademoiselle Chupin.

C'est admirable et insensé : admirable en ce sens que la fondatrice a compris qu'entre les fautes irréparables de la femme, et la malédiction de la famille et de la société, il fallait créer un intermédiaire qui rendît la réparation possible et le pardon effectif ; insensé, parce que l'espoir de mettre un frein ou un obstacle à la prostitution toujours grossissante du dix-neuvième siècle a quelque chose qui donne envie de rire, comme l'acte d'un fou. Lorsque cette bonne et sainte femme est venue me consulter sur les moyens à employer pour arriver, le plus vite possible, au résultat qu'elle poursuit, je n'ai pu m'empêcher de lui parler comme je le fais à cette heure. Je ne voulais pas la décourager, je l'eusse d'ailleurs essayé vainement, elle a la foi, mais je voulais la renseigner sur les difficultés incalculables d'une pareille entreprise.

— Autant vouloir vider un navire qui fait eau avec l'écuelle où l'on sert la soupe.

— Quand nous n'en sauverions que quelques-unes ! me répondit-elle.

Il n'y avait plus rien à objecter.

Mademoiselle Chupin me montra alors avec une bonne foi touchante les résultats obtenus.

Il y avait eu, depuis le commencement de l'œuvre, 1,109 jeunes filles recueillies ; 6 avaient été baptisées, 41 admises à la première communion, 92 confirmées, 230 réconciliées avec leurs familles, 166 placées dans des conditions honorables, 75 mariées convenablement !

Elle me donna le tableau suivant, présentant le chiffre et la répartition selon les âges des admissions des jeunes filles, pendant les dix dernières années :

Agées de 14 ans...	25
— 15 ans...	30
— 16 ans...	75
— 17 ans...	150
— 18 ans...	137
— 19 ans...	105
— 20 ans...	106
— 21 ans...	71
— 22 ans...	60
— 23 ans...	75
— 24 ans...	45
— 25 ans...	35
— 26 ans...	55
— 27 ans...	45
— 28 ans...	30
— 29 ans...	18
— 30 ans...	23

C'est donc à 17, à 18, à 19 et à 20 ans que le dégoût, l'effroi et le remords apparaissent le plus. Avant, il y a inconscience; après, il y a habitude et découragement: le passé a déjà trop mordu. L'énergie du salut fait défaut; le port est trop loin; la naufragée étend les bras et se laisse engloutir par la vague.

Entendez-vous les récits émouvants, les touchantes anecdotes que mademoiselle Chupin m'apportait? Pas une de ces admissions qui ne fût accompagnée d'un détail naïf, pittoresque, où l'âme rappelée commençait à sourire. Quant à la première faute, elle était toujours la même, et c'était toujours, au début de ces existences, le même homme sous des noms différents. Le désespoir ou plutôt la douleur de mademoiselle Chupin, car des femmes comme elle ne désespèrent jamais, la douleur de mademoiselle Chupin était à la fois que sa maison ne fût pas plus connue de ces malheureuses filles, et la crainte qu'elle ne le fût trop; car elle est pauvre, sa maison, elle manque de ressources, elle est endettée, on y vit au jour le jour, on n'y paye pas régulièrement le boulanger, on demande crédit au boucher, et le marchand de bois est forcé de prendre patience ; le Crédit foncier montre quelquefois les dents, et n'était le caractère sacré de cette demeure et la garantie de Dieu, l'huissier y viendrait dès l'aurore. Et, cependant, ces femmes travaillent toute la journée, souvent une partie de la nuit, quand il y a de grandes commandes de linge, et elles ne coûtent pas plus en moyenne de huit ou dix sous, par jour, chacune. Avouez que ce n'est pas cher, du repentir à ce prix-là; et l'on serait tenté de croire, comme la fondatrice de l'Œuvre, en voyant de pareils exemples, que tous les coupables sont prêts à en faire autant.

Je ne veux pas vous dire cependant que toutes ces conversions s'accomplissent sans secousses, sans combat, sans drame. Il en est parmi ces filles qui se repentent de leur repentir avant de se repentir de leurs fautes; songez qu'il y a là des créatures qui, avant d'aborder, ont fait escale à Lourcine, à Saint-Lazare, dans tous les lupanars et dans toutes les prisons. La veille encore, la bouche écumante de mots obscènes, furieuses et lascives, elles se battaient et se soûlaient avec des portefaix, des charretiers, des souteneurs et des assassins. Sans plus savoir ce qu'elles faisaient à ce moment-là qu'elles ne savaient ce qu'elles faisaient une heure auparavant, elles sont venues frapper à cette petite porte de la rue du Landy, qu'on leur a vaguement indiquée. Pourquoi? pour coucher quelque part, pour manger. Le lendemain, après avoir dormi, après s'être repues, elles veulent s'en retourner à leur fange. Elles ont déjà, selon l'heureuse expression d'Augier, la nostalgie de la boue. La porte est ouverte; rien ne les retient. Allez, partez. Pourquoi restent-elles? Une parole douce, un regard attendri ont fait ce miracle. Il est très-rare, presque inouï, qu'une de ces réfugiées ait quitté le Réfuge pour rentrer dans le passé. Et alors, c'est là qu'on peut, quand on se donne la peine d'étudier ce qui est, étudier l'admirable faculté de transformation de la femme. Ces créatures dégradées, avilies, numérotées, marquées, avant même d'avoir usé la robe avec laquelle elles se sont présentées à l'asile, qui n'est pas assez riche pour leur donner un costume réglementaire, ces créatures redeviennent des enfants. Les gros mots bouillonnent encore pendant quelque temps sur leurs lèvres, puis ils s'arrêtent brusquement. La voix cesse d'être rauque, les yeux commencent à regarder quelque chose, le teint s'unifie, les nerfs se détendent, les spasmes se produisent, les larmes montent, le démon intérieur s'enfuit, l'âme est rentrée chez elle. La métamorphose accomplie, prononcez devant cette femme un de ces mots dont elle faisait son vocabulaire habituel, elle rougira; elle se croira insultée. Elle ne se souvient plus de ce qu'elle était. Elle a rêvé, ce n'était pas elle. Regardez-la courir dans le préau, habiller une poupée, jouer avec le chien de la maison, écouter un oiseau, faire un jardin, chanter, prier. Elle a de nouveau quinze ans. La plus grande punition que l'on pourra lui infliger quand elle ne sera pas sage, sera la menace de la rejeter dehors. Une d'elles fut congédiée ainsi un soir, malgré ses supplications et ses promesses. On la retrouva le lendemain matin, couchée et roulée, en travers de la porte — qu'on lui rouvrit. Et cependant, il n'y a plus là d'autres plaisirs que ceux dont elle se moquait jadis : les cantiques à haute voix, les sermons du dimanche, les offrandes à la Vierge. En carnaval, une fois par an, on permet de jouer une comédie. Quelle fête ! quels rires ! quelle joie !

Ne croyez pas que la misère seule et la faim amènent là ces égarées. Il en est qui viennent en voiture, qui posent sur le marteau de la porte une main gantée, et qui offrent, en entrant, leur argent et leurs bijoux, qu'on refuse toujours comme don, qu'on reçoit comme dépôt, et qu'elles retrouvent quand elles quittent la maison, soit pour rentrer dans leur famille devenue clémente, soit pour se marier, car il y en a qui se marient et qui se révèlent honnêtes femmes et bonnes mères. Dénoûment aussi vrai qu'invraisemblable.

L'asile est donc pauvre, comme je le disais tout à l'heure, et quelquefois on est forcé de refuser l'entrée à quelque postulante, faute de place. Le plus souvent on se serre un peu, on rogne les portions et on accueille encore celle-là ; ce sera la dernière et il en vient une autre qu'on prend tout de même. A l'heure où j'écris ces lignes, l'asile est tellement encombré, que mademoiselle Chupin et toutes les sœurs couchent par terre, sur la paille, littéralement et sans aucune métaphore. C'est une belle passion que le bien. Il n'y a pas de vice qui soit aussi tenace et l'on y devient incorrigible.

Mais ce qui contribue encore à la pauvreté de ce Refuge, c'est le but même qu'il se propose. Je crois, entre nous, que les autres couvents le méprisent. La première fois que je m'y suis rendu, je me suis trompé d'adresse et j'ai frappé à la porte d'un vaste monument surmonté d'une croix qui se trouve dans son voisinage. Une sœur vint m'ouvrir.

— C'est ici le refuge Sainte-Anne, ma sœur, lui dis-je.

— Non, Monsieur, me répondit-elle presque blessée de mon erreur.

— Pourriez-vous me dire où c'est?

— Je n'en sais rien.

Et la porte se referma.

On ne demande pas plutôt à une honnête femme de s'intéresser à cette œuvre qu'elle devient toute rouge, et que son mari vous dit qu'il y a des choses auxquelles une honnête femme ne saurait s'intéresser. Allez donc émouvoir les jeunes filles sur cette question-là! Il faudrait d'abord pouvoir la leur expliquer, et c'est tout bonnement impossible. Quant aux hommes du monde, qui sont, en général, plus disposés à donner cent francs pour perdre une femme que cent sous pour la sauver, ils vous rient au nez. Restent les bons bourgeois qui vous répondent simplement : « Monsieur, ces créatures sont la plaie de la société ; nous gardons notre argent pour de plus nobles infortunes, » et ils le gardent pour eux.

Pendant un certain temps, moi qui ne suis ni une honnête femme ni une jeune fille, ni un homme du monde ni un bon bourgeois, j'ai donné de ma poche le plus que j'ai pu, c'était bien le moins que je dusse à mes héroïnes ; puis je me suis adressé à ceux de mes amis qui comprennent un peu tout ; puis je me suis permis d'écrire à Sa Majesté l'Impératrice une lettre qui n'était pas facile à écrire, et à laquelle Sa Majesté a répondu par une large offrande ; enfin j'en étais arrivé à dire aux gens, selon leur position : « Donnez-moi vingt francs, — donnez-moi cent sous. — Les voici, pour quoi faire ? »

Quand je tenais la pièce, je la mettais dans ma poche, et je leur disais : « C'est pour une bonne œuvre. Je vous conterai le reste plus tard. »

Cette façon de quêter n'a pas pu durer longtemps, comme bien vous pensez. A bout d'expédients, j'ai conseillé à mademoiselle Chupin de donner un concert, et j'ai écrit à mademoiselle Nilsson, qui, associant en elle les deux mérites de l'honnête femme et de la grande artiste, n'a pas craint de déroger en accordant à ces pauvres filles le concours de son beau talent. Mademoiselle Marensi, mademoiselle Ponsin ; MM. Prud'hon, Villaret, Verger et les frères Billema se sont associés à elle, et c'est le lieu ou jamais de remercier les artistes en général du bien énorme, des royales aumônes qu'ils font dans ces sortes de spectacles, aux dépens de leur repos, de leurs plaisirs et de leur santé. Ajoutons que c'est en tout bien, tout honneur, car ils n'en sont souvent ni plus connus ni plus estimés de ceux qui les utilisent, comme le prouvera l'anecdote suivante.

Je visitais un jour un grand orphelinat où j'aurais voulu faire entrer, en payant le nécessaire, une pauvre petite fille dont la mère venait de mourir, et à qui sa grande sœur, forcée de travailler hors de chez elle, ne pouvait donner les soins et la surveillance dont cette enfant avait besoin. La mère supérieure me fit traverser un grand dortoir contenant soixante-dix lits de fer, avec leurs matelas, leurs draps et leurs couvertures, le tout bien net et bien blanc.

— Tous ces lits-là, me dit-elle, nous viennent d'un concert que M. le maire a fait donner par une mademoiselle *Lapatti*. La connaissez-vous, Monsieur ?

— Oui, ma sœur, et vous?

— Non.

— Eh bien, vous pouvez accepter ces lits sans le moindre scrupule. La personne à qui vous les devez, mademoiselle Patti, est non-seulement une des plus grandes cantatrices qui aient existé, mais une des plus honnêtes femmes qui soient.

— Elle chante dans les théâtres ?

— Oui, ma sœur.

— N'est-il pas bien extraordinaire, continua la supérieure, qui ne savait pas, d'ailleurs, à qui elle parlait, qu'il y ait encore des personnes qui osent monter sur les planches après que Dieu a frappé Molière en plein théâtre pour le punir du tort qu'il avait voulu faire à notre sainte religion !

— Ne pensez pas trop de mal des théâtres, ma sœur, me suis-je permis de répondre. On a oublié de vous dire qu'ils donnent à peu près deux millions par an pour vos pauvres.

En me retirant, je déposai mon offrande dans ce même tronc où la veuve avait, il y a deux mille ans, déposé son obole ; mais je ne pus m'empêcher de dire en souriant à la mère supérieure :

— Si vous voyez, cette nuit, ma sœur, des flammes sortir de ce tronc, ne vous en étonnez pas. J'y ai mis de l'argent qui vient du diable...

Oh ! mon doux Jésus, comme disent les pauvres gens, reviens encore une fois dîner chez Simon le Pharisien, afin qu'il y ait un peu plus d'accord entre ceux qui prêchent la charité et ceux qui la font.

Mais ce n'est pas de cela qu'il s'agit. J'ai promis à mademoiselle Chupin de dire quelque part quelques mots de son œuvre, et, comme toujours, je me suis laissé entraîner, trop loin peut-être, par un sujet qui m'intéresse plus que tous les autres. Si je n'ai donné l'adresse du Refuge qu'à celles qui en ont besoin, j'ai ruiné la maison au lieu de lui venir en aide ; il faut que je l'aie donnée en même temps à ceux et à celles qui peuvent et doivent d'autant plus l'assister qu'ils ont le droit d'ignorer son existence, sa clientèle et son but.

Allons, ma chère X..., toi que Vénus a exaucée, toi que j'ai connue porteuse à la Halle, que j'ai rencontrée pieds nus sur les bords de la Seine, te demandant de quoi tu dînerais le soir et soupant d'un quarteron de noix ou de deux sous de marrons ; toi que j'ai retrouvée hier, à la messe solennelle de Rossini, couverte de dentelles et de diamants, allons, un peu de mémoire, un peu d'indulgence et de pitié pour des confrères *malheureuses*, qui n'ont pas eu ta bonne chance. Elles prieront pour toi et l'on ne sait pas ce qui peut arriver.

Et vous, comtesse, vous qui m'avez pris jadis pour confident, acceptez-moi pour conseiller. Vous avez cent mille livres de rentes qui vous ont permis d'aimer plusieurs fois, sans que cela coûtât rien ni à vous ni aux autres. Votre honneur est sauf et votre conscience est tranquille. Votre mari n'a rien su ou n'a rien voulu savoir; le monde vous sourit et vos enfants vous respectent. Ne soyez pas trop sévère! Voyons, un bon mouvement pour mes protégées, dont le plus grand tort a peut-être été de ne pas être riches comme vous, et si vous craignez de vous compromettre en si mauvaise compagnie, si vous redoutez quelque allusion de mauvais goût, le jour où l'on vous saurait protectrice d'un Refuge, — où vous pourriez être pénitente, — secourez secrètement, envoyez votre offrande dans un de ces petits billets que vous écrivez si bien et que vous signez si mal.

Et vous, épouse irréprochable, mère vénérée, qui ne savez pas ce que c'est qu'une faute, vous à qui l'amour n'a appris que le devoir, le dévouement et la dignité, vous qui ne permettrez pas à votre fille, et vous aurez raison, la lecture de cette notice qui lui en révélerait sur le monde qu'elle traverse plus long qu'elle ne doit en savoir, à son âge, mais qui n'avez pu lui cacher qu'il y a des malheureux et des coupables qu'il faut secourir quand même, prélevez, sur les aumônes qu'elle prépare, la dîme des repentantes, au nom de cette parole de saint Matthieu : « Ce ne sont pas les bien portants, mais les malades, qui ont besoin du médecin. »

Quant à toi, ô homme, ô mon semblable, toi que je connais en moi et par moi, animal grotesque, détestable et sublime, créature capable de tout, même du bien, comme c'est toi qui es cause de ce mal, fais comme je fais, tâche de le réparer.

FIN DE LA PREMIÈRE SÉRIE.

TABLE

DE LA PREMIÈRE SÉRIE

LES FAUX POLONAIS...	1
PHYSIONOMIE DE PARIS APRÈS LES JOURNÉES DE JUIN.......	19
COURRIER DE PARIS.	
I. —	31
II. —	45
III. —	63
IV. —	80
LETTRES D'UN PROVINCIAL.	
I. —	93
II. — Le couronnement du roi de Hollande.........	111
III. —	160
IV. —	177
HISTOIRE DE LA LOTERIE......................................	197
LA VIE D'UNE COMÉDIENNE....................................	213
DE LA FORCE PHYSIQUE..	229
LES PREMIÈRES REPRÉSENTATIONS............................	261

TABLE.

FLAMINIO..	293
LES FUNÉRAILLES DE LAMARTINE..................	309
A M. SARCEY...................................	321
UN ABUS DE CONFIANCE..........................	339
LES MADELEINES REPENTIES.......................	347

4454-78. CORBEIL. — Typ. de CRÉTÉ.